**기독교
교양**

IVP(InterVarsity Press)는
캠퍼스와 세상 속의 하나님 나라 운동을 지향하는
IVF(InterVarsity Christian Fellowship)의 출판부로
생각하는 그리스도인을 위한 문서 운동을 실천합니다.

ⓒ Brill Deutschland GmbH, Vandenhoeck & Ruprecht,
Bildung. Bildung als Thema in der Theologie,
Friedrich Schweitzer (Göttingen, 2014)
All rights reserved.

This Korean edition is published by arrangement with
Brill Deutschland GmbH, Vandenhoeck & Ruprecht, Göttingen
through BRUECKE Agency.

Korean translation copyright ⓒ 2023 by Korea InterVarsity Press
156-10 Donggyo-ro, Mapo-gu, Seoul 04031, Republic of Korea.

이 책의 한국어판 저작권은 브뤼케 에이전시를 통해
Brill Deutschland GmbH, Vandenhoeck & Ruprecht,
Göttingen과 독점 계약한 IVP에 있습니다.
신저작권법에 의해 한국 내에서 보호를 받는 저작물이므로
무단 전제와 복제를 금합니다.

Bildung

사람은 어떻게 빚어지는가

기독교 교양

프리드리히 슈바이처
손성현 옮김

Ivp

차례

추천 서문 ... 7
한국어판 서문 ... 11
서문 ... 15

1장 교양은 신학의 주제인가? 서론적 숙고 ... 18

2장 역사적 맥락 ... 30
1. 개념과 실상 ... 31
2. 교양 개념과 그 종교적 뿌리 ... 36
3. 성경과의 관련성 ... 42
4. 고대와 중세의 교양과 교회 ... 70
5. 근대의 지평에서 교양과 기독교 ... 87

3장 조직적 맥락 ... 138
1. 오늘날 교양을 어떻게 논할 것인가
   : 계몽의 관점, 세속의 관점이 유일한가? ... 142
2. 인간은 무엇이 될 것인가: 인간 존재의 본질에 관한 물음 ... 151
3. 인간의 공존은 어떻게 성공할 수 있을까: 가치관, 에토스, 윤리 ... 164
4. 교양이 '-너머/그 이상'이 되어야 하는 이유: 내적 인간 ... 175

5. 신앙은 인간을 어떻게 변화시키는가: 신앙도 교양인가?	181
6. 종교와 교양의 자기 성찰: 종교적 교양	187
7. 오늘날 교양은 왜 간종교적으로 재구성되어야 하는가 : 다원성의 능력은 교양의 목표	192

4장 교양 실천의 측면   206

1. 종교 없는 교양 없다—교양 없는 종교 없다   208
2. 학교 안에서의 종교: 교양의 내용, 교양의 차원, 대화적 공존   222
3. 교양은 교회의 활동 영역에서도 필요하다   229

5장 교양과 초월 교양의 경계 지우기, 경계 세우기   248

참고 문헌   257
옮긴이의 말   267

일러두기

- 이 책 전체의 열쇳말인 독일어 Bildung은 대부분 "교양"으로 옮기되, 문맥을 고려해 일부를 "교육" 혹은 "형성"으로 옮겼다.
- 각주에서 일부 독일어 표현이나 원서 제목은 직역하여 [ ] 안에 병기했다. 단, 본문에 한국어 표현이 나오거나 각주에서 같은 제목의 한국어판을 표기한 경우, 해당 독일어 표현 및 제목이 다시 나오는 경우에는 병기하지 않았다.
- 각주에서 약칭으로 표기한 문헌은 책 뒷부분의 "참고 문헌"에서 전체를 확인할 수 있다.

추천 서문

기독교교양, 삶의 조소(彫塑)에 관하여

김학철(연세대학교 학부대학 교수, 교양교육연구소장)

전체적인 조망이 없으면 길을 잃었다고 표현한다. 단계별 목표가 있고 장기 '비전'이 있어도 삶의 시공간, 가치, 방향, 속도, 전략, 궁극적 주제 등을 포괄하는 전망을 최종 목적에 두는 교육이나 가르침은 좀처럼 찾아보기 힘들다. 교양 교육은 성별, 세대, 지역 등을 가리지 않고 이루어지는 보편 교육이며, 인생 전체에 필요한 평생 교육이다. 이 교육의 궁극적 목적은 삶의 전체적인 조망을 가진, 지식과 기법을 능숙하게 활용하는, 궁극의 가치와 주제를 구현하는 삶의 조소라 할 만하다. 그렇다면 교양과 기독교 신앙은 불가분의 관계다. 신앙 역시 삶의 형성에 집중하기 때문이다.

교양이 신앙과 뗄 수 없는 사이라면 신앙의 자기 이해 곧 신학은 교양과 어떤 관계인가? 서양의 교양 교육은 고대 그리스에서 시작되었다. 수사학자이자 신학자였던 아우구스티누스는 이를 삼학(문법, 수사학, 논리학) 사과(대수, 기하, 천문, 음악)로 정립하였고, 이것이 중세 서양 교육의 기본이 되었다. 중세 유럽에서는 교양 과정이 끝난 후에야 신학,

법학, 의학과 같은 전문 분야 공부가 이루어졌다. 요컨대 서양의 전통적 학문 체계에서 교양과 신학은 '다른' 과정이었다. 물론 교양의 목적을 달성하기 위한 교과의 내용이 기독교 신앙에 의해 선별되기는 했지만 말이다.

21세기 기독교 신학자들은 교양을 익숙하고도 새롭게 만난다. 교양은 더 이상 종교나 신학의 지배를 받지 않는다. 그것은 신앙의 통제에서 벗어나 인간의 경험을 통해 가치와 목표를 세우고 방법을 고안한다. 다원화된 상황에서 '인간 경험' 외에 다른 것을 내세우기는 힘들다. 그러나 "신학과의 대화 없는 교양 논의는 신학만이 제공할 수 있는 풍성한 이해를 포기하는 것이며, 신학만이 가지고 있는 분석 및 해석 능력의 결핍이 엄연히 드러나는데도 이를 무시하는 것"일 수 있다. 기독교 신학자들은 이 부분에서 공헌할 점이 있다. 그러나 우리의 현실은 그리 낙관적이지만은 않다.

이 땅의 기독교 신학자들이 처한 현실을 몇 가지 언급해 보자. 한국 신학자들은 신학 세부 전공의 급격하고 방대한 발전에 속도를 맞추기도 버겁다. '기독교교양학'이라는 세부 분야는 독립된 전문 영역으로 서구의 신학 분야에서 존재하지 않았다. 따라서 '기독교교양학'을 '전공'한 사람도 없다. 대학에서 기독교교양 과목은 전공과목을 가르칠 기회가 없는 신진학자에게 배정되는 과목이다. 자신에게도 기독교교양이 무엇인지 분명치 않은데, 비그리스도인은 물론 반기독교 성향을 지닌 학생도 그 과목을 수강한다. 기독교교양에 진지하게 접근하기 위해 구할 수 있는 교과서 같은 책도 마땅치 않고, 무엇을 가르쳐야 하는지, 어떤 것이 목적이 되어야 하는지, 그러려면 교과 내용이 어떠해야 하는지를 제안받지 못한다. 그저 선배 교수자들에게 들은 강의 '팁'이 전부다. 현장은 분명한 데다가 크고 다층적인데 이론은 부재하다. 이것은 기독교교양을 직업으로 가르치고 기독교교양학을 세워보려 애썼지만 여전히 부족한, 나처럼 기독교교양을 가르치는 사람의 책임이다. 고백하자면 기독교교양 교수로 임용되고 몇 년이 지난 후에도 나는 내가 '신약학자'인 줄로 착각했다. 통절한 반성 이후 '기독교교양학자'가 되기로 했다. 그러나 내가 거기 속한 학자가 되기로 마음 먹은 '기독교교양학'에는 땅도, 건물도 없었다. 당연히 그리로 갈 주소도 없었다.

"실상은 개념보다 먼저 와 있다." 기독교교양학도 마찬가지다. 현장은 뚜렷하다. 대학 강의실이나 중등 교육 교실에서, 종교와 기독교 문맹이 만연한 사회 곳곳에, 그리고 교회와 목회자들에게 기독교교양의 배움이 이루어진다. 어느 곳은 풍요롭지만, 어느 곳은 세워 놓은 기준점 없이 갈팡질팡한다. 그러나 우리보다 먼저 기독교교양을 실행했던 그 어느 곳에 '기독교교양학'이 있지 않을까. '기독교교양학'이라는 이름은 없더라도 문제의식을 공유하는 학술 작업은 있지 않을까. 우리는 프리드리히 슈바이처의 『기독교교양』을 발견했다. 이 책을 읽으면서 그간 산재해 있던 생각의 조각들이 각기 자리를 잡아 정돈된 구조물이 되었다.

신학을 공부하면서 손성현 박사의 번역을 접하지 않은 사람은 없을 것이다. 좋은 번역자가 훌륭하게 번역했다. 한국연구재단 후원으로 번역할 수 있었던 이 책은 우리에게 기독교교양학의 중요한 이론적 참조점이 되리라 확신한다.

한국어판 서문

이 책은 교양Bildung이라는 주제에 오롯이 집중하고 있습니다. 교양 개념은 독일의 교육학 역사에서 시종일관 핵심 역할을 해 왔습니다. 이 개념은 오늘날에도 모든 교육학에 담긴 근본 관심을 대변하고 있습니다. 그 관심이란, 어린이와 청소년과 어른이 단순히 어떤 지식이나 능력을 습득하는 데서 그치지 않고 더욱 포괄적인 의미에서 자신을 빚어 나감으로써 한 사회의 성숙한 구성원이 되도록 하려는 것입니다.

현대 사회에서 교양 개념은 다양한 차원에서 사용되고 있지만, 그 개념이 지닌 포괄적 의미를 제대로 의식하지 못할 때가 많습니다. 무엇보다 먼저, 교양 개념의 종교적 뿌리를 새롭게 주목하고 신학이 교양을 올바르게 이해하는 데 기여한 바를 찾아내는 일이 필요합니다. 성경의 제일 첫 장에 나오는 이야기, 즉 인간이 하나님과 같은 형상Ebenbild으로 창조되었다는 이야기는 이 맥락에서 아주 중요한 역할을 합니다. 신약성경에서는 인간이 그리스도의 형상Bild Christi 안에서 완성되리라는 희망이 있다는 사실은 주목할 만합니다. 신학에서는 신앙이 교양의 필수 구성 요소로 간주됩니다. 이 책에서는 신앙 안에서 이루어지는 교양, 신앙을 통해 이루어지는 교양에 대해 말합니다. 그래서 인간의 형상Menschenbild에 대한 근본 질문과 인간 존재의 목적을 집중해서 다룹니다. 인간됨이 현대 사회, 또한 포스트모던 사회의 기술적·경제적 요구에 맞게 재단되어서는 안 됩니다.

인간과 사회와 세상을, 그리고 하나님을 더 깊이 이해하려는 제 고민이 한국에서도 반향을 일으키게 되어 아주 기쁘게 생각합니다. 저는 한국을 방문할 때마다 큰 배움을 얻었고, 다양한 것을 새롭게 마주하며 감탄했습니다. 독일과 한국의 교류는 저 개인적으로 아주 소중한 일입니다. 독일과 한국의 교육학과 종교교육학은 서로에게서 많이 배울 수 있으며, 시대가 제기하는 도전 앞에서 함께 답을 찾아 나갈 수 있습니다. 경쟁의 모티프가 전 세계를 휩쓸고 있으며 학교와 교육이 경쟁을 통한 이익을 더욱 공고화하는 상황에서, 그것을 넘어서는 교양 이해는 한국에서도 아주 중요한 과제일 것입니다. 교회도 이런 교양 이해를 위해 나설 수 있기를 바랍니다. 요즘 독일에서 자주 쓰는 말처럼, 교회도—교회 안에서든 교회 울타리 너머에서든—교양의 문제와 관련해서 연대 책임을 지고 있습니다. 성경의 인간 이해는 이와 관련해서 중요한 지침이 됩니다.

손성현 박사가 이 번역에 쏟아부은 세심한 노력에 감사합니다. 지난번 그가 튀빙겐에 방문했을 때 우리는 이 책의 출판 계획을, 또한 한국의 상황을 두고 상세하게 이야기를 나눌 수 있었습니다. 고마운 마음으로 그때를 회상합니다.

이 번역 프로젝트를 기획하고 추진한 한국기독교교양학회에도 감사드립니다. 이 책이 한국에서 기독교교양이 강화되는 데 기여할 수 있다면 저에게도 큰 기쁨이 될 것입니다.

국제적인 대화와 협력에 관심을 두고 열린 마음으로 반응하는 한국의 모든 독자에게 감사드립니다.

2023년 6월
독일 튀빙겐에서
프리드리히 슈바이처

서문

교양Bildung은 종교와 무슨 관계가 있는가? 한 사회가 궁극적으로 지향하는 가치가 무엇인지 알려면 사람들이 교양을 어떻게 이해하는지 보면 된다는 말은 사실인가? 예컨대 교양의 목표가 어떻게 설정되어 있는지 보자. 우리가 지향하는 인간은 어떤 모습인가? 우리는 어떤 세상, 어떤 미래를 원하는가? 우리는 어떤 희망을 그리고 있는가? 이런 질문에 대답하는 것이 교양의 목표가 되어야 하지 않은가? 아니면, 이런 복잡한 질문을 던지기보다는 교양을 그냥 세속적으로만 생각해야 하는가?

교양이 우리 시대의 '초특급 주제'이자 핵심 문제로 떠오르고 개인의 삶과 사회생활을 위해 중요한 자원으로 간주되는 현실에서도 이런 질문은 오히려 생소하게 들린다. 교양에 대한 편안한 논의를 가로막고 괜히 까다롭게 구는 것처럼 다가온다. 그러나—이 책의 핵심 주장이 바로 이것인데—이런 질문이야말로 교양의 개념이 경박하고 협소해지는 것을 방지할 지평을 구체적으로 드러내고, 이로써 교양의 의미를 풍요롭게 한다.

계몽주의 시대 이후로 교양 이해는 항상 두 축 사이를 오갔다. 한쪽에서는 교양을 인간의 합리성과 세속성에 단단히 묶어 두려고 했다. 다른 한쪽에서는 종교야말로 교양의 토대라고 주장하면서 그 토대 위에서 교양의 확대를 도모하려고 했다. 물론 교양 개념에는 어느 정도 종교적 차원이 내포되어 있으며, 그래서 특별한 관심의 대상이 되기도 한다. 그러나 바로 그것이 문제가 될 수 있다. 교양을 종교적으로 규정하려는 시도 전부를 무조건 거부하려는 경향도 있기 때문이다. 이렇듯 교양은 종교와 세속 사이, 실존적 근본 신념과 보편적 합리성 사이에 서 있다. 거기에 더해, 지금 우리가 살아가는 세상에는 다양한 종교와 세계관이 공존한다. 이 다양성이라는 현실로 인해 교양에 관한 논의는 새로운 국면을 맞이했다. 이제 우리는 새로운 관점에서 교양의 다양한 의미를 탐구하고 그 맥락에서 교양의 종교적 뿌리를 (예컨대 기독교와 이슬람교에서) 밝혀내고 있다. 오늘날 교양과 종교의 관련성은 다시금 중요한 이슈가 되고 있으며 점점 더 많은 사람이 이 문제에 관심을 기울인다.

이 책이 "신학 문고"Theologische Bibliothek 시리즈의 두 번째 책으로 나올 수 있게 되어서 기쁘다. 이 책의 전체 윤곽에 대해 의견을 주고 초고를 집필하는 단계에서 조언을 아끼지 않았던 튀빙겐 대학교의 동료 베른트 야노프스키Bernd Janowski와 크리스토프 슈뵈벨Christoph Schwöbel에게 특별히 감사를 표한다. 원고의 일부를 읽고 함께 토론한 튀빙겐 종교교육학 컬로퀴엄에도 감사를 표한다. 덕분에 중요한 통찰을 얻고 힘을 내어 집필을 마무리할 수 있었다. 내 조교 라라

바이어마이스터Lara Beiermeister와 다니엘라 륄레Daniela Rühle는 원고를 처음으로 읽어 주었다. 꼼꼼하고 정확하게 교정해 준 두 사람에게 진심으로 감사를 표한다. 독일개신교교회협의회EKD 교육국에도 감사의 마음을 전한다. 교육 백서 "종교적 방향 감각의 확보: 학교가 다원성의 능력을 갖추는 데 종교 수업이 하는 기여"Religiöse Orientierung gewinnen. Evangelischer Religionsunterricht als Beitrag zu einer pluralitätsfähigen Schule 작업으로 바쁜 가운데서도 이 책을 맡아 주었다. 특히 출판사 관계자들에게, 그리고 언제나 그랬듯 최고의 실력으로 책을 만들어 준 편집부의 에케하르트 슈타르케Ekkehard Starke에게 각별히 감사의 마음을 전한다.

2014년 봄
튀빙겐에서
프리드리히 슈바이처

1장

교양은 신학의 주제인가?
서론적 숙고

교양이 신앙의 관심사인가? 오늘날 우리 사회에서 교양은 중요한 이슈로 떠올랐다. 하지만 신앙이 교양과 무슨 관계인가? "신학 문고" 시리즈 가운데 하나로 출간되는 '교양'에 관한 책은 많은 질문을 불러일으킨다.

과거에는 교양과 신앙, 종교와 신학이 아주 긴밀한 관계를 맺고 있었다. 종교는 교양의 주요 내용이자 주제였으며, 교양에 대한 관심은 전반적으로 종교적 모티프에서 나올 때가 많았다. 특히 개신교는 처음부터 교양에 각별히 관심을 기울이는 원천으로 여겨졌다. 수많은 사람의 전기를 읽어 보면 금방 알 수 있을 뿐 아니라, 20세기까지의 교양에 대한 사회학적 연구도 이를 뚜렷하게 나타낸다.

하지만 지금은 교양과 신앙·종교·신학의 관련성이 뒷전으로 물러나 거의 드러나지 않는다. 그런 관련성이 있었는지조차 가물가물하다. 과거에는 그런 것이 있었다 하더라도 지금은 역사적 의미만 남아 있을 뿐, 오늘날 교양은 주로 미래 및 미래의 도전과 결부되면서 과거에 있었던 관련성은 거의 주목받지 못한다.

하지만 이것은 동전의 한 면에 불과한 것 같다. 교양 이해의 전통적 종교 지평은 망각의 늪에 빠져 있지만, 오늘 우리의 현실 속에서 새롭게 떠오르는 문제 가운데는 신학의 도움 없이는 제대로 대응하거나 성공적으로 해결할 수 없는 것이 있다. 대표적 예가 신앙과 지식의 관계다. 둘의 골치 아픈 갈등은 특히 근대 교양 역사에서 가시화되었는데, 근대 자연과학의 발전과 더불어, 또한 역사학·사회학·심리학, 최근에는 뇌 연구의 발전과 더불어 이 갈등이 일어났다. 이런 분과 학문들은—다른 분과도 얼마든지 추가할 수 있다—예전에 오로지 신앙 영역에 국한되었던 것을 침범하기 시작했으며, 심지어 신앙 자체를 설명하려고 한다. 예컨대 신앙이란 인간의 희망이 만들어 낸 것이므로, 계몽된 사람이라면 신앙을 가질 필요가 없다고 말한다. 창조 신앙과 진화론의 관계가 이런 대결의 무대 한복판에 서곤 한다. 여기에는 '인간은 어떤 존재인가?' '인간은 어떤 존재가 되어야 하는가?' 하는 질문에 대한 다양한 견해가 개입한다. 여기서 공적으로 가장 주목받는 것은 근본주의적 반응이다. 신앙과 지식의 화해를 원칙적으로 거부하면서 신앙이 우월하다고 고집하는 것이다. 문제는 종교적 근본주의가 개인의 종교 현상에 그치지 않고 정치적·공적 영역에서 지속적으로 영향을 끼친다는 점이다. 따라서 종교적 근본주의는 단지 개인 차원에 맡겨 놓을 수 없다. 오히려 이는 교양과 관련해 중요한 질문을 제기한다. 신앙과 지식의 갈등을 어떻게 풀어야 하는가? 교양 있는 성찰을 통해 그 갈등을 적어도 누그러뜨릴 수 있는가?

근본주의적 반응은 특정 종교에 국한되지 않는다. 그런 반응은 기독교에서는 물론 유대교, 이슬람교, 그 외 다른 종교에서도 나타난다. 오늘날 우리는 우리 사회의 다종교 상황을 고려하면서 교양과 신앙 혹은 종교의 관계를 분석하고 논의해야 한다. 과거와 달리 지금은 기독교 외 여러 종교가 공존한다. 이런 상황에서 교양과 종교의 관계는 새롭게 중요한 주제로 떠오르고 있으며 둘의 관계를 명확하게 이해하는 일이 점점 필요해지고 있다. 과거 유럽에서 기독교적 배경이 당연하게 전제될 때는 굳이 그 관계를 고민할 필요가 없었다. 교육학과 교양 이론도―신학과 직접적 관련이 없는 교양 개념을 논의할 때조차―기독교적 인간 이해의 영향 아래에 있었다. 대표적인 것이 어린이를 바라보는 관점이다. 서구 교육학에서는 어린이의 존재를 높이 평가하고 존중하는 것을 당연하게 여긴다. 이는 다른 문화권에 비해 아주 두드러지는 서구 교육학의 특징이다. 그런데 성경 전통과 기독교의 영향을 논하지 않고는 이를 설명할 수 없다. 많은 고대 문화권에서는 원하지 않는 아이를 내다 버려 죽게 만드는 일이 비일비재했고, 주로 여자아이들이 이런 끔찍한 관습에 희생되곤 했다.[1]

종교적 인간관은 어린이를 바라보는 하나의 관점으로 끝나지 않고, 교양 과정 전체에 영향을 끼친다. 예컨대 그 과정의 목표를 정할 때 그렇다. 과거에는 그것이 너무 당연해서 아무도 이의를 제기하지 않았다. 그러나 다종교 상황에서 이런 종교적 조건은 더 이상 당연하지 않다. 더 정확히 말하자면, 다른 대안이 있는데 왜 굳이 종교적 접근을 해야 하는지 그 근거와 이유를 밝혀야 하는 상황이다.

우리가 교양과 신앙·종교·신학의 관계에 대해 말하는 것도 이런 인식 때문이다. 이어지는 내용에서는 서구의 교양 개념에 결정적 영향을 끼친 기독교 신앙의 의미를 탐구한다. 종교라는 말이 기독교의 울타리를 넘어선 것은 어제오늘 일이 아니다. 사람들은 자신의 신앙을 무조건 기독교 신앙 혹은 교회의 신앙으로 생각하지 않는다. 기독교 외 다른 종교도 많다. 게다가 신학에서도 학문적으로 기독교 신앙 외 다른 종교적 신념을 연구하는 분과가 생겨났다. 이어지는 장

---

[1] 예컨대 Weber, *Jesus und die Kinder*[예수와 아이들]; Müller, *In der Mitte*[한복판에]; Bunge (Hg.), *The Child*를 보라.

에서 우리는 그런 분과의 전문 의견을 적극 수용할 것이다.

예컨대, 솔로몬의 잠언에 나오는 "여호와를 경외하는 것이 지식의 근본"잠 1:7이라는 말은 교양에 대한 사유의 역사에서 계속 인용된다. 이 말은 성경의 지혜 문학에 속한다. 이미 잠언 1:2에서는 "지혜와 훈계를 알게 하며 명철의 말씀을 깨닫게" 하는 것을 중시한다. 그런데 이 말은 정확히 무슨 의미인가? 여기서 약속하는 지혜는 어떤 지혜인가? 그것이 교양과는 무슨 관계가 있는가? 이런 질문들은 교양에 대한 논의에서 굉장히 중요하며, 이에 명확히 답하기 위해서는 신학도 계속해서 대화 상대가 되어야 한다. 물론 이 대화가 역사적 맥락을 밝히는 데 그쳐서는 안 된다. 그것은 오늘날 우리에게도 의미 있는 것이 되어야 하며, 그래서 신학이 교양을 올바르게 이해하는 데 계속 기여할 수 있어야 한다. 그러므로 이 책에서는 처음부터 역사적 맥락을 밝히는 데만 치중하기보다는, 그와 동시에 현재와 연관된 지점을 짚어 보려고 한다.

물론 교양을 신학의 주제로 이해하려는 시도에 대한 걱정스러운 시선도 있다. 교육학 영역뿐 아니라 신학 영역에서도 그렇다. 일단 교육학계에서는 교양을 신학적으로 이해한다는 것이 무엇인지를 완전히 잊어버렸을 뿐만 아니라, 교양에 대한 신학적 이해를 적극적으로 거부하면서, 종교적 규정과 권위에서 자유로운 학문을 추구한다. 현대 교육학은 종교적 신념이나 세계관에 좌우되지 않는 고유한 교양 이해의 토대를 다지려는 것이다.

교육학에 모든 형태의 **신학적 식민지화**theologische Kolonisierung를 단호하게 거절하는 분위기가 있다면, 신학 진영에서는 **신앙의 교육화**

Pädagogisierung des Glaubens를 우려하는 목소리가 만만치 않다'신학적 식민지화'란 신학으로 모든 것을 설명하고 규정하려는 시도를 말하며, '신앙의 교육화'란 신앙마저도 교육적 관점에서 보고 교육적 목적으로 이용하려는 시도를 말한다—옮긴이. 그런 교육화는 과거에 특히 인간관과 관련해 감지되었다. 인간관은 반드시 교양 이론과 결부된다. 신학적 항변에 따르면, 기독교 신앙은 인간의 완성을 교육 행위의 결과로 이해하려는 모든 시도를 철저하게 거부한다. 그런 시도는 인간의 가능성을 이상화하는 잘못을 범하는 것이다. 신앙의 관점에서 인간의 완성은 오직 하나님만 하실 수 있는 일이다.

양쪽의 이런 우려를 생각할 때, 이 책에서는 처음부터 두 방식을 철저히 피한다는 점을 분명히 하고자 한다. 하나는 신학이 교육학의 감독관 노릇을 하려는 것, 다른 하나는 교육학이 나름의 이상을 내세우며 모든 제한을 부정하는 것이다. 그 대신 내가 확신하며 주장하는 것은, 교육학 관점과 신학 관점에서 제기하는 주장을 모두 제대로 고찰할 때 비로소 우리에게 필요한 깨달음을 얻을 수 있다는 점이다. 이때 비로소 하나의 문제—우리의 경우에는 교양의 문제—를 다양한 각도에서 관찰하고 새로운 것을 발견하는 일이 가능하기 때문이다. 교양이라는 주제와 관련해서도 관점의 차이가 오히려 새로운 통찰을 가져다줄 수 있다.

그러므로 우리는 교양이 이를테면 '원래 신학적인' 주제라고 밝히거나 신학의 소유권을 주장할 생각이 전혀 없다. 이어지는 내용에서 교양 개념의 종교적 혹은 신학적 뿌리를 언급할 때도, 그 목적은 내가 더 많이 알고 있다는 듯 거만한 태도를 가지고 교양 개념을 어떻게든 '집으로 데려오기' 위함이 결코 아니다. 그 대신 우리는 신학적 관점이 어떻게 교양 이해를 풍성하게 할 수 있는지 보여 주고자 한다.

21세기 초반, 교양에 대한 논의에서는 경험적 발견과 통찰에 큰 관심을 기울였다. 경험적 교양 연구는 최근에 독자적 분과로 자리 잡았는데, 특히 국제 학생 학업 성취도 평가PISA, Programme for International Student Assessment 이후에 크게 발전했다. 이런 분위기를 감안할 때 이 책의 의도를 오해하는 사람들이 있을 수도 있다. 실제로 교양을 신학의 주제로 파악하려는 시도는 교양이 경험적 연구만으로는 다 설명되지 않는다는 점을 강조한다. 그래서 최근의 교양 연구가 간과하는 관점과 차원을 적극적으로 부각한다. 하지만 이것은 경험적 접근 방식을 완전히 밀어내고 다른 대안을 제시하려는 게 아니다. 교양과 종교의 관계도 얼마든지 경험적 연구의 대상이 될 수 있으며, 다른 한편으로 경험적 교양 연구에서도 내가 앞서 제기한 주장이 그대로 적용되기 때문이다. 여기서 중요한 것은 신학적으로 풍성하게 하는 것이지 신학적 소유권을 주장하는 게 아니다.

이렇게 신학은 대화의 파트너로 초대될 뿐 아니라 어떤 특별한 요구, 결코 당연하다고 볼 수 없는 요구와 마주하게 된다. 그것은 신학이 교양이라는 주제를 종교교육학 분과에만 해당하는 특별한 주제로 여겨서는 안 된다는 사실이다. 이제부터 나는 의도적으로 신학의 모든 분과를—구약과 신약부터 교회사, 조직신학, 종교학에 이르기까지—소환한다. 이 모든 분과는 각각이 지닌 통찰로 교양의 다양한 차원과 깊이를 구성하는 데 기여할 수 있다. 이는 모든 분과—즉 신학 전체―가 과거보다 더 적극적으로 교양이라는 주제를 붙잡아야 한다는 견해를 뒷받침한다. 교양은 신학이 반드시 고민해야 하는 질문을 제기하기 때문이다. 더욱이 여기에는 교양 이해와 관련한 여러 학문과 긴밀히 협력할 기회도 있다.

물론 신학은 어떤 시기에―특히 학문에서 신학의 이미지를 형성한 결정적 발전이 이루어졌던 20세기 후반에―교양 개념에 대한 근본적 문제 제기에 집중했다. 그 중심에는 앞서 언급했듯 교양을 통한 인간 완성이라는 목표가 인간의 가능성을 이상화하고 과대평가한다는 의심이 있었다. 신학이 교양 개념을 어떻게 비판하는지는 이미 여러 저작에서 자세하게 논의되었기 때문에 여기서 새삼스럽게 그 문제를 다시 다루지는 않겠다.[2] 게다가 이런 식의 근본적 비판은 이미 지나간 시대의 유산이다. 이 비판은 이상주의에 경도된 교육학 사조를 향한 것이었는데, 오늘날 그런 형태의 교육학은 더 이상 존재하지 않는다. 게다가 이 비판은 다른 학문과의 대화에 큰 관심이 없었던 과거의 신학적 입장을 따르고 있다. 나의 강조점은 교양 개념에 대한 거부가 아니라 교양 이해를 신학적으로 더욱 정교하게 만들고 확장하는 데 있다. 이는 교양을 신앙 문제로 만드는 게 아니다. 다만 교양을 하나의 주제로 인식하고 더 풍성하게 이해하는 데 신학도 기여하려는 것이다.

이런 배경에서 이 책의 전체 구조는 다음과 같다.

---

2   최근에 이루어진 자세한 논의는 Preul, *Evangelische Bildungstheorie*[개신교의 교양 이론], 33 이하를 보라.

- 먼저 교양과 신학의 관계를 **역사적 맥락**에서 살펴보려고 한다. 교양 개념은 종교적 뿌리에서 시작해 성경과 기독교 역사를 통해 발전하여 오늘에 이른다. 이것이 증명하는 논제는, 교양은—지금도 최소한 그 심층에서 작동하는—성경적·기독교적 배경 없이는 제대로 이해할 수 없다는 것이다.
- 다음 장에서는 이런 역사적 근거 차원을 넘어 교양과 신앙·종교·신학의 관계가 **지속적이고 의미**를 지님을 밝히고자 한다. 교양에 관한 논의가 교양의 본질적 문제의식을 포괄적으로 규명하고자 한다면 신학적 질문을 결코 피해 갈 수 없다. 신학과의 대화 없는 교양 논의는 신학만이 제공할 수 있는 풍성한 이해를 포기하는 것이며, 신학만이 가지고 있는 분석 및 해석 능력의 결핍이 엄연히 드러나는데도 이를 무시하는 것이다.
- 오늘날의 이해에 따르면, 이런 주장이 설득력을 얻으려면 거기서 **실천적 결과**가 따라야 한다. 교육학에서는 신학이 교양을 논하려는 데 명시적으로 반대하면서, 신학의 주장이란 기껏해야 멋진 말잔치일 뿐 실천적 측면에서는 아무런 결과를 내놓지 못한다고 비판한다. 교양에 대해 논하는 일이 아무 소용 없다는 것이다. 그런 견해에 맞서 증명되어야 하는 논제가 있다. 교양과 신앙·종교·신학의 관계를 적극적으로 받아들이는 것이 무엇보다 실천적 측면에서 결코 무시할 수 없는 구체적인 결과를 가져온다는 명제가—특히 교육학 진영에서—사실로 증명이 될 때, 그런 섣부른 판단을 효율적으로 막아설 수 있다.
- 마지막으로 나는 초월 개념을 중심으로 교양 이해의 **경계 지우**

기와 **경계 세우기**라는 이중 맥락을 부각하면서 나의 의도를 다시 한번 정리하고 분명히 하고자 한다. 초월 개념은 교양을 더 넓게 이해하는 것과 유익한 경계를 세우는 것 모두를 가능하게 한다. 유익한 경계를 세운다는 말은 특히 근대 이후에 교양 개념이 인간의 무한한 상승을 추구하는 방향으로 흘러가는 논리를 깨뜨릴 수 있게 한다는 뜻이다.

이 책을 통해 우리가 얻는 이익은 한두 가지가 아니다. 사회적으로 볼 때 이 책의 설명은 성경적·기독교적 교양 이해와 관련해서 명료한 시야를 제공한다. 우리는 기독교와 다른 종교 및 세계관의 교양 이해를 나란히 놓고 비교할 수 있다. 이런 시도는 현재 상황에서, 특히 이슬람교와 관련하여 중요한 의미가 있다. 이슬람교는 독일과 유럽에서 확실한 존재감을 구축했으며, 이는 교양과 관련한 논의와도 긴밀한 연관이 있다. 교육학은 종교적 성격이 있음에도—혹은 바로 그 때문에—스스로를 세속 학문으로 규정하는데, 이 책을 통해 교육학은 자신의 고유한 뿌리와 특성을 눈여겨보고 기독교적 교양 이해에서 제기하는 질문과 씨름함으로써 이득을 얻을 것이다. 마지막으로 신학을 위해서도 중요한 점이 있다. 교양의 의미를 실천적 형성의 영역, 즉 종교교육학 혹은 실천신학의 영역을 넘어 성경신학, 역사신학, 조직신학의 주제에서도 발견하는 것이다.

미리 강조하지만, 우리의 모든 고민과 설명의 전제는 두 실마리를 따라 사유하려는 시도다. 하나는—많은 사람이 어느 정도 당연하게 여기는—**종교적 교양**이다. 예컨대 종교 수업처럼 공식적으로 종교를 학습 내용으로 삼은 교양 과정이다. 다른 하나는—아마도 전혀 생각하지 못했던 것일 텐데—**교양 이해 전체**를 철저히 검토하는 것이다. 신학이 교양을 주제로 삼을 때는 단순히 종교적 교양만이 아니라—종교적 교양은 언어·자연과학·예술·역사와 같은 다른 교양 영역과 어깨를 나란히 하는데—교양 자체의 전체적인 방향과 근거를 고민해야 한다. 특정한 교양 이해의 밑바탕에 있는 인간상을 거론하는 것도 이런 의도 때문이다. 지금부터 전개될 논의에서는 교양 개념에 포괄적 방향을 설정하는 문제가 전면에 부각될 것이다. 물론 이런 방향 설정은 언제나 종교적 교양에 대한 특정 견해들과 결부되는 터라, 이 흔적을 살피는 일도 소홀히 할 수 없다.

  도입부를 마무리하면서 나의 관점과 의도를 더욱 명확히 밝히고자 한다. 이 책에서는 불가피하게 신학적 관점이 전면에 부각되긴 하지만 나는 교육학으로 박사학위를 받은 학자이자 신학으로 교수 자격 취득 논문을 쓴 신학자로서 교육학과 신학 둘 다에 의무감을 느낀다. 나의 관점은 분명 기독교 신학, 더 정확히 말하면 개신교 신학의 영향을 받고 있다. 우리 시대의 다종교 상황을 고려한다고는 했지만, 교양과 관련하여 탁월한 의미를 지니는 다른 종교, 특히 유대교·이슬람교·유교·불교와 같은 종교를 골고루 다루지는 못했다. 앞으로 교양을 주제로 종교 간 대화가 활발해지기를 바랄 뿐이다. 종교 및 세계관의 다원성은 오늘 우리 시대의 특징이다. 이런 시대에 교양을 이해하려면 어떤 과제가 수행되어야 하는지도 다루어져야 한다.

  이 책에서는 아주 광범위한 주제를 다룬다. 나 자신이 30년 넘는 세월 동안 이런 문제들을 고민했고 많은 글을 발표했다. 이 책에는 이전의 연구 성과들이 자연스럽게 흘러들어와 있다. 나의 이전 저술을 언급할 때가 많을 텐데, 그때마다 자기 인용으로 표시하지는 않을 것이다.[3] "신학 문고" 시리즈의 목적은 전공자 이외의 독자에게도 많이 읽히는 것인데, 그에 맞게 방대한 참고 문헌 목록은 과감하게 줄였다. 교양과 관련해서는 이미 일반 성격의 저술도 무수히 많이 나와 있으며, 거기서 이와 관련한 참고 문헌 목록도 쉽게 찾을 수 있다.[4] 성경 인용은 최근의 루터 번역을 사용했고 한국어판에서는 개역개정, 쿠란은 아부-아르-리다 무함마드 이븐 아흐마드 이븐 라술Abu-r-Riḍā' Muhammad ibn Ahmad ibn Rassoul의 번역이다.

---

3   대표적으로 다음의 책들을 보라. 단독 저서로 Schweitzer, *Pädagogik und Religion*[교육학과 종교]; 같은 저자, *Religionspädagogik*[종교교육학]; 같은 저자, *Menschenwürde und Bildung*[인간의 존엄과 교양]; 또한 공저로 Schweitzer (Hg.), *Der Bildungsauftrag des Protestantismus*[프로테스탄티즘의 교양 사명].

4   특히 Schaarschmidt, "Der Bedeutungswandel der Begriffe 'Bildung' und 'bilden'"["'교양'과 '형성하다' 개념의 의미 변화"]; Lichtenstein, *Zur Entwicklung des Bildungsbegriffs*[교양 개념의 발전에 관하여]; Dohmen, *Bildung und Schule*[교양과 학교]; Schilling, *Bildung als Gottesbildlichkeit*[하나님 형상으로서의 교양]; Vierhaus, "Art. Bildung"[교양 항목]; Koselleck, "Einleitung"[서문]; Bollenbeck, *Bildung und Kultur*[교양과 문화]를 보라. 여기 나오는 내용이 이 책 저변에 있지만 매번 인용 표기를 하지는 않았다.

2장

역사적 맥락

교양을 신학적 관점에서 논하기 위해서는 먼저 역사적 맥락을 되짚어 보아야 한다. 교양 개념이 기나긴 역사적 지평에 서 있기 때문이다. 교양 이해의 종교적 관련성은 그 지평에서 뚜렷하게 파악될 수 있다.

교양 개념은 그 자체로 종교적 뿌리를 드러내며, 분명한 종교적 맥락에서 출발했다. 이제 바로 그 내용을 살펴보려고 한다. 그런데 역사적 맥락을 살필 때마다 짚고 넘어가야 할 문제가 있다. 개념으로 표현된 실상이 그 표현과 함께 비로소 생긴 것은 아니라는 점이다. 그러므로 개념과 실상이 이 경우에 서로 어떤 관계가 있으며 이것이 오늘 우리의 연구에 어떤 의미가 있는지 먼저 밝혀야 한다.

1. 개념과 실상

교양 역사의 발전과 맥락을 살펴보면, 개념과 실상의 관계에 대한 고민을 피할 수 없다. 개념은 종종 특정한 역사적 상황을 전제한다. 학문적 개념의 경우에는 사실상 창작에 가까운 것들이 많다. 언어와 문학의 영역에서 어떤 개념이 우연처럼 번뜩 나타나는데, 시간이 한참 흐르면서 너무 많은 사람이 너무 당연하다는 듯이 그 용어를 쓰는 바람에 개념과 실상의 구분이 거의 불가능해 보이는 경우가 있다.

대표적인 예가 오늘날 누구나 쉽게 말하는 '정체성'Identität이라는 개념이다. 개인의 정체성, 국가 정체성, 인종 정체성 등이 이제는 아무렇지 않게 언급된다. 20세기 전까지는 누구도 이 말이 무슨 뜻인지 이해하지 못했을 것이다. 그때까지만 해도 아무도 '정체성'이라는 말을 쓰지 않았기 때문이다. 하지만 그렇다고 해서 정체성 개념과 결부된 문제와 고민도 존재하지 않았다고 말할 수는 없을 것이다. 분명 실상은 개념보다 먼저 와 있다.

교양 개념도 마찬가지다.[1] 18세기 후반 독일의 철학자 모제스 멘델스존Moses Mendelssohn은 교양 개념이 완전히 새로운 것이며 학문 영역 바깥에 있는 사람 대부분이 이해하지 못하는 개념이라고 확언했다. "계몽, 문화, 교양은 우리 언어에서는 아직 새로운 현상이며, 따라서 당분간은 책에서나 볼 수 있을 것이다. 평범한 사람들은 그런 말을 거의 이해하지 못한다."[2] 그러므로 교양 개념이 일반적으로 쓰이기 시작한 시기는 18-19세기라고 볼 수 있다. 14세기 전에는 교양 개념이 아예 등장하지 않는다는 점은 주목할 만하다. 교양은 새롭게 만들어진 용어로, 그 뿌리는 독일 신비주의까지 거슬러 올라간다.

그렇다면 14세기 이전, 심지어 19세기 이전에는 교양이란 것이 전혀 존재하지 않았다고 봐야 하는가? 그렇게 말할 수는 없을 것 같다. 그 옛날에도 사람들은 무언가를 배웠다. 어린이, 청소년, 성인은 학교에 다니거나 그에 상응하는 교양 기관을 다니며 오늘날 우리가 '교양을 쌓는다'sich bilden, 직역하면 '자신을 형성한다, 빛는다, 도야한다'는 의미로, 일상 어법에서는 '교육받는다' 정도의 의미로 쓰인다—옮긴이고 말하는 일을 했다. 이렇게 실상은 개념보다 먼저 와 있다.

그러므로 실상 혹은 내용이 개념과 완전히 독립하여 존재하는

---

1   교양 개념의 역사에 대해서는 여러 차례 연구가 진행되었다. 지금부터 설명하는 내용에 관해서는 29 하단부의 참고 문헌을 보라.
2   Vierhaus, "Bildung," 508에서 재인용.

것처럼 보인다 해도 과언이 아니다. 잘 알려진 것처럼 교양 Bildung 개념은 몇몇 언어로만 번역될 수 있지만, 그렇다고 교양이 독일에만 있다고 말할 수는 없다.

신학자이면서 교육 철학자였던 프리드리히 슐라이어마허 Friedrich Schleiermacher는 근본적으로 실천이 이론보다 "훨씬 먼저"라는 사실을 명시했다.[3] 이로써 교육학에서는 개념과 실상의 관계가 더욱 확실해졌다. 학문적 의미의 교육 이론이 생겨나기 전부터 실천 영역에서는 가르치고 배우는 일이 "항상" 있었다. 그러나 슐라이어마허는 조심스럽게 이런 말을 덧붙인다. 실천은 "이론과 더불어 더욱 의식적인" 실천이 된다.[4] 그에 따르면, 개념과 이론은 단순히 기존의 실천에 덧붙어 그 실천을 정신적으로 증가시키는 데 그치지 않는다. 개념 표현과 그로써 가능해진 이론적 파급력 때문에 실상 자체가 변화하기도 한다. 그 실상은 다르게 이해되고 해석되며, 그 결과 훨씬 다르게 재구성된다. 교양 개념이 바로 이런 경우다. 교양의 실천은 모든 교양 이론보다 앞선다. 하지만 이 실천을 교양이라는 개념으로 이해하고 성찰할 때 이는 전혀 다른 것이 된다. 교양의 실천은 이전과 다른 요구 앞에 서고, 그에 따라 실제적 결과가 이어진다. 그렇기에 실상과 개념 둘 모두에 주의를 기울이는 것이 중요하다.

이렇게 교양 개념과 관련해 가장 먼저 고려해야 할 논점을 밝혔다. 이제 또 하나의 구분이 필요하다. 역사적 전제들과 그 영향사적

---

[3] Schleiermacher, *Vorlesungen* [강의록], 11.
[4] 같은 곳.

의미의 관계와 관련한 구분이다. 하나의 결정이나 변화가 어떤 결과를 가져오는지는 시간이 한참 흐른 뒤에야 드러날 때가 많다. 1762년에 장 자크 루소Jean-Jacques Rousseau가 그 유명한 교육 소설 『에밀』 *Émile*을 출간했을 때,[5] 훗날 이 책이 근대 교육학의 결정적 토대가 되는 텍스트가 되어 몇백 년 동안 엄청난 영향을 끼치리라 생각한 사람은 없었다. 직설적으로 말해, 이 소설은 영향사를 통해 비로소 후대의 발전을 위한 전제임을 증명했다. 책 자체는 처음에 전혀 주목받지 못했다. 오늘날 우리는 그 책의 영향사에 근거해 책의 의미를 분석하고 해석해야 한다.

역사적 전제와 영향사적 의미의―쉽게 간파되지 않는―관련성은 신학과 교양의 관계와 관련해서도 고려되어야 한다. 어떤 신학적 관점이 처음에는 교양과 전혀 관련 없어 보였는데 영향사적으로 아주 중요해질 때가 있다. 특히 성경 시작 부분의 창조 이야기에서 그런 경우를 분명히 볼 수 있다 창 1-2장. 이 본문에서 교양을 직접 언급하지는 않지만, 성경의 창조신학과 후대의 교양 이해는 매우 긴밀한 관련성이 있다. 심지어 교양*Bild*ung이라는 용어 자체도 그렇다. 이 용어는 일반적 의미에서 종교적 뿌리를 가지고 있을 뿐 아니라, 성경 첫 장에 나오는 인간에 대한 언급―인간이 하나님 형상이라는 것 Gotteben*bild*lichkeit―과 직접적으로 연결된다. 그러므로 우리는 상당한 근거를 가지고 이렇게 주장할 수 있다. 교양 개념을 오늘날 우리에게 친숙한 형태로 개념화하는 일은 성경의 창조 사상 없이는 불가능하

---

5   Rousseau, *Emil*. 『에밀』(세창출판사).

다. 달리 말해, 성경의 창조 신앙이 교양과 관련하여 갖는 의미는 영향사에서 드러나며 영향사를 토대로 설명되어야 한다.

하나의 개념이 생겨나기 전의 실상을 탐구하는 일은 그 개념에 대한 특정한 이해가 있어야 가능하다. 교양 개념이 없는데 그런 이해마저 없다면 제대로 된 논의가 이루어질 수 없기 때문이다. 역사의 먼 과거까지 거슬러 올라가는 우리의 논의는 교양에 대한 어떤 이해에 기반해 있는가?

여기서 역사학자 라인하르트 코젤레크Reinhart Koselleck는 우리의 논의에 상당히 유용한 출발점을 제시한다. 그는 다른 나라에서의 언어 사용과 명확하게 구별되는, 특별히 독일어에만 있는 교양이라는 용어를 특징짓는 세 요소를 언급한다. 첫 번째는 "이 세상을 자기 자신의 일부로 바꾸어 놓는 자율성Autonomie에 대한 요구"다. 이 점에서 교양Bildung과 교육Erziehung은 근본적으로 다르다. 두 번째는, 단순히 정치적-위계적 운명에 의해 파악되는 사회가 아니라, "다채로운 자기 형성Eigenbildung을 통해 파악되는 사회"와의 연관성이다. 세 번째는 "공동의 문화적 성취"와 "개인의 내적 성찰"의 결합이다.[6] 코젤레크에 따르면 이 세 특징은 대략 1800년 이후에 나타난다. 그보다 앞선 시대에서는 이런 특징을 볼 수 없다. 따라서 교양 개념이 나타나기 전에 존재하던 실상과 동일시하기 위해 이 특징을 이용하기는 쉽지 않다. 그러나 이 특징을 염두에 두면 나중에 교양이라는 말로 의미한 바가 이미 존재했는지 확인할 수 있다. 달리 말해, 아직 교양 개

---

6 Koselleck, "Einleitung," 14-15.

념이 없을지라도 지금 언급하는 이 특징이 적어도 초기 형태로는 존재했다. 그렇지 않다면, 앞서 나타난 실상을 교양 이해와 연결하려는 시도는 그다지 설득력이 없을 것 같다.

이 긴장 사이에서 나는 일종의 중도中道를 제안하려 한다. 즉, 실상으로서의 교양을 사회화Sozialisation 혹은 교육Erziehung과 구분할 것이다. 예컨대 코젤레크가 언급한 인간의 "자율성의 요구"와 "개인의 내적 성찰"과의 관련성에 근거해 그렇게 하는 것이다. 이는 자기 결정권과 자아 형성을 중요시하는 우리 시대의 교육학적 견해와도 잘 통한다.[7] 이런 교양 이해에서 또 두드러지는 점은, 교양을 학교 교육과 동일시하려는 모든 시도를 철저하게 거부하는 것이다. 교양은 세계를 알아 가는 것을 의미하며, 이런 일은 아동기 초기에 이미 시작된다.

2. 교양 개념과 그 종교적 뿌리

교양Bildung 개념은 독일어의 특수한 사례로 간주된다. 이 단어는 언어의 역사로 볼 때는 비교적 최근에 만들어진 말이지만, 다른 한편으로 상당히 오랜 역사를 가지고 있다.[8] 라틴 계열의 언어나 영어 등 많은 언어에서는 '교육'Erziehung과 '교양'Bildung을 한 단어로만―예컨대 'education'―번역한다 하지만 스칸디나비아의 언어들과 러시아어에서는 둘을 구

---

[7] 예컨대 Benner, "Allgemeine Pädagogik"[일반 교육학], 특히 122 이하; Schäfer, *Bildungsprozesse im Kindesalter*[아동기의 교양 과정]; Tenorth, "*Alle alles zu lehren*"[모두에게 모든 것을 가르치기]; Rittelmeyer, *Bildung*[교양], 13 이하를 보라.

[8] 이와 관련해서도 이 책의 "서문" 각주 4에 소개한 문헌을 참고할 만하다.

분하는데 이 점은 자주 무시된다. 그렇다고 '빌둥'이라는 단어로 의도한 바를 다른 언어로 전혀 표현할 수 없는 것은 아니다. 하지만 다른 말로 표현되며, 영어에서는 독일어Bildung나 그리스어Paideia를 그냥 외래어로 쓰기도 한다.

교양 개념은 어떻게 생겨났는가? 그 뿌리는 어디에 있는가? 독일어에서 교양 개념의 근원은 중세 후기, 특히 종교적 신비주의에 있다. 어원 연구에 따르면 교양 개념에는 다양한 의미가 함께 흘러 들어왔는데, 이는 대략 세 갈래로 나누어 볼 수 있으며 각각의 배경에는 라틴어 개념이 있다. 하나는 "'빌트'Bild, 상(像), '압빌트'Abbild, 모상(模像), '에벤빌트'Ebenbild, 초상(肖像), 이마고(imago)", 다른 하나는 "'나흐빌둥'Nachbildung, 모사(摹寫), '나흐아뭉'Nachahmung, 모방(模倣), 이미타티오(imitatio)", 마지막으로 "'게슈탈트'Gestalt, 형태(形態), 포르마(forma)와 특히 '게슈탈퉁'Gestaltung, 형성(形成), 포르마티오(formatio)"이다.[9]

교양 개념의 종교적 의미는 세 동사 '엔트빌덴'Entbilden, '아인빌덴'Einbilden, '위버빌덴'Überbilden을 구분할 때 뚜렷하게 나타난다. 세 동사는 기본형 bilden(형성하다)이 각각 '벗어남'(ent-), '안으로 들어감'(ein-), '위로 올라감'(über-)을 의미하는 전철(접두사)과 결합된 것이다 – 옮긴이. 여기서 교양 과정은 인간이 하나님과 맺는 관계와 직접 관련되기 때문이다. 신비주의에서 교양의 최고이자 최종 목표는 하나님을 통해 자신을 더 높이 형성하는 것überbilden lassen, 하나님과 맺는 관계를 통해 새로운 존재가 되는 것이다. 신비주의의 핵심 사상인 하나님과의 신비한 연합unio mystica

---

9   Vierhaus, "Bildung," 509.

도 이에 상응한다. 신비주의의 확신에 따르면, 사람이 하나님 안으로 빚어져 들어가고Hineinbilden 높이 빚어지려면Überbildet-Werden 그를 규정하는 세상적 속박과 상상에서 벗어나 자유로워지고 비워져야 한다. 기존의 상태에서 벗어나는 것Entbildung은 하나님을 통해 더 높이 빚어지기 위한 전제다. 그러므로 이 세 개념Entbilden, Einbilden, Überbilden은 하나님을 통해 인간이 새롭게 되고 변화되는 과정을 가리킨다. 물론 이것은 어떤 교육학적 과정도, 회심 상황도 아니다. 오히려 하나님이 인간에게 행하시는 일이다. 마이스터 에크하르트Meister Eckhart가 『신적 위로의 책』Buch der göttlichen Tröstung에서 한 말은 이를 잘 보여 준다.

> 그리고 앞에서 비어 있음Leer-Sein 혹은 벗어 버림Bloß-Sein에 대해 말한 것처럼, 영혼이 더 순수하고 더 벗어 버리고 더 가난할수록, 그리고 피조물Kreaturen로부터 덜 가질수록, 그리고 하나님 아닌 사물에 대해서 더 비어 있을수록, 그만큼 더 순수하게 하나님을 알고, 그만큼 더 많은 것을 하나님 안에서 알고, 그만큼 더 하나님과 하나 되고 그것들 안에서 하나님을 보되, 성 바울의 말처럼 마치 하나의 형상으로 더 높이 빚어진überbildet 것처럼 서로 얼굴과 얼굴을 맞대고 본다.[10]

내적 변화의 과정에서 형상Bild이라는 측면이 왜 그토록 중요한지, 그리고 그 형상이란 도대체 무엇인지 이해하기 위해서는 형상과 형

---

10 Meister Eckhart, "Das Buch der göttlichen Tröstung," 482. 『신적 위로의 책』(누멘).

성Bildung이라는 이중 근원에 대한 확실한 이해가 필요하다. 신비주의 안에는 두 전통이 뒤엉켜 흐르고 있다. 둘은 각각 독립된 흐름으로 존재하지 않고 이중으로 규정된 의미 영역을 형성한다. 한편으로는 창세기 1:26-27에 나오는 하나님의 형상에 대한 성경의 이해 "하나님이 자기 형상zu seinem Bilde 곧 하나님의 형상대로 사람을 창조하시되…"와 마이스터 에크하르트가 직접 언급한 바울의 이해 "우리가…그와 같은 형상으로 변화하여 verklärt in sein Bild…"고후 3:18가 있다. 다른 한편으로는 플라톤에게서 시작된 이데아에 대한 이해, 즉 인간의 영혼은 원형Urbild이 되는 이데아에 참여한다는 이해가 있다. 신비주의에서 묘사되는 이 과정—훗날 교양이라는 새로운 개념으로 불린다—은 인간을 참된 인간의 모습으로 인도하며, 이 모습은 인간의 원형 혹은 전형Vorbild으로 이해될 수 있다.

교양 개념이 그토록 분명하게 종교적 뿌리를 드러낸다는 사실은 이미 큰 관심의 대상이다. 교양이 신학의 주제로 이해될 수 있다는 논제의 증거인 언어사적 증거로서 말이다. 그러나 교양 개념의 근원과 관련한 증거가 이후의 역사적 발전 과정에서 상당한 영향을 끼친 전제와 연결되지 않는다면 박물관에 전시된 과거의 유물과 다를 바 없을 것이다. 이제 그 전제를 여러 측면에서 말할 수 있다.

- 교양 개념은 근본적으로 모든 사람에게 고유한 하나님 형상과 연관됨으로써, 종교에 바탕을 둔 평등이라는 의미를 갖는다. 이런 의미에서 교양은 사회의 엘리트만을 위한 것이 아니라 모든 개인의 권리다. 모든 인간의 평등을 지향하는 이 사상이 중

세에는 신분제 사회에 조성된 당시의 사회적 조건 때문에 거의 관철될 수 없었다. 그러나 그 이후에는—아직 근대적 형태의 민주주의가 시작되지 않은 상황에서도—역사적 변화의 조짐이 보이기 시작했다. 그 사례가 17세기 개신교 신학자이자 교양 철학자Bildungsphilosoph인 요한 아모스 코메니우스Johann Amos Comenius다. 코메니우스는 **모든** 사람omnes을 위한 교양 이해를 기획하면서 그 근거를 하나님 형상에서 찾았다. "하나님이 아무런 차별도 하지 않으신 곳에 인간이 장벽을 세워서는 안 된다."[11] 코메니우스는 이 내용을 라틴어로 썼기에 '빌둥'이라는 독일어 개념을 사용하지는 않았지만, 그렇다고 그가 자기 사상의 근거로 제시한 하나님 형상과 그 기초 위에 세워진 평등의 교육학 사이의 관련성이 변하지는 않는다.

- 신비주의에서 출발한 교양 이해는 근본적으로 새로운 방향을 가리킨다. 교양에서 중요한 것은 능력이나 실력, 즉 외적 의미에서 일을 처리하는 능력이나 성과를 내는 힘을 가리키는 능력이 아니다. 오히려 교양의 핵심은 자기만의 경험, 태도, 감정, 삶의 지향을 가진 내적 인간der innere Mensch이다. 그렇다면 교양의 종교적 뿌리는 후대의 교양 이해 발전에도 엄청나게 중요한 의미를 지닌다. 교양이 그렇게 이해된다면 오로지 외적 요구에 의해 규정되는 능력으로 축소될 수 없기 때문이다. 교양은 그 이상이어야 한다. 교양은 항상 내적 인간과 관련된다.

---

11   Comenius, *Pampaedia*, 31.

- 교양 개념은 그 종교적 기원으로 인해 이중적 의미에서 관계적·소통적 면모를 지닌다. 하나님 형상은 인간이 낙원에 있을 때의 상태, 즉 인간이 나중에 쫓겨나 영영 잃어버리는 어떤 근원적 상태를 뜻하는 말이 아니며, 어떤 인간적 특성을 뜻하는 말도 아니다.[12] 그 중심에는 하나님과 인간의 관계가 있고, 거기서 하나님 형상이 나온다. 더 나아가 창세기 1:27에서는 이렇게 말한다. "하나님이 자기 형상 곧 하나님의 형상대로 사람을 창조하시되 남자와 여자를 창조하시고." 이 본문에 따르면 하나님 형상은 인간과 인간의 상호적 측면에서도 관계적·소통적 성격을 내포한다. 그러므로 하나님 형상을 그저 개인적으로, 심지어 개인주의적으로 이해하거나 실현할 수는 없다. 처음 생겨날 때부터 교양 이해에 내재된 특성은 상호 소통하며 가꾸어 나가는 관계를 지향한다.
- 교육Erziehung, 근래의 표현으로는 학습Lernen이나 사회화Sozialisation 같은 개념과 비교할 때, 교양 개념은 처음부터 초월성과 관련이 있기 때문에 일종의 의미 과잉 흘러넘침이 일어난다 개념 정의를 넘어서는 의미가 계속해서 생성된다는 뜻이다—옮긴이. 그래서 교양 이해는 항상 역동적이다. 교양은 끝맺을 수 없는 과정으로, 하나님 혹은 초월을 지향함으로써 모든 세속적 물질화로부터 인간을 보호할 수 있다. 소통과 관계의 개념인 교양은 인간의 공존뿐만 아니라 초월과도 관련된다. 그렇기 때문에 인간에 의해 실현되

---

12 Pannenberg, "Gottebenbildlichkeit und Bildung"[하나님 형상과 교양]을 보라.

어야 할 교양에 꼭 필요한 경계 설정이 가능해진다. 이 점에 대해서는 마지막 장에서 자세히 다루려고 한다.
- 마지막으로, 교양 개념은 간학문적 의미로도 사용될 수 있는 철학적·신학적 연결을 드러낸다. 그 안에는 처음부터 철학과 신학의 전통이 풍성하게 결합되어 있어 교육학에 대한 이해를 새롭게 할 수 있는 토대가 될 만하다. 이것도 의미 과잉의 원인이 된다. 여기에 어떤 장점이 있는가? 이 책에서는 바로 그 점을 신학의 관점에서 제시할 것이다.

교양 개념의 종교적 이해는 마이스터 에크하르트에게만 한정되지 않는다. 하인리히 조이제Heinrich Seuse 같은 후대의 신비주의 대표자들도, 혹은 파라켈수스Paracelsus같이 자연 철학적으로 논증하는 이론가들도 교양을 종교적으로 규정하려 했다.[13] 이런 점에서 교양 개념은 수백 년 동안 신학적·철학적 해석 전통을 이어 왔다고 할 수 있다. 이것이 계몽주의와 관념주의 시대를 거치면서 어떤 변화를 겪었는지는 뒤에서 별도로 다룰 것이다. 먼저 교양 이해의 성경적 배경을 살펴보자.

3. 성경과의 관련성

교양 개념이 그 기원부터 일반적인 종교적 뿌리만 제시하지 않는다

---

[13] 이와 관련해서도 "서문" 각주 4에서 소개하는 문헌에서 되풀이하여 설명한다.

는 점은 이미 분명해졌다. 교양 개념이 초월과 연결되어 있다고 할 때 그 초월은 모호하고 불특정해서 결국 혼란스러울 수밖에 없는 그런 초월이 아니다. 교양은 철저하게 성경의 언어, 성경의 사유와 연결되어 있다. '교양'이라는 단어가 독일어로 번역된 성경에 나오지는 않는다. 하지만 성경의 많은 개념, 모티프, 주제, 전통이 교양의 의미를 담고 있으며, 그 의미는 역사에서 구체적으로 영향을 끼쳤다. 여기서도 두 가지 경우를 염두에 두어야 한다. 하나는 교양 개념의 성경적 뿌리, 다른 하나는 그 개념이 직접 사용되지는 않아도 실상이 존재하는 경우다. 이어지는 내용에서는 바로 이 점을 성경에서 발췌한 모티프, 관점, 개념으로 설명하려고 한다.

본보기가 되는 성경의 기본 개념들을 통해 살펴보는 교양의 의미
: 창조, 교훈과 지혜, 새로운 인간

앞서 보았듯, 성경의 창조 신앙, 특히 창세기 1:27에 나오는 하나님 형상이 교양 이해에 큰 영향을 끼쳤고 교양 개념이 만들어지는 데 결정적인 역할을 했다. 그러니 여기서는 곧바로 창조라는 주제에서 시작하는 게 좋겠다. 하지만 성경적 교육 사상을 이해하기 위해서는 성경, 특히 구약성경에서 눈에 띄게 드러나는 교훈과 지혜의 연관성을 살펴보는 것도 대단히 중요하다. 이 주제도 별도로 다룰 것이다. 마지막으로, 새로운 인간 인간 갱신이라는 주제는 성경 전체의 기본 모티프이기도 하지만 신약성경에서 특히 두드러진다. 이 세 주제로 구약성경과 신약성경의 맥락을 조망할 수 있다.

여기서 우리는 세 주제에 집중하지만, 교양 이해와 관련하여 의미가 있는 다른 개념들도 조금씩 참고할 것이다. 예컨대 성경에서 어린이를 보는 관점, 남자와 여자의 관계, 공동체와 사회에 대한 이해, 성경적 정의 개념 등이 있다. 그러므로 지금부터 제시하는 내용은 교양을 전반적으로 이해하려면 성경과 관련하여 이해하는 게 중요함을 보여 주는 예를 선별한 것이라는 사실을 알아 두면 좋겠다.

창조

성경의 창조 이야기는 성경이 인간과 세상과 하나님을 어떻게 이해하는지 보여 주는 근본 텍스트다.[14] 성경의 처음 두 장이 바로 이런 신앙을 진술한다는 점은 결코 우연이 아니다. 그와 동시에, 창조 신앙이야말로 오늘날까지 여러 가지 면에서 오해의 대상이 되고 있다. 특히 최근 대중적 인기를 누리는 이른바 신新 무신론에서는 세계의 생성을 창조로 설명하는 것을 시대에 뒤떨어진, 전혀 학문적이지 않은 것으로 치부한다. 그래서 가능한 한 빨리 학문적 지식, 특히 진화론을 통해 그런 설명을 대체해야 한다고 주장한다.[15] 기독교 내부, 특히 근본주의 영역에 있는 사람들이 주장하는 종교적 견해창조론는 이런 오해를 부채질한다. 그런 견해는 19세기 말부터 근대 자연과학의 비판적 질문에 맞서 신앙을 수호하겠다는 명분으로 형성되었다.[16] 오늘

---

[14] 예컨대 Janowski, *Die Welt als Schöpfung*[창조된 세계]; Schmid (Hg.), *Schöpfung*[창조]을 보라.

[15] 가장 잘 알려진 주장으로는 Dawkins, *Gotteswahn*[신이라는 망상]이 있다. 『만들어진 신』(김영사). 이에 대한 종교교육학적 반론으로는 Schweitzer, *Schöpfungsglaube*를 보라. 『창조 신앙』(대장간).

[16] 이 문제에 대한 훌륭한 설명을 Numbers, *The Creationists*에서 제공한다. 『창조론자들』

날까지도 이른바 '지적 설계'Intelligent Design의 형태로 유사 과학적 창조 신앙을 주장하는 사람들이 있다. 그런 사람들은 주로 미국에 있는데 때때로 독일과 유럽에서도 보인다. 창조론에서는 성경에 대한 문자적 해석을 고집하고 7일 동안의 세계 창조, 그런 의미에서 성경 문자주의Biblizismus를 대변한다. 다른 한편, '지적 설계'의 주창자들은 세계를 '지적으로' 기획한 '설계자'를 상정하지 않고는 이 세계의 생성을 설명할 수 없다고 주장하며, 자신들의 입장을 바로 그 주장을 증명하는 과학 이론으로 이해한다.

이런 견해는 분명한 오해다. 성경의 창조 이야기는 이 세상의 생성을 과학적으로 설명하려고 기록한 것이 아니기 때문이다. 성경의 창조 이야기는 하나님 신앙을 통해서 얻을 수 있는 어떤 경험을 가리킨다.[17] 지금 내가 여기 있다는 사실, 그리고 어떤 질서 속에서 움직이고 있다고 느껴지는 온 세상의 구성이 모두 당연한 것이 아니라 하나님의 의지와 활동에서 나온 것임을 경험하는 것이다. 그러므로 이러한 신앙의 적절한 표현은 학문적 설명이 아니라, 예컨대 시편 8편이나 104편에서 노래하는 것처럼 찬양과 감사인 것이다. 그리고 삶의 풍성함을 목표로 하는 하나님의 뜻에 인간이 어떻게 응답할 수 있는지 다각도로 묻는 것이다. 하나님이 생명을 가능하게 만드는 창조주이며 이 세계는 하나님의 창조 세계라는 관점이 바로 이 창조 신앙에 근거한다. 인간이 특별한 존엄을 지닌 피조물이라는 이

(새물결플러스).

17 Rat der Evangelischen Kirche in Deutschland[독일개신교교회협의회], *Weltentstehung, Evolutionstheorie und Schöpfungsglaube*[세계의 생성, 진화론, 창조 신앙]를 보라.

해도 창조 신앙에서 근거를 찾는다. 이러한 창조 신앙은 창조 윤리로 이어져, 인간과 세계가 모두 창조된 존재라는 사실에 합당한 행동을 요구한다. 물리학이나 생물학 같은 개별 학문에서는 가설을 세우고 그 가설을 자연과학적으로 증명하거나 반박하는 데 몰두한다. 그러나 하나님과 인간과 세계를 모두 포괄하는 관점은 처음부터 그런 연구와 같은 차원에 머무를 수 없다. 창조 신앙은 자연과학적 설명과는 근본적으로 다른 목표를 추구한다.

이런 창조 신앙 이해를 (자연)과학적 설명과 혼동하면 안 된다. 이는 여러 측면에서 교양 개념에 중요한 함의를 담고 있다. 제일 먼저 언급할 만한 것은, 앞서 교양 개념의 생성과 그 종교적 근원을 살피는 과정에서 드러난 것처럼, 성경의 첫 장에서 인간이 하나님 형상으로 언급된다는 점이다. "하나님이 자기 형상 곧 하나님의 형상대로 사람을 창조하시되"창 1:27.

오늘날의 관점에서 볼 때, 하나님 형상은 신학적으로 인간의 존엄성을 규정하는 결정적 근거가 된다.[18] 이 근거를 명확하게 부각하려면 하나님 형상과 관련하여 과거에 널리 퍼졌던 해석을 포기하거나, 더 적절하게 표현하자면, 수정하고 극복해야 한다. 하나님 형상은 인간과 하나님의 유사성을 말하는 게 아니다. 그런 유사성은 인간이 가진 어떤 특성에 근거한 것이다. 오히려 하나님 형상은 하나님과 인간이 맺는 근본적 관계를 뜻한다. 이는 인간 존재 전체와 맺는 관계

---

[18] Härle/Preul (Hg.), *Menschenwürde*[인간의 존엄성]; Schweitzer, *Menschenwürde und Bildung*[인간의 존엄성과 교양]을 보라.

이며, 세상에서 인간이 차지하는 위치와 관련된다. 하나님 형상인 인간은 하나님의 창조 세계에서 특별한 임무를 맡는다. 예컨대 구약학자 베른트 야노프스키Bernd Janowski는 해당 히브리어 개념을 "대표 형상"Repräsentationsbild으로 번역하기를 제안하면서 그것은 곧 "하나님이 어떤 분이신지를 나타내는 살아 있는 조각상"이라고 말한다.[19] 인간은 "창조 세계에서 창조주 하나님을 대표하는 존재"로서 **"우주적 질서 기능"**universale Ordnungsfunktion을 떠맡아야 한다.[20] 최근 조직신학에서도 이와 유사하게 하나님 형상을 인간의 사명으로 해석하며 그래서 자연스럽게 미래와 연결된다.[21] 하나님이 부여한 사명은 인간의 잘못된 행위로 중단될 수 없기에 철회되지 않는다. 그러므로 하나님 형상은 일종의 이상적 상태, 나중에는 상실된 근원적 상태, 그래서 그리운 마음으로 회상할 수밖에 없는 어떤 상태를 의미하지 않는다. 오히려 인간의 사명으로서 하나님 형상은 처음부터 인간이 나아가야 할 방향을, 현재와 미래를 가리킨다.

성경의 인간관은 바로 이 지점에서 다른 전통의 인간관, 예컨대 고대 오리엔트의 인간관과 명확하게 구분된다. 고대 오리엔트의 인간관에서는 오직 왕만이 '하나님 형상'으로 불린다. 그에 비해 성경의 인간관은—현대적으로 말하면—일종의 "민주화"Demokratisierung라고 할 수 있다.[22] 성경적 개념에 더 충실하게 표현하자면 모든 인간의

19　Janowski, *Die Welt als Schöpfung*, 147.
20　같은 책, 159.
21　본보기로 Pannenberg, "Gottebenbildlichkeit und Bildung"을 보라.
22　Koch, *Imago Dei*, 13.

"군주화"Verköniglichung라고도 할 수 있다.²³ 모든 인간은 하나님 형상과 그에 기초한 특별한 존엄성을 지닌다. 다시 우리는 여기서 주목할 만한 평등 지향성을 마주한다. 이것이 근대 시기나 근대 민주주의의 성립 과정이 아니라 이미 구약성경 시대에 나타나 있는 것이다. 구약성경 본문이 지닌 엄청난 영향의 역사는 물론 근대 민주주의 헌법에도 흔적을 남겼다. 미국의 독립선언서 1776가 대표적이다. "우리는 다음의 진리를 자명한 진리로 받아들인다. 즉 모든 사람은 평등하게 창조되었고, 창조주는 그들에게 양도할 수 없는 권리를 부여했다."²⁴ 이 근대의 선언에서 언급하는 권리는 교양에 대한 권리도 포함한다.

성경의 창조 신앙에서는 처음부터 인간의 삶과 행동에 주목하고 그것을 특별한 방식으로 묘사한다. 성경의 첫 장에서는 인간에게 부여된 특별한 임무가 어떤 것인지 잘 보여 준다.

> 하나님이 그들에게 복을 주시며 하나님이 그들에게 이르시되 생육하고 번성하여 땅에 충만하라, 땅을 정복하라, 바다의 물고기와 하늘의 새와 땅에 움직이는 모든 생물을 다스리라 하시니라. 창 1:28

인간에게 부여된 하나님 형상은 수동성으로 귀결되지 않는다. 오히려 하나님 형상은 창조 세계에서 인간이 차지하는 특별한 위치를 의미하므로, 인간은 적극적으로 세상을 빚어 가는 존재가 된다. 창세

---

23 Janowski, *Die Welt als Schöpfung*, 146 이하를 보라.
24 이 점은 예컨대 Koch, *Imago Dei*, 24에서도 지적한다.

기 2장에서는 그런 특징을 생생하게 묘사한다. 하나님은 짐승들을 인간에게 데려와서 "무엇이라고 부르나 보시려고 그것들을 그에게로 이끌어 가시니 아담이 각 생물을 부르는 것이 곧 그 이름이 되었"다 창 2:19. 이렇게 이름을 부여할 권리는 창조 세계에서 인간이 차지하는 위치를 다시 한번 분명히 보여 준다. 하나님은 이 권리를 인간에게 허락하고 그에 따른 결과도 기꺼이 받아들인다.

물론 오늘날 우리는 '정복하라', '다스리라'는 표현이 심각하게 오해되고 왜곡되었음을 알게 되었다. 그런 표현이―성경의 시대에는 그렇지 않았겠지만 근대에 와서는―자연에 대한 인간의 약탈과 파괴를 정당화하는 문구로 사용될 때가 많았기 때문이다. 그러나 그런 식의 해석에는 성경적 근거가 전혀 없다. 따라서 요즘에는 그런 오해를 처음부터 방지하기 위해서, 그런 표현이 돌봄과 보존의 책임을 일깨우는 말이라는 사실을―의역을 통해―강조한다.

하나님이 인간에게 동물들의 이름을 짓도록 맡기셨다는 사실에는 또 다른 중요한 의미가 있다. 바로 창조 신앙에 담긴 교양의 의미가 또한 여기 묘사된 하나님과 맺는 관계, 하나님에 대한 특정 이해와 관련 있다는 사실이다. 하나님과 맺는 관계에 인간의 창조성과 독립성을 위한 여지가 있다. 또렷한 메시지로 표현하자면, 이렇게 하나님과 맺는 관계가 인간 자율성의 근거다. 바로 하나님 자신이 여기서 인간에게 고유한 활동을 펼칠 여지를 주는 존재이기 때문이다.

이 문제와 관련해 다른 종교의 텍스트와 성경을 비교해 보면 흥미롭고 유익한 발견을 하게 된다. 예컨대 쿠란에서는 성경에서와 달리 신이 직접 인간에게 사물의 이름을 가르쳐 준다.

그리고 그가 아담에게 모든 이름을 가르쳐 주셨다. 그런 다음에 그 이름들을 천사들 앞에 제시하며 말씀하셨다. "만약 너희가 참되다면 나에게 이 사물들의 이름을 말해 보아라." 그들이 대답했다. "당신은 찬양을 받으소서. 저희는 당신이 가르쳐 주신 것 외에는 아무것도 모르나이다. 진실로 당신은 모든 것을 아시는 분, 가장 지혜로운 분이 나이다." 그가 대답하셨다. "오 아담아, 그들에게 그들의 이름을 일러 주거라." 쿠란 2:31-33

쿠란에서는 알라의 권능과 지혜를 강조한다. 천사들도 "저희는 당신이 가르쳐 주신 것 외에는 아무것도 모르나이다"라고 말하면서 그 사실을 부각한다. 그에 비해 성경에서는 하나님이 원하신바 실행되어야 할 인간의 고유한 능동성을 강조한다. 성경과 쿠란을 비교해 보면 인간의 자율성에 대한 관점과 평가의 차이가 또렷하게 드러난다.

지금까지 하나님 형상을 중심으로 성경의 창조 신앙이 어떻게 개별 인간과 관련해서 교양 이해와 연결되는지 설명했다. 창조 신앙은 개별 인간, 현대의 용어로 말하자면 주체나 주관성과 관련하여 개인에게 허락된 하나님 형상과 특별한 존엄성을 통해 교양 이해와 연결된다. 그러나 객관적 측면, 즉 창조 세계가 받아들여지는 방식도 그에 못지않게 중요하다. 성경의 이해에 따르면 창조 세계는 혼돈과 대치한다. 이는 성경의 시작부터 언급되는 내용이다. "땅이 혼돈하고 공허하며 흑암이 깊음 위에 있고"창 1:2. 혼돈은 창조 과정에서 점차 억제되고 극복된다. 이로써 처음으로 정돈된 관계들이 생겨나고, 그에 따라 식물과 동물의 생존이 가능해진다. 이렇듯 세계를 창조된 것으로 보는 관점은—이것은 교양에 대한 생각과 관련해서도 대단히 중요한데—인간이 세계를 탐구하고 그 안에 있는 질서와 법칙을 알아내고 이해할 수 있도록 용기를 북돋아 준다. 한 걸음 더 나아가, 이는 또한 학문이라는 수단을 가지고 세계를 연구하는 것을 의미할 수 있다. 말하자면, 창조 신앙은 인간이 이런 연구 과정에서 혼돈 속으로 침몰하지 않고 인간이 인식할 수 있는 구조를 발견하리라는 약속으로 볼 수 있다.

창조 신앙에 따르면, 세계는 또한 특별한 의기를 지니고 있다. 따라서 오로지 생존을 위해서만 세계를 파악하려고 해서는 안 된다. 안녕을 위한 질서이자 궁극적으로는 압도적인 아름다움과 온전함으로 세계를 볼 수 있어야 한다. 이를 묘사하는 내용을 가만히 살펴보면, 이 신앙이 항상 비판적 목소리를 내포하고 있음을 알게 된다. 성경에서는 세계가 그 자체로 아름답다고 말하지 않는다. 창조주의 뜻이 비판적 척도가 되어 세계를 진단하고 평가한다. 이는 성경의 창조 신앙에 이미 적용되어, 하나님이 인간의 죄악된 행동에 직면해 자신의 창조 세계를 근본적으로 의문시하는 데까지 이른다.

> 여호와께서 사람의 죄악이 세상에 가득함과 그의 마음으로 생각하는 모든 계획이 항상 악할 뿐임을 보시고 땅 위에 사람 지으셨음을 한탄하사 마음에 근심하시고. 창 6:5-6

하나님이 창조 세계를 소중히 여기는 시선—"하나님이 지으신 그 모든 것을 보시니 보시기에 심히 좋았더라" 창 1:31—은 성경에서 이 창조 세계를 근본적으로 의문시하는 것을 막지 못한다. 이는 결국 대홍수로 이어진다. 성경의 창조 신앙은 전체적으로 인간을 위한 것이다. 인간은 이해할 수 있고 책임 있게 행동하는 주체다. 창조 신앙은 인간과 그의 조형 가능성Bildsamkeit을 격려하고 강화하는 것으로 이해할 수 있다. 그러나 동시에 또 다른 측면을 염두에 두어야 한다. 그것은 창조 신앙이 인간 자율성의 한계를 정확하게 인식하고 있다는 점이다. 인간은 모든 것의 창조자가 아니다. 삶과 죽음의 주인이 아니다. 인간이 어떤 일을 할 수 있다고 해서 모든 일이 허용되지는 않는다. 그러므로 한계에 대한 근본 의식은 교양의 필수 요소다. 이것이 왜곡된 자기 인식과 자아도취를 막을 수 있다. 이 의식은 창조주와 피조물을 구분하는 데서 나온다. 성경적 의미의 교양은 이 깨달음을 모든 것의 근본으로 삼는다. "여호와를 경외하는 것이 지식의 근본이거늘"잠 1:7.

성경의 하나님 이해에 근거한 주체 및 질서로서의 세계를 교양 이해의 전제로 삼는 것에 더하여, 창조 신앙은 교양의 사회적 차원을 부각한다. 하나님 형상의 평등주의적 의미는 이미 여러 차례 언급했다. 그러나 여기에 공동체적 혹은 의사소통적 차원이 추가된다. 인간은 하나님 형상으로 창조되었을 뿐 아니라 "남자와 여자로"창 1:27 창조되었기 때문이다. 그러므로 창조 신앙에 의하면 인간은 처음부터 관계적 존재다. 인간의 실존은 하나님과 맺는 관계와 더불어 다른 인간과 맺는 관계에 의존하며 그 관계를 통해 형성된다. 교양 사상은 이 차원을 중요하게 여긴다. 교양 과정은 의사소통적으로 해석되며 교양의 목표는 사회적 존재인 인간으로 설정된다.

하나님 및 다른 사람들과 맺는 관계는 특별한 형태의 인간 실존을 가능하게 하고 그것을 지탱한다. 하지만 성경적 관점에서 보면 그 관계는 언제든 위험에 처하고 깨질 수 있다. 이런 부분이 성경의 이야기에 분명하게 표현되어 있지 않다면, 창조 신앙은 그저 인간을 이상화하고 있다는 의심을 받을 수 있다. 그러나 성경의 세 번째 장 창세기 3장의 '타락'이 이미 모든 관계의 취약성을 드러내 주제로 다룬다. 하나님과 맺는 관계, 자신과 맺는 관계, 다른 사람들과 맺는 관계 등 다양한 관계가 위기에 처한다. 인간의 잘못은 일차적으로 하나님과 맺는 관계에서 지켜야 할 중요한 한계를 무시하고 위반한 것으로 묘사된다. 그 잘못으로 인해 인간 자신과 맺는 관계는 물론 인간의 사회적 관계가 근본적으로 위협받고 손상된다. 결국 그 관계는 "원수" 창 3:15로 끝난다.

교양과 관련해 제일 먼저 살펴본 성경의 주제인 창조 신앙이 앞으로 다룰 다른 두 주제와 내적으로 연결되는 지점이 바로 여기다. 인간에게는 교훈과 지혜가 필요하다. 특히 삶의 질서가 위태로운 상황에서 그렇다. 또한 인간에게는 깨진 관계에서 벗어나게 하는 회복이 필요하다. 깨진 관계에는 인간이 자기 자신과 맺는 관계도 포함된다. 창세기 3장에 따르면 인간이 자기 자신과 맺는 관계는 심각하게 훼손되었다. 이는 자신의 육체와 관련해 벌거벗음으로 경험되거나 "자기들이 벗은 줄을 알고…" 창 3:7, 인간 생존을 위한 노력을 운명으로 짊어져야 하는 데서 드러난다 "네가…얼굴에 땀을 흘려야 먹을 것을 먹으리니" 창 3:19. 성경적으로 보면 인간의 조형 가능성은 인간이 유혹에 빠질 가능성을 포함한다. 인간은 언제든 유혹에 빠질 수 있고 그로 인해 더욱 깊이 추락할 수 있다.

교훈과 지혜

앞에서 우리는 성경의 창조 신앙이 어떻게 영향사적으로 교양 이해와 연결되며 거기에 어떤 교육학적 함의가 있는지 밝히기 위해 의도적으로 그 맥락을 파고들었다. 하지만 교훈과 지혜라는 주제는 그럴 필요가 없다. 교훈과 지혜는 이미 유대교의 역사에서, 즉 구약 시대부터 교육학적 맥락 속에 있었고, 거꾸로 교육과 가르침을 이해하는 데 영향을 끼쳤다.[25]

교훈 혹은 율법토라과 지혜는 여기서 어린이 교육과 관련해 긴밀히 짝을 이룬다. 이는 예컨대 잠언의 지혜 문학적 표현에서 직접적으로 드러난다. "내 아들아 네 아비의 훈계를 들으며 네 어미의 법을 떠나지 말라"잠 1:8. 혹은 "내 아들아 네 아비의 명령을 지키며 네 어미의 법을 떠나지 말고"잠 6:20.

따라서 교육은 지혜의 통찰에 대한 가르침으로 이해된다. 이 지혜는 특별한 의미의 지혜다. 구약성경의 지혜는 어떤 지식 혹은 문학 양식으로, 고대 근동에도 널리 퍼져 있었다.[26] 이를 통해 인식과 통찰이 경험 지식의 형태로 전수되는데, 대개 속담이나 격언, 혹은 금언으로 압축되어 전승되었다. 성경에서는 솔로몬의 잠언이 대표 사례다. 잠언의 첫 구절부터 그런 관심을 명확히 한다.

---

25 예컨대 Crenshaw, *Education in Ancient Israel*을 보라.
26 Lange, "Weisheitsliteratur"[지혜 문학]; 그 기초는 von Rad, *Weisheit in Israel*[이스라엘의 지혜]; 더 최근 논의는 Clines u.a., *Weisheit in Israel*[이스라엘의 지혜]을 보라.

> 다윗의 아들 이스라엘 왕 솔로몬의 잠언이라. 이는 지혜와 훈계를 알 게 하며 명철의 말씀을 깨닫게 하며 지혜롭게, 공의롭게, 정의롭게, 정 직하게 행할 일에 대하여 훈계를 받게 하며 어리석은 자를 슬기롭게 하며 젊은 자에게 지식과 근신함을 주기 위한 것이니 지혜 있는 자는 듣고 학식이 더할 것이요 명철한 자는 지략을 얻을 것이라. 잠 1:1-5

이런 표현에서 쉽게 알아차릴 수 있는 점은, 지혜의 가르침이 거리를 두고 그저 정보를 전달하는 방식으로 세상의 질서를 가르치려는 게 아니라 상당한 윤리적 목표를 포함한다는 것이다. 지혜는 규범적 성격이 강한 세계관을 지향한다. 그 점에서 단순히 이 세상을 설명하려는 의도를 분명히 넘어선다. 지혜는 개인과 사회가 어떤 삶을 살아야 하는지를 보여 주고 그런 삶을 지지한다.

이것은 구약성경의 지혜 문학이 지닌 또 다른 특징과 연결된다. 윤리적 관점은 단순히 바깥에서, 즉 인간의 해석을 통해 현실에 덧붙은 게 아니다. 오히려 지혜의 관점에서 볼 때, 현실 자체가 이미 윤리적으로 구조화되어 있다. 지혜 문학에서는 세계의 질서가 분명한 인과응보 관계를 포함한다고 확신한다. 그런 관점에서 보면 인간의 행위는 그에게 결과로 일어날 일의 전제다. 그의 행위와 그 결과 사이에는 예측할 수 있는 관련성이 있으며, 지혜 문학의 윤리에서는 그 관련성을 수용해 경험이 풍부한 삶의 규칙이라는 형태로 요약한다. 그리고 그 규칙을 특히 젊은 세대에, 그러나 어른들에게도, 지혜 문학적-윤리적 가르침으로 전수한다.

지혜가 말하는 바는 단순하다. 인간의 행위에는 결과가 뒤따르며 인간은 이를 염두에 두어야 한다는 것이다. 이를 깨닫고 자신의 행위에 주의를 기울이는 사람에게 복이 있을 것이다. 시편 1편에서는 이를 아주 분명히 표현한다.

> 복 있는 사람은 악인들의 꾀를 따르지 아니하며 죄인들의 길에 서지 아니하며 오만한 자들의 자리에 앉지 아니하고 오직 여호와의 율법을 즐거워하여 그의 율법을 주야로 묵상하는도다. 그는 시냇가에 심은 나무가 철을 따라 열매를 맺으며 그 잎사귀가 마르지 아니함 같으니 그가 하는 모든 일이 다 형통하리로다. 악인들은 그렇지 아니함이여 오직 바람에 나는 겨와 같도다. 시 1:1-4

여기서 교훈토라의 또 다른 의미를 파악할 수 있다. 이는 모세오경에서 볼 수 있는 율법이다. 그렇다면 교육 혹은 현대적으로 말해 교양은 토라 연구로서, "여호와의 율법을 즐거워하며" 그것을 "주야로" 묵상하는 것으로 이해할 수 있다시 1:2. 이로써 교훈과 지혜는 전승된 경험을 토대로 세계의 질서를 익히는 차원을 넘어서서 다른 의미를 얻는다. 그것은 하나님과의 관련성을 통해 더욱 분명히 드러나는 종교적 혹은 신학적 의미다. 이런 변화 과정을 "지혜의 신학화"Theologisierung der Weisheit라고 부를 수 있다.[27] 자기 자신에게 원인이 있는, 혹은 자기의 법칙을 따르는 세계 질서, 예컨대 인과응보의 원리가 현실의 내적 구조로 간주되지 않는다. 오로지 하나님이 모든

---

27 Lange, "Weisheitsliteratur," 1367를 보라.

보상과 처벌의 주체가 되신다. 이 깨달음이 잠언에서 구체적으로 언급된다.

> 악인의 집에는 여호와의 저주가 있거니와 의인의 집에는 복이 있느니라. 진실로 그는 거만한 자를 비웃으시며 겸손한 자에게 은혜를 베푸시나니 지혜로운 자는 영광을 기업으로 받거니와 미련한 자의 영달함은 수치가 되느니라. 잠 3:33-35

이제 하나님의 행위가 중심으로 이동하면서, 지혜는 전반적으로 신학적 분위기를 띤다. 앞서 창조신학과 관련해 인간의 한계에 대한 의식이 중요함을 말했다. 이 점을 지혜 문학적으로, 따라서 윤리적 의미로 이해할 수 있다. "여호와를 경외하는 것"을 "지식의 근본"잠 1:7이라고 한 것은 자신의 행위를 하나님의 뜻과 그로 인한 결과에 맞추는 것을 의미한다.

  그러나 교훈과 지혜에 초점을 맞춘 교육 이해는 이미 역사 속에서 한 가지 문제를 드러냈다. 그 문제는 모든 교양이 인간의 행위를 확실한 토대 위에 놓겠다고 약속할 때 계속해서 따라다녔으며, 오늘날 우리의 현실에서도, 그것이 아주 분명히 드러나지 않을 때조차도 늘 존재한다. 교육과 교양을 통해 자신의 삶을 위해 확보하려는 안정성은 그다지 신뢰할 만하지 않으며 결국에는 기만적일 때도 있다. 좋은 의도로 좋은 행동을 했는데 실패로 돌아가거나, 극단적인 경우에는 삶의 계획이 완전히 망가지기도 한다. 인간의 행동과 그에 따른 결과가 납득할 만한 어떤 연관성도 보여 주지 않을 때, 인과응보를 기준으로 삼는 것은 적어도 표면적으로는 무의미하고 부조리해 보인다. 이는 선한 사람들에게 나쁜 일이 생기는 이유를 묻는 질문에서 압축된 형태로 표현된다. 여기서 세계와 삶의 관련성은 철저한 모순으로 경험된다. 단순히 현실을 인식하지 못하는 정도로 경험되는 게 아니라, 한 인간의 삶이 실패하는 데서 마주하는 고통 속에서 실존적으로 경험된다. '지혜의 신학화'와 더불어 하나님 자신을 세계 질서의 보증자로 간주할수록, 고난의 경험은 더욱 심각하게 하나님에 대한 회의로 이끌 수밖에 없다. 세계의 질서가 무너지면 필연적으로 이 질서에 책임이 있는 존재에게 책임을 돌린다.

성경에서 이런 위기를 전형적으로 소개하고 신학적으로 다루는 텍스트가 바로 욥기다. 욥기는 인과응보 관계에 의문을 제기하는 고전적 표현이다. 여기서 고난을 당하는 자가 바로 의인이기 때문이다.

그러나 욥기에서는—하나님이 베푸시는 상과 벌을 인과응보 관계로 이해하려는 시도를 넘어서서—하나님과 인간의 관계를 완전히 새로운 토대 위에 놓으려는 다양한 시도를 보여 준다. 그러면서 더욱 분명히 보이는 사실은, 하나님의 행위가 원칙적으로 모든 인간의 계산을 벗어난다는 점이다. 하나님은 욥에게 이렇게 말한다.

> 무지한 말로 생각을 어둡게 하는 자가 누구냐? 너는 대장부처럼 허리를 묶고 내가 네게 묻는 것을 대답할지니라. 내가 땅의 기초를 놓을 때에 네가 어디 있었느냐? 네가 깨달아 알았거든 말할지니라. 욥 38:2-4

하나님의 말씀은 욥에게 창조주와 피조물의 차이를 상기시킨다. 이 차이는 인간이 구성한 모든 의미 체계에 적용된다. 삶의 의미는 인간의 손에 달려 있지 않다. 그 의미는 인간에게 그저 선물로 주어진다.

하지만 이런 질문이 떠오른다. 여기서 표현하는 창조주 하나님의 주권은 인간을 너무 작게 만드는 것 아닌가? 다른 곳에서는 인간을 하나님 형상으로 일컫기도 하는데 말이다 창 1:27. 바로 그 점이 앞서 인용한 하나님의 말씀이 욥기에서 결론이 아닌 이유를 설명할 수 있을 것이다. 신정론 질문 앞에서 모든 대답은 잠정적인 것에 불과하다. 욥기에서도 마찬가지다.

이 맥락에서 우리의 관심사는 신정론 질문 자체가 아니라, 인과응보 관계가 깨진 곳에서 일어나는 변화다. 지혜에 근거한 교육 혹은 교양은 이런-욥기에서는 단독 주제로 다루지 않는-위기 경험을 전제하면서, 인과응보 논리로 설명되는 세계 질서로 안내하는 것과는 다른, 그 이상의 것을 포함해야 한다. 인간 삶의 맥락이 지닌 복잡성과 인간이 하나님과 맺는 관계의 복잡성은 그렇게 단순하고 일차원적인 구조로는 포착할 수 없기 때문이다.

신약성경의 특징, 곧 율법에 대한 새로운 평가는 이러한 고민과 맥락을 같이한다. 인간에게 십계명 같은 율법을 실제로 지킬 수 있는 능력이 있는가? 신약성경에서는 이 부분에서 철저하게 회의적이다. "하나님 한 분 외에는 선한 이가 없느니라" 막 10:18. 인간이 모든 지혜와 교훈의 토대 위에 서 있더라도, 선한 하나님이 원하는 질서에 맞게 살면서 그에 상응하는 의무를 이행할 수 있는 존재는 아니다. 그런 의미에서 인간이 선하다는 생각은 순진하다. 지혜와 교훈-율법-은 바울의 탄식과 마주하게 된다. 바울은 윤리 조항 앞에서 절망하는 인간의 모습을 이렇게 표현한다.

> 내가 원하는 바 선은 행하지 아니하고 도리어 원하지 아니하는 바 악을 행하는도다. 롬 7:19

신약성경의 관점에서 보면, 교육과 교양도 이러한 경험을 진지하게 받아들여야 한다. 이는 교육Erziehung과 구원Erlösung을 근본적으로 구분함으로써 표현될 수 있다. 인간을 교육하는 행위가 아무리 중요해도 인간의 구원은 항상 인간의 가능성 너머에, 즉 오직 하나님의 손에 있다.

더 나아가, 신약성경에서는 토라의 본질적 교훈에 집중한다. 예수는 사랑―하나님 사랑과 이웃 사랑―을 가장 큰 계명으로 선포한다.

> 네 마음을 다하고 목숨을 다하고 뜻을 다하고 힘을 다하여 주 너의 하나님을 사랑하라 하신 것이요. 둘째는 이것이니 네 이웃을 네 자신과 같이 사랑하라 하신 것이라. 이보다 더 큰 계명이 없느니라. 막 12:30-31

여기서 구약의 표현을 인용한다는 점은 구약 율법과의 연속성을 분명하게 보여 준다. 토라는 폐지된 것이 아니라 새로운 지향점을 가지고 사랑에 집중한다.

하지만 신약성경에서는 확실히 토라에 비판적인 공세를 펼친다. 가장 급진적인 율법 비판은 바울에게서 나타난다. "내가 율법으로 말미암아 율법에 대하여 죽었나니 이는 하나님에 대하여 살려 함이라"갈 2:19. 이런 대목에서는 논의의 무게 중심이 율법에서 사랑으로 이동하면서, 사랑이 율법을 해체하는 것처럼 보인다. 그러나 같은 바울이 다른 데서는 "율법은 거룩하고 계명도 거룩하고 의로우며 선하도다"롬 7:12라고 말한다. 여기서 다시 한번 분명하게 드러나는 것은, 비록 방식은 조금 달라졌지만 교훈과 지혜의 지평이 신약성경에서도 여전히 유효하다는 것이다. 물론 지혜가 차지하는 비중은 눈에 띄게 줄어들었다.

종합해서 정리하면, 성경에서 분명히 교육에 대해 언급하는 곳에서도 교훈과 지혜는 성경적 교육학의 토대로 남아 있다. 그러나 교훈과 지혜는 이미 성경 자체 안에서도 여러 측면에서 한계에 부딪힌다. 옛날부터 전해 내려오던 인과응보의 연결고리가 끊어져 버렸을 때, 그리고 율법에 집중하는 삶으로는 하나님과의 관계가 온전히 유지될 수 없을 때가 그렇다. 하나님 앞에서 인간의 실존 전체가 문제가 되는 상황에서는 더더욱 교훈과 지혜만으로는 해명될 수 없는 영역이 확연하게 드러난다. 그래서 우리는 자연스럽게 세 번째 모티프에 눈을 돌리게 된다. 이 모티프는 교양 개념에 스며들어 직접적으로 큰 영향을 끼쳤다.

새로운 인간(인간 갱신)

신약성경의 한 구절은 창세기 1:27에 표현된 인간의 하나님 형상에 관한 말씀 못지않게 교양 개념의 발전에 큰 영향을 끼쳤다. 바로 고린도후서 3:18이다.

우리가 다 수건을 벗은 얼굴로 거울을 보는 것같이 주의 영광을 보매 그와 같은 형상으로 변화하여 영광에서 영광에 이르니 곧 주의 영으로 말미암음이니라.

여기서 "그와 같은 형상으로"in sein Bild 변화했다는 표현은 신비주의가 새롭게 개념화하여 독일어에 도입한 교양Bildung 개념과 연결된다.[28] 이 변화는 신비주의에서 교양과 관련하여 언급한 것, 즉 인간이 하나님에 의해 '더 높은 존재로 빚어지는 것'Überbildung과 통한다. 이렇게 하나님 형상은 인간의 운명이라는 의미에서 입체적으로 드러난다. 그것은 먼 과거에 놓여 있어 우리가 되돌아 보아야 할 태고의 상태가 아니라, 오히려 인간이 어떤 존재가 되어야 하는지에 대한 미래의 전망이다. 물론 이는 창조와 함께 인간에게 주어진 원래의 모습, 이미 있었던 것을 새롭게 하는 것으로 이해될 수 있다.

신약성경의 관점에서 이는 그리스도의 형상Christusebenbildlichkeit이라는 개념으로 포착할 수 있다. 바울은 다른 곳에서 이것이 "그 아들의 형상"과 같게, 즉 그리스도와 같게 되는 것이라고 힘주어 말한다.

하나님이 미리 아신 자들을 또한 그 아들의 형상을 본받게 하기 위하여 미리 정하셨으니 이는 그로 많은 형제 중에서 맏아들이 되게 하려 하심이니라. 롬 8:29

---

28 앞서 교양 개념의 종교적 뿌리를 다룬 36 이하의 내용을 보라.

그리스도는 "하나님의 형상"고후 4:4이다. 골로새서에 의하면 그리스도인들은 "옛 사람과 그 행위를 벗어 버리고 새 사람을 입었으"며, 새 사람은 "자기를 창조하신 이의 형상을 따라 지식에까지 새롭게 하심을 입은 자"다골 3:9-10. 그러므로 그리스도의 형상은 원래의 창조를 가리키면서 동시에 마지막 때에 완성되는 새로운 인간을 가리킨다. 이 새로워짐갱신은 곧 구원으로 이해되며, 이 구원은 타락을 극복한 인간을 지향하며 새로운 인간을 가능하게 한다.

신약성경에서 추구하는 새로운 인간은 시간 속에서 완결되는 과정이 아니라 마지막 때의 일이다. 그러므로 신학적으로 보면 갱신은 인간적 수단에 의해 달성할 교육 혹은 교양의 목표가 될 수 없다. 갱신은 포괄적으로 이해해야 하며 그렇기에 하나님 몫으로 남는다. 바로 여기에 희망의 전망이 있다. 인간의 교양을 형성하려는 행위가 이 전망을 기준 삼을 수 있다. 하지만 그 전제는 모든 인간적 행위에 한계가 있음을 늘 염두에 두어야 한다는 것이다. 그렇지 않으면 인간은 스스로 새로운 인간의 전능한 창조주가 될 것이며, 교양이라는 한계 있는 과제는 절대 채울 수 없는 기대로 지나친 부담에 시달릴 것이다. 최고의 교양이 있다 하더라도 새로운 인간을 만들어 낼 수 없으며 그래서도 안 된다. 인류의 역사를 돌아보면 종종 그런 시도가 있었다. 결국 그런 시도는 인간성의 특성이 드러나는 인간 갱신이 아니라 오히려—예컨대 전체주의 체제의 경우처럼—가장 심각한 비인간화로 귀결된다.

그러나 반대의 경우도 마찬가지로 문제가 될 것이다. 바로 기독교적 교양 형성의 행위가—역사 속에서 이따금 나타난 경우처럼—인간의 타락한 상태에만 초점을 맞추려는 것이다. 이른바 율법 교육학 Gesetzespädagogik에서는 타락한 인간 안에 있는 악을 통제하는 데 목표를 두고 금지·감시·처벌에 철저히 몰두한다. 하지만 이런 교육은 인간 갱신이라는 희망의 전망에 관심이 없다. 극단적인 경우, 신학 안에서 그런 율법 교육학의 지지자들은 아예 교양 개념을 포기하자고 주장하기도 했다.[29] 교육Erziehung 개념이 인간의 타락한 상태를 전제로 하는 교육 행위의 과제를 더 잘 표현하는 데 반해, 교양Bildung 개념은 결국 이상주의에 빠져 인간의 자기실현과 가능성을 과도하게 높이는 데로 나아갈 뿐이라는 것이다 독일어 '에어치웅'Erziehung은 누군가가 '끌(고 간)다'ziehen는 의미가 두드러진다. 그에 비해 '빌둥'Bildung은 스스로 '빚는다'bilden는 의미가 강하다—옮긴이. 특히 20세기 전반부에는 개신교 신학계에서는 그처럼 교양에 근본적으로 비판적인 주장이 널리 퍼져 있었다. 하지만 이런 주장은 성경의 인간관에 부합하지 않는다.

오히려 성경에 근거한 인간 갱신 이해는 제대로 이해된다면 두 입장 모두의 균형, 즉 인간의 타락에 대한 통찰과 근본적 희망의 전망 사이의 균형을 유지한다. 이는 단순히 인간을 이상화하는 데서 시작하는 교육적 사유를 배제한다. 또한 인간을—특히 어린이와 청소년을—그저 불신하며 바라보는 율법 교육과도 함께할 수 없다. 신학적 성찰에 기초한 교양 이해는 두 극단을 조심해야 한다. 하나는 비관주의적 처벌 교육학, 다른 하나는 교육학적 구원론이다.

---

29 Preul, *Evangelische Bildungstheorie*, 33 이하에서 열거한 수많은 사례를 보라.

성경적 신앙으로 이끄는 종교적 가르침

특정한 신앙으로 들어가기 위해서는 종교적 가르침을 거쳐야 한다는 말은 처음 들으면 너무 당연해 보인다. 자라나는 세대가 이 신앙의 내용과 친숙해지기 위한 다른 방도가 있겠는가? 그러나 더 자세히 생각해 보면 이 문제는 결코 당연하지 않다. 역사적 비교 연구나 종교 간 비교 연구는 어떤 특정한 종교 공동체나 신앙의 방식에 도달하는 다른 방법도 얼마든지 가능함을 보여 주기 때문이다. 예컨대 습관화, 종교 의식 참여를 통한 사회화, 입문 형식 등이 있다. 이 방법들은 지식보다는 태도 측면에서 개인적으로 준비되었음을 입증한다. 그와 대조적으로, 종교적 가르침은 어떤 특정한 신앙에 접근하는 것이 그 신앙과 관련한 지식─예컨대 그 종교의 전승을 숙달하는 것─과 그에 기초한 이해 없이는 불가능한 경우에 요구된다. 성경 전승의 경우, 언약 역사의 위대한 이야기들을 생각할 수 있다. 이 이야기들은 정체성을 강화하는 기능을 한다. 가르침은 종교 의례에 참여하는 것이나 습관화라는 의미에서의 사회화를 배제하지 않는다. 하지만 가르침을 이것들로 대체할 수는 없다.

어떤 신앙에 관여하는 일이 스스로 판단하는 능력을 요구한다면 종교적 가르침은 더욱더 불가피하다. 그런 판단 능력은 언제나 이해를 전제하기 때문이다. 여기서 말하는 이해란 단순히 의례와 신앙의 방식들을 이해하면서 공감하는 것만이 아니라, 스스로 질문하면서 비판적으로 씨름하는 것까지 포함한다.

둘 모두를, 즉 종교적 가르침의 불가피성과 종교적 판단 능력을 돕는 것은 교육학적 의미에서 성경적 신앙의 일부다. 그러므로 여기서도 분명히 종교적 교양에 대해 말하는 것이 정당하게 보인다. 교양 개념이 그 성격상 아직 아무런 역할을 하지 않더라도 말이다.

이제 구약성경과 신약성경에서 종교적 가르침의 사례가 될 만한 내용을 찾아 소개하려 한다.

이스라엘의 신앙고백과 어린이들의 질문

오늘날까지도 신명기 6장은 유대교 신앙에서 두드러진 역할을 한다. 바로 이 장에 '쉐마 이스라엘'이 나오는데, 이는 이스라엘의 신앙고백이라 불린다.

> 이스라엘아 들으라. 우리 하나님 여호와는 오직 유일한 여호와이시니 너는 마음을 다하고 뜻을 다하고 힘을 다하여 네 하나님 여호와를 사랑하라. 신 6:4-5[30]

이 고백은 "너희의 하나님 여호와께서 너희에게 가르치라고 명하신 명령과 규례와 법도"신 6:1를 요약한다.

이 고백 바로 뒤에서는 또 이렇게 말한다.

> 오늘 내가 네게 명하는 이 말씀을 너는 마음에 새기고 네 자녀에게 부지런히 가르치며 집에 앉았을 때에든지 길을 갈 때에든지 누워 있

---

[30] 나의 동료 베른트 야노프스키에 따르면, 정확한 번역은 다음과 같다. "이스라엘아 들으라. 야웨는 우리의 하나님, 야웨는 유일한 분이시다! 그리고 너는 너의 하나님 야웨를 너의 온 마음과 너의 온 생명력과 너의 온 힘으로 사랑하라."

을 때에든지 일어날 때에든지 이 말씀을 강론할 것이며. 신 6:6-7

이로써 명령과 규례와 법도와 고백은 교육학적 맥락에 놓인다. 이 말씀은 종교적 교양의 사명Bildungsauftrag에 근거를 제공한다. 그러나 이 본문을 교양의 의무Bildungsanspruch를 지시하는 것이라고 해석하는 데 반대할 수도 있다. 그에 따르면 여기서 "부지런히 가르치라"는 말은 단순한 암기를 가리키기 때문에 오늘날 우리가 생각하는 교양과는 거리가 멀다. 그러므로 신명기 6장에서 이어지는 부분에도 주목할 필요가 있다.

신명기 6:20-21에서는 이렇게 말한다.

> 후일에 네 아들이 네게 묻기를 우리 하나님 여호와께서 명령하신 증거와 규례와 법도가 무슨 뜻이냐 하거든 너는 네 아들에게 이르기를 우리가 옛적에 애굽에서 바로의 종이 되었더니 여호와께서 권능의 손으로 우리를 애굽에서 인도하여 내셨나니.

여기서 분명히 알 수 있듯, 어린이에게 질문을 받으면 종교적 전승을 제시하되 내러티브 형태로 제시해야 한다. 이 전승과 친숙해짐으로써 종교를 이해하고 공동체의 일원이 될 수 있다. 바로 이것이 여기서 추구하는 바다. 이를 가리켜 교양이라고 말할 수 있는지 없는지는 결국 가르침의 과정이 실제로 어떻게 형성되는지에 달려 있을 것이다. 이 본문에서는 궁극적으로 스스로의 종교적 판단 능력을 지향하는 가르침의 근거가 예견되며, 그런 의미에서 한 걸음 진보했다. 이는 특히 이 본문이 후대에 끼친 영향에서 살펴볼 수 있다. 유대교에서는 이런 성경적 근거들이 독자적 학습 문화, 거룩한 경전과 관련한 학습 문화가 발전하는 데로 이어졌다.

언급된 신명기 본문이 표본적 가치를 지니는 것은, 성경의 다른 부분도 이스라엘 민족의—또한 나중에는 교회의—주요 전승을 모은 것이기 때문이다. 적어도 특정 측면에서는 그 부분들도 신명기 6:20-21에 묘사된 기능을 수행한다. 그에 대해서는 '책의 종교'에 대한 질문을 다루면서 더 자세히 살펴보도록 하자. 지금은 판단 능력에 관한 질문에 집중해야 한다. 이 문제는 종교적 성숙에 대한 요구에서 첨예하게 드러난다.

종교적 성숙

오늘날 성숙Mündigkeit이라는 개념은 임마누엘 칸트Immanuel Kant가 계몽Aufklärung에 대해 말한 이 유명한 정의를 떠올리게 한다. 계몽이란 "인간이 자신의 잘못으로 생긴 미성숙으로부터 벗어나는 것"이다.[31] 물론 여기서 칸트는 모든 종교적 권위도 염두에 둔다. 그의 확신에 따르면 종교적 권위는 무비판적 추종자들을 그런 미성숙의 굴레에 붙잡아 놓는다. 계몽된 인간에게서는 이제 그런 권위가 물러나고 고유한 판단 능력이 부각되어야 한다. 그렇게 보면, 성숙에 대한 요구는 종교와 신앙에 **반대**하는 것처럼 보인다. 그러나 그에 맞서 신앙 **안에서의** 성숙이 가능하다는 주장이 있다. 이미 프리드리히 슐라

---

31 Kant, "Was ist Aufklärung," A 481. 『계몽이란 무엇인가』(길).

이어마허가 이를 강조했다.[32] 그는 종교적 성숙을 종교적 교양의 근본 목표로 간주하고 교회의 가르침에서 그런 역할을 해 주기를 기대했다. 신앙 안에서의 성숙이라는 측면은 뒤에서 더 자세히 다룰 것이다.[33]

실제로 이미 신약성경에서는 종교적 미성숙에서 벗어나야 함을 분명하게 지적한다. 루터가 번역한 성경에서는 그 점이 아예 개념으로 등장한다.

> 우리가 다 하나님의 아들을 믿는 것과 아는 일에 하나가 되어 온전한 사람을 이루어 그리스도의 장성한 분량이 충만한 데까지 이르리니, 이는 우리가 이제부터 **어린아이가 되지 아니하여**[루터 번역: 우리가 미성숙하지 아니하여, damit wir nicht mehr unmündig seien – 옮긴이] 사람의 속임수와 간사한 유혹에 빠져 온갖 교훈의 풍조에 밀려 요동하지 않게 하려 함이라. 엡 4:13-14

"더 이상 미성숙하지 아니"함—이것은 종교적 진리 주장과 유효성 주장을, 오늘날의 표현으로는 비판적으로 판단할 수 있는 능력을 의미한다. 즉, 참된 기독교 신앙과 이 진리를 왜곡하는 인간적 기만을 분별하는 능력이다. 이미 신약 시대에 종교적 상황은 상당히 다원적이었고 이런 경향은 기독교 내부에도 영향을 끼쳤다. 특히 신약성경

---

32 Schleiermacher, *Die praktische Theologie*[실천신학], 396.
33 뒤의 149 이하를 보라.

의 편지에서 분명히 보여 주듯, 당시에 기독교 신앙에 대한 다양한 견해가 있었고 그로 인해 다양한 집단이 생겼는데, 이 때문에 개별 신자들에게는 방향을 설정하는 일이 상당히 필요했다.

이런 맥락에서 교사 직분이 명시적으로 언급된다 엡 4:11. 아직 오래되지 않은 기독교 공동체에서 교사는 중요한 임무를 맡게 되었다. 에베소서는 공동체 안에서 특정한 역할을 담당하는 견고한 책임 구조가 서서히 자리를 잡아 가고 있음을 보여 주는 증거다. 그중 하나로 여기서 언급되는 것이 바로 가르치는 일이다. 이로써 우리는 교양이 교회의 역사에서 처음부터 중요한 역할을 수행했음을 알 수 있다. 이렇게 볼 때 신앙과 이해—성숙과 비판 능력이라는 의미에서 형성된 이해—는 불가분의 관계다.

4. 고대와 중세의 교양과 교회

여기서 분명히 짚고 넘어가야 할 것이 있다. 역사에서 교양과 종교의 관련성이 기독교의 울타리 안에서만 존재하지는 않았다는 사실이다. 교양은 전 세계의 여러 종교 전통에서 역할을 수행했으며, 거꾸로 종교 전통도 교양 이해에 영향을 끼쳤다.[34] 종교에 기반을 두거나 적어도 종교의 영향을 받은 교양 정책이 많은 나라의 역사에 발자취를 남겼다. 예컨대 동아시아에서는 오늘날까지 유교의 영향이 상당하다. 유교는 부분적으로는 종교로, 부분적으로는 세계관 혹은 세계관적

---

34   예컨대 Tulasiewicz/To (Hg.), *World Religions and Educational Practice*를 보라.

윤리로 간주되며, 현재는 특히 경제적 맥락에서 주목받는다. 오늘날 종종 놀라움을 자아내는 아시아의 노동 윤리의 원천 가운데 하나가 분명 유교이기 때문이다.

유럽 역사에서는 기독교 외에도 유대교가 교양 이해에 영향을 끼쳤고, 부분적으로는 이슬람교의 공헌이 부각된다. 이 종교들은 각 종교의 내부 영역―국가와 교회 혹은 종교의 분리 이전에는 그런 특정 영역이 존재하지도 않았지만―에서 고유한 교양 전통을 구축하는 데 그치지 않고, 그렇게 함으로써 유럽의 교양 전통, 교양 기관에 영향을 끼쳤다. 그중 한 예가 유럽의 문자 문화다. 문자의 중요성은 아무리 강조해도 지나치지 않을 정도로 결정적인 영향을 미쳤다. 그 밖에도 예술, 건축, 철학, 법학에서도 종교의 영향력을 발견할 수 있다. 그렇기에 교양 이론이 20세기에도 "서양 생활 양식의 역사"를 증거로 제시하는 것이다.[35]

여기서 할 일은 아니지만, 기독교를 다른 종교 문화권과 비교하면서 기독교의 우위를 주장하는 '서양' 중심 사고방식에 대한 비판적 고찰은 꼭 필요하다. 그렇게 항상 경계를 긋는 사고방식은 오늘날 때때로 예상되는 "문명 충돌"Clash of Civilizations의 원인 가운데 하나다.[36] 우리가 다루는 내용은 그런 우월성을 투사하는 일을 지속하는 것과는 전혀 상관이 없다. 그렇다고 유럽의 교양 역사를 순수하게 기독교 역사로 기술함으로써 오늘날에도 기독교가 그런 식으로 교

---

[35] Flitner, *Geschichte der abendländischen Lebensformen*[서양 생활 양식의 역사]을 보라.
[36] 독일어판: Huntington, *Kampf der Kulturen*. 『문명의 충돌』(김영사).

양을 독점하는 일을 뒷받침하려는 것도 아니다. 이 책의 과제는 성경적 교양의 모티프가 기독교 역사에서 어떻게 수용되고 실제로 적용되었는지—혹은 적용되지 않았는지—검토하고 드러내는 것이다. 이로써 교양이 이후 역사에서 종교 및 기독교와 어떤 식으로 연결되었는지 보여 주려 한다. 먼저 고대와 중세를 살펴보고, 다음 장에서는 근대의 발전도 살펴볼 것이다.

이어지는 내용은 당연히 몇 가지 표본적 관점에 불과하다. 교양을 신학 측면에서 살펴보려는 우리의 관심사를 기준으로 필요한 내용을 간추렸다.

'책의 종교'로서의 기독교

오늘날 대중 매체에서 기독교는 종종 너무 당연하게 책의 종교로 불린다. 그 배후에는 유대교, 기독교, 이슬람교를 '책의 종교'로 통틀어서 보는 견해가 있다. 그러나 이런 이해는 최소한 두 가지 이유에서 문제시되거나 더 정교하게 표현되어야 한다.

종교학에서는 종교를 종종 다양한 유형으로 나눈다.[37] 그러면서 책의 종교와 제의의 종교를 구분하기도 한다. 책의 종교 중심에 거룩한 경전에 기록된 말씀이 있다면, 제의의 종교 중심에는 제의적 경험이 있다. 종교학적으로, 책의 종교는 종교의 '원시적' 형태와 비교되며 더 고등 종교로 간주된다. 이렇게 평가하는 분류는 쿠란에 자주 나오는 "책을 가진 자들"이라는 표현과도 통한다. 거기서 그들은 다

37　Hoheisel, "Religionstypologie"[종교 유형론]를 보라.

신교 종교 형태와 대조되는 유일신론 종교유대교, 기독교, 이슬람교로 나타난다예컨대 쿠란 3:64 이하를 보라. 그러나 그런 위계적 분류는 특정한 종교철학·신학의 전제와 맞물려 있으며, 단순히 보편적으로 유효하다고 전제될 수 없다. 과거에 흔히, 종종 싸잡아서 사용했던 '원시적'이라는 표현도 오늘날에는 비판적으로 되물어야 할 대상이다.

유대교, 기독교, 이슬람교를 모두 책의 종교로 부르는 것은 신학적으로도 문제가 있다. 세 종교가 각자의 경전에 대해 지니는 사뭇 다른 태도가 무시되기 때문이다. 유대인과 그리스도인에게 히브리 성경 혹은 구약성경과 신약성경은 분명 중요한 역할을 한다. 하지만 유대인과 그리스도인이 이 책을 결정적 신앙의 대상으로 본다고 말할 수는 없다. 유대인과 그리스도인은 단순히 성경을 믿는 게 아니다. 유대교·기독교 신앙에 따르면, 성경의 책들은 이스라엘의 하나님에 대한 신앙과 예수 그리스도의 하나님에 대한 신앙을 증언한다. 하지만 기독교의 신앙고백에서 성경은 언급되지 않는다. 성경에서는 하나님의 계시를 증언하지만 그 책이 계시 자체는 아니다. 그 점에서 '책의 종교'라는 표현은 이슬람교에 가장 적합하다. 이슬람교에서 쿠란은 신의 직접 계시를 나타낸다.

그런 문제 제기와 정확한 규정은 수긍할 만하다. 그럼에도 앙리 이레네 마루Henri-Irénée Marrou가 『고대 교육의 역사』Geschichte der Erziehung im klassischen Altertum에서 한 말도 일리가 있다. 그가 말하길, 기독교는 본질적으로 "책의 종교"로, 그 역사적 발전을 보면 "교회의 일상 속에서 글로 적힌 말씀의 역할"이 점점 확실하게 부각되었다. 그는 기독교에서는 "소박한 예배 실천"에서도 "최소한의 문자적 교양"

을 요구했다는 점을 지적한다.[38] 이런 평가가 예배에 참여하는 모든 사람에게 그대로 적용되지는 않지만 적어도 예배 인도자에게는 적용된다.

'책의 종교'의 의미 및 그와 관련한 문자 문화를 추론할 수 있는 또 다른 증거가 있다. 그리스도인들이 자녀를 로마식 학교에 보내 읽기와 쓰기를 배우도록 했다는 사실이다. 당시 학교에서는 당연히 고대의 신들 이야기와 종교적 신화를 다루었기에 이는 놀라운 일이다. 기독교 신앙을 따르는 사람 입장에서는 이것이 계속해서 내적 갈등을 유발할 수 있었다. 교부 테르툴리아누스는 그러한 갈등 및 그 갈등을 다루는 방식에 관하여 비판적 시각을 내비쳤다. 그는 기독교 신앙을 가진 어린이와 교사의 의무를 구분한다. 어린이가 학교에 다니는 일은 긍정할 만하지만, 교사의 역할은 기독교적 관점에서 볼 때 확실히 거부해야 한다는 것이다.

> 신자가 읽기와 쓰기를 배우는 일은 가르치는 일보다 더 가능하다. 배움과 가르침의 상황이 완전히 다르기 때문이다. 신자가 읽기와 쓰기를 가르친다면, 그 과정에서 (교본 안에) 흩어져 있는 신들에 대한 찬양을 추천할 수밖에 없다. 그는 그런 글을 전달함으로써 그 찬양을 강화하며 그런 글을 언급함으로써 그 신들을 증언하는 셈이다. 우리가 이미 말한 것처럼 율법에서는 신들의 이름을 부르거나 그 이름을 이유 없이 사용하는 것을 금지하고 있는데도 그는 신들의 이름을 부

---

[38] Marrou, *Geschichte der Erziehung im klassischen Altertum*, 25.

른다. 그렇게 교양의 시작부터 악마에 대한 신앙의 토대가 마련된다. 이제 우상들에 대해 가르치는 자가 우상 숭배를 행하는지 오랫동안 살펴보라!³⁹

그에 따르면 교사로 일하는 것은 "우상 숭배"이며 실제로 그리스도인들에게 금지되어야 한다. 그러나 최근 연구에서는 고대의 교양과 기독교의 갈등이 더 이상 테르툴리아누스의 글에 나타난 것처럼 근원적 문제는 아니었던 것으로 보는 경향이 있다.⁴⁰ 오히려 전체적으로는 기독교와 고대의 교양 사이에 긴밀한 유대가 있었다는 데서 출발한다. 중요한 것은, 그리스도인들이 이미 일찍부터 교양의 필요성에 주목했으며, 적어도 학생과 관련해서는 학교에서 가르치는 비기독교적 신앙의 내용으로 인해 생길 수도 있는 갈등을 감수했다는 점이다.

성경이—'책의 종교'라는 의미에서—교양의 모티프로서 지니는 의미는 당연히 초기 교회에 국한되지 않는다. 성경은 훨씬 오래전부터 중요한 책이었다. 이는 구약성경 전승이 성경이 된 것과 그것이 점진적으로 정경이 된 데서 이미 볼 수 있다. 처음에는 구전 전승으로 시작해서 다양한 중간 단계를 거쳐 마침내 정경이 되는 기나긴 과정이다.⁴¹ 여기서 주목할 만한 점은 상당히 오랜 기간 제의 종교 Kultreligion와 경전 종교 Schriftreligion가 공존했다는 사실이다. 이 공존

---

39 Tertullian, *De idolatria*, 10,5-6; Gemeinhardt, *Das lateinische Christentum*[라틴 기독교]에서 재인용.
40 Gemeinhardt, *Das lateinische Christentum*을 보라.
41 방향을 설정하는 짧은 개관은 Janowski, "Weg zur Buchreligion"[책의 종교로 가는 길]을 보라.

은 기원후 70년에 제2성전이 파괴될 때에야 끝났다. 경전 종교가 살아남아 관철되면서 그에 상응하여 읽기 능력과 쓰기 능력, 그뿐 아니라 까다로운 텍스트를 다루는 능력도 문화사적으로 새로운 중요성을 확보하게 되었다. 이런 능력들은 무엇보다 종교적 이유에서 필수적 능력이 되었다. 다른 방법으로는 그 핵심 전통에 접근할 수 없었기 때문이다.

그러나 경전 종교가 소수의 엘리트를 넘어 더 넓게 영향력이 있는 교양의 동인이 되려면, 정경의 형태로 합쳐진 경전의 의미가 그 종교의 모든 구성원과 관련되어야 한다. 기독교도 마찬가지다. 성경을 모든 그리스도인이 읽어야 하는 책으로 생각하게 된 것은 고유한 발전이었다. 그리하여 결국 신분과 상관없이, 성별과도 상관없이 성경을 읽게 되었다. 앞으로 더 살펴보겠지만, 이런 변화는 특히 종교개혁과, 또한 16세기 근대 인쇄술이 촉발한 새로운 문화인 책 문화와 연결되어 있다. 오늘날의 보편 의무 교육이라는 의미에서 누구나 학교에 다닐 수 있도록 해야 한다는 요구가 시작되거나 최소한 주목받게 된 것이 바로 이 시기의 일이라는 사실은 결코 우연이 아니다. 책의 종교인 기독교의 영향으로 교양 기관이 설립되기 시작한 것은 물론 그보다 훨씬 전의 일이다.

교회의 교양 기관과 전통

교회 전통과 기독교 역사에서 교양이 차지하는 중요성을 종합적으로 이해하기 위해서는 기존과는 다른 관점이 필요하다. 바로 앞에서는 사회에서의 보편적 교양 형성의 가능성을 묻고서 기독교가 이에 어떻게 대응했는지를 살폈다. 그래서 기독교와 관련 없는 교양 기관에서 이루어지는 교양, 그리고 그리스도인도 그런 교양 형성에 참여했다는 사실에 주된 초점을 맞추었다. 하지만 기독교에는 독자적 교육 기관이 있으며 기독교가 배움과 학문의 전통을 새로이 만들어 내기도 했다. 이제 그 부분을 살펴보려고 한다.

이와 관련해서, 종종 특별히 인상 깊게 받아들여지기에 가장 많이 알려진 것이 **교리 문답 교육**Katechumenat이다. 교리 문답 교육은 기독교의 태동 후 몇 세기 동안 자리를 잡았다. 원래 이 교육은 세례 교육의 제도화, 즉 세례 지원자를 위한 수업을 가리켰는데, 교회의 처음 몇 세기 동안 확고한 제도로 발전했다.

교리 문답 교육은 오늘날의 유아 세례와 달리 일반적으로 세례를 받기 전에 이루어졌다. 세례 지원자는 대부분 성인이었다. 교리 문답 교육은 확고한 규칙에 따라 구성되었다. 그래서 '제도'라는 표현을 써도 지장이 없다. 적어도 4세기에는 교리 문답 교육이 제도화되었다고 말할 수 있다.[42] 세례 지원자들은 교리 학습자Katechumene, 즉 가르침을 받는 사람이라는 고유한 지위를 부여받았다. 그들에게 교리 문답 교육에 참여하는 것은 특히 기독교 신앙 수업을 받는 것을 의미했다. 여기에 다른 요소도 추가되었는데, 그중 하나가 "품행의 점검"이었다.

세례 직전에 품행의 점검*examinatur vita*이 있다. 존경할 만하게 살았는

---

42 Paul, *Geschichte der christlichen Erziehung*[기독교 교육의 역사], 45를 보라.

지, 과부를 존중했는지, 병든 자를 방문했는지, 모든 선한 일을 행했는지 점검하는 것이다. 보증인들은 이를 증언해야 한다.[43]

아우구스티누스는 교리 문답 교육 내용을 구성하는 데 특별히 숙고하며 노력을 기울였다. 그의 숙고는 이후에 신학의 분과 학문이 되는 교리 교수학Katechetik의 전신 혹은 초기 모델로 간주된다. 오늘날의 표현으로 말하자면 종교 교육학의 전신으로 볼 수 있다. 예컨대, 아우구스티누스는 자신의 글 『첫 번째 교리 문답 수업에 대하여』라틴어 원제는 *De catechizandis rudibus*, 즉 '입문자 교리 교육'–옮긴이에서, 수업에서 어떻게 교육 수준의 차이를 고려하고 어떤 내용을 선별해야 할지, 그렇게 해서 어떻게 수업이 그 목적을 실제로 달성할 수 있게 할지를 두고 숙고한 여러 내용을 기술한다.[44] 더 나아가 그는 다양한 방법론적 조언도 제공한다. 당시에도 교사들은 지루함의 문제와 싸워야 했고, 따라서 어떻게 하면 흥미를 일으키는 수업을 구성할 수 있을지 고민했던 것 같다. 교리 문답 교육은 그런 면에서 종교적 교양 형성의 이론적·교수법적 숙고를 형성하는 데 중요한 토대를 제시한다.

5-6세기 들어 무게 중심이 유아 세례로 넘어가면서 교리 문답 교육은 점차 중요성을 상실했다. 그러나 이 제도에 대한 기억은 오늘날까지 남아 있어서, 기독교 성인 교육의 토대로 간주되기도 한다. 또한 이것이 종교 수업으로, 특히 16세기부터 서서히 자리 잡아 온

---

43 같은 책, 50.
44 Augustinus, *Vom ersten katechetischen Unterricht*[첫 번째 교리 문답 수업에 대하여]. 『신앙요리교육론』(부크크).

견신례자 교육Konfirmandenunterricht, 입교자 교육으로 이어지는 것도 볼 수 있다. 견신례에 앞선 기독교 교육은 흔히 후속 세례 교육이라고 설명한다. 유아 세례의 경우 세례 이전에 교육을 하는 것이 불가능하기 때문이다. 이는 청소년기에 이루어지는 교회 교육 또한 교리 문답 교육의 동기와 연결된다는 뜻이다.

세례를 받으려는 사람들을 교육하는 것이 교회가 교양 기관을 설립하는 유일한 동기는 아니었다. 그 외에도 독자적인 **기독교 학교**들이 생겨났다. 이와 관련하여 두 가지 맥락을 언급할 수 있다. 하나는 4세기부터 계속해서 수도원 학교가 설립된 것이다. 처음에는 이집트에서, 나중에는 다른 나라에서도 그런 학교가 설립되었다. 또 하나는, 주교좌를 중심으로 생긴 주교구 학교Bischofsschule다.[45] 이런 종류의 기독교 학교는 중세 내내 역할을 수행했다. 다만 분명히 해야 하는 사실은, 사회적 상황을 고려할 때 당시에 학교를 다닌다는 것은 처음부터 소수에게만 가능한 일이었다는 점이다. 어린이와 청소년 대부분은 일찍부터 농업이나 수공업을 하며 일을 도와야 했기 때문에 학교 교육을 받을 시간이 없었다. 8-9세기에 카롤루스 대제 Karl der Große가 추진한 개혁 같은 몇몇 예외는 있었다. 하지만 그런 예외를 제외하면 16세기에 이르러서야, 인문주의와 종교개혁이 함께 작용하면서 비로소 교양의 모티프와 가능성을 일반화하는 일이 의

---

45 Marrou, *Geschichte der Erziehung im klassischen Altertum*, 477 이하; 또한 Johann (Hg.), *Erziehung und Bildung in der heidnischen und christlichen Antike*[고대 이방 세계와 기독교 세계에서 교양과 교육]; Schwenk, "Hellenistische Paideia und christliche Erziehung"[헬라주의적 파이데이아와 기독교 교육]을 보라.

도되고 부분적으로 실현되었다.

기독교가 교양과 관련해서 가진 의미를 파악하려면, 종교가 교양의 역사에서 어떤 의미를 가졌는지 쉽게 파악할 수 있는 교양 기관 외에 다른 측면들을 고려해야 한다. 이를 위해 여기서 의식적으로 선택한 개념은 넓은 의미로 쓰일 수 있는 **전통들**Traditionen이라는 개념이다. 이 개념은 보편적 교양의 모티프를 가리킬 뿐 아니라, 교양 및 나이를 대하는 것과 관련한 정서나 태도도 가리킨다. 이런 의미의 교양 전통은 다양한 맥락에서 파악된다.

예컨대, 유럽의 대학은 교양 기관과 기독교를 연결하는 지점에서 교양을 견인하는 보편적 동인이다. 대학들은 처음에 이탈리아, 프랑스, 잉글랜드에 볼로냐 1119년, 파리 1200년, 케임브리지와 옥스퍼드 1249년, 나중에는 독일어권에 설립되었다 프라하 1348년, 빈 1365년, 하이델베르크 1386년. 이런 대학에서는 법학, 의학과 함께 신학을 가르쳤을 뿐 아니라, 교회와도 긴밀한 관계를 맺고 있었다. 무엇보다 대학에서, 특히 나중에 형성된 신학부에서는 기독교의 가르침이 학문적으로 발전하며 꽃을 피웠는데, 이는 오늘날까지도 신앙과 지식의 화해를 위한 토대로 여겨진다. 전승된 신앙의 확신과 근대 학문 사이의 긴장을 근본주의적이지 않은 방식으로 대할 수 있는 가능성을 위한 서양의 교양 형성 역사의 뿌리 중 하나가 바로 여기 있다.

동시에 그 배후에는 훨씬 깊은 차원에서 일어난 변화가 있다. 그 변화가 사람들의 정신에 끼친 영향은 실로 엄청나다. 이미 기독교 초기 몇 세기 동안 중요한 신학자들과 교부들이 기독교 신앙의 가르침을 고대 철학과 학문의 지평에 두고 그것들과 대화하면서 신앙 이론을 전개했다. 그 과정에서 눈에 띄게 중요한 역할을 한 것이 로고스 Logos 개념이다. 이 개념은 고대 철학은 물론 신약성경에도 확고히 자리 잡았다 요 1장에서 이 개념이 "말씀"Wort으로 번역된 것을 보라. "태초에 말씀이 계시니라" 요 1:1. 또한 이 개념은 구약성경의 지혜와도 연결될 수 있었다 잠 8:22에서 지혜가 다음과 같이 말하는 것을 보라. "여호와께서 그 조화의 시작 곧 태초에 일하시기 전에 나를 가지셨으며". 이 전제가 있기 때문에 그리스도는 육신이 된 성육신한 로고스로 이해될 수 있었으며, 이로써 철학과 이어지는 중요한 연결고리가 생겨났다. 그리하여 학문적 신학으로 가는 길이 열렸다. 학문적 신학은 오늘날에도 여전히 기독교의 중요한 특징으로, 또 다른 교양 형성의 모티프로 이해될 수 있다. 이 모티프는 종교개혁을 거치면서 무엇보다도 근대에 목사직을 위한 학문적 교육이라는 형태로, 대학의 울타리를 넘어서까지 영향을 끼쳤다.

또한 교양은 인생행로의 의미가 그에 맞는 형성과 긴밀하게 연결되어 있다는 사실을 포괄한다. 사회에서 교양에 대한 요구가 높을수록, 아동기와 청소년기에 다른 사회적 요구, 특히 일찍부터 생업 전선에 뛰어들어야 한다는 요구에서 자유로워져 배움과 교양을 형성할 준비 시간을 보낼 수 있다. 이는 오늘날도 마찬가지다. 기독교와 유대교의 경우에는 어린이와 아동기를 높이 평가함으로써 이 요구 사항을 충족하는 방향으로 발전해 왔다.[46] 예수가 어린이를 대한 방식에서 이런 특징이 극명하게 부각된다. 이는 고대 사회에서는 결코 당연하지 않은 어린이 존중이 드러나기 때문이다. 심지어 어린이는 어른

---

[46] Bunge (Hg.), *The Child in Christian Thought*를 보라.

들에게 모범으로 제시되기까지 한다. "하나님의 나라가 이런 자[어린아이들]의 것이니라"막 10:14. 또한 어른들은 "너희가 돌이켜 어린아이들과 같이 되지 아니하면 결단코 천국에 들어가지 못하리라"마 18:3라는 말을 듣는다. 기독교 역사에서 그리스도인의 가정 교육이 일찍이 그 자체로 중요한 주제가 된 것도 이런 흐름과 통한다. 특히 유명한 사람은 요하네스 크리소스토무스Johannes Chrysostomus인데, 그는 어린이를 위한 종교적 가르침뿐 아니라 가정에서의 도덕 교육에 대해 숙고했다.[47]

교육 운동으로서의 종교개혁

일반적으로 종교개혁은 **종교적** 개혁 운동, 즉 교회 갱신을 목표로 삼은 운동으로 여겨진다. 이는 의심할 여지가 없다. 그러나 최근 역사 연구에서 흔히 하듯 종교적 개혁을 더 넓은 사회적 맥락에 두면, 그렇게 하지 않았다면 이해할 수 없었을 교양의 역사와 관련한 측면이 중요성과 관심을 얻는다.[48] 직설적으로 말하면, 16세기의 교회 개혁은 그와 함께 이루어진 사회의 개혁, 교양과 관련된 것들의 개혁 없이는 상상조차 할 수 없었다.

이 시기에 교회 개혁, 사회 개혁, 교육 개혁이 매우 밀접하게 맞물려 일어난 것은 무엇보다도 교회가 국가로부터 분리되지 않았고 오히려 둘의 불가분한 통일성을 보여 주었기 때문이다. 종교개혁의 역사가 정치적 역사이기도 했다는 점에서 이를 볼 수 있다. 개혁의

---

47 Gärtner, *Die Familienerziehung in der Alten Kirche*[고대 교회에서의 가정 교육]를 보라.
48 현재 이 주제에 대한 최신 연구는 Reformationsgeschichtliche Sozietät[종교개혁사 연구회] (Hg.), *Spurenlese*[흔적 읽기]를 보라.

주체는 신학자나 성직자만이 아니라 황제와 왕, 제후와 군주, 시의회 의원, 정치적으로 적극적인 농부들이었다. 그러므로 종교개혁 시기와 관련해서 다음과 같이 말할 수 있다. 교회를 개혁하는 사람은 사회도 변혁했으며 또한 그래야 했다. 사회 변혁 없는 교회 개혁도 불가능한 일이었다.

교회 개혁과 교양 개혁은 종교개혁 시기에 내적으로 서로 긴밀하게 얽혀 있었다. 그 원인은 종교개혁의 새로운 신앙 이해에 이미 내재되어 있었다. 그에 따르면 교회의 신앙은 더 이상 결정적이지 않다. 기존의 교회는 하나님과 인간 사이에서 중재자를 자처하면서 무엇보다 사람들이 교회의 신앙에 참여하는지를 중요하게 여겼다. 하지만 이제 종교개혁의 시각에서 결정적으로 중요한 것은 각자의 신앙이다. 신앙은 더 이상 교회가 좌지우지하는 문제가 아니며, 교회의 의식에 참여하는 데 의존하지 않는다. 종교개혁의 관점에서 신앙은 스스로의 이해를 전제한다. 이는 예수 그리스도에 관한 복음의 내용을 잘 아는 데서 시작한다. 그 내용은 오직 성경의 전승에서 얻을 수 있다. 그런 다음에는 스스로 종교적으로 판단할 능력이 요구된다. 신학적으로 이는 만인 제사장직 원리와 연결된다. 이 원리는 각 신자에게 신앙적 판단을 요구하며, 개인이 교회, 공동체, 기독교 교리에 대해 지는 공동의 책임을 포함한다. 루터에 따르면, 그리스도인이 되는 일은 지역 사회와 교회에서 선포하는 기독교 교리를 평가할 권리와 의무를 포함한다.

그리하여 교양과 관련한 함의가 있는 또 다른 측면이 언급되는데, 바로 설교다. 이제는 독일어로 전하는 설교가 예배의 중심에 서게 되었다. 목사는 마땅히 자신의 외국어와 모국어 교양을 바탕으로 자신의 종교적 담화인 설교를 구성할 능력을 갖추어야 했다. 청중은 그 설교를 잘 알아듣고 따라갈 수 있을 만큼의 지적 능력을 갖추어야 했다. 독일어로 전하는 설교는 이렇게 새로운 교양에 대한 요구를 확정하면서 동시에 예배에 필요한 이해력을 형성하는 데 기여했다. 이런 점에서 개신교 설교는 그 자체로 교양의 수단이 되었다. 종교개혁의 영향으로 예배에서 교리 문답을 사용했고, 종교개혁 시기를 특징짓는 교리 문답 설교라는 새로운 형태가 나타났다. 이로써 교양과 관련하여 설교와 예배의 중요성은 더욱 강조되었다. 이런 변화의 목표는 이해를 동반한 신앙이다. 그 신앙은 교양을 전제하며 교양을 더욱 발전시키고자 노력하도록 동기를 부여한다. 이는 좁은 의미의 종교적 교양을 넘어서는 일이다.

그와 동시에, 종교개혁 시기에는 종교적 학습도 전반적으로 엄청나게 발전했다. 그런 학습이 예배에서뿐만 아니라 일상에서도 모든 그리스도인에게 접근 가능해야 했기 때문이다. 최초의 위대한 종교개혁 논문 가운데 하나는 1520년에 루터가 발표한 "독일 민족의 그리스도인 귀족에게"An den christlichen Adel deutscher Nation다. 여기서는 "그리스도인 신분의 개선에 대해" 다루면서 두 가지 내용을 말한다.[49] 즉, 남자 어린이와 여자 어린이 모두 보편적 학교 교육을 받아야 하며, 학교에서는 성경과 복음을 "가장 중요하고 가장 보편적인 수업"으로 다루어야 한다는 것이다. 여기서 다시 한번 종교적 갱신, 사회

---

[49] Luther, "An den christlichen Adel," 230.

적 갱신, 교양 갱신이라는 종교개혁의 목표가 긴밀하게 맞물린다.

종교개혁 시기에 발전한 교리 문답도 종교적 학습에 기여했다. 특히 루터의 『소교리문답』과 『대교리문답』이 선도적 역할을 했다. 교리 문답은 청소년을 위한 기계적인, 그저 암기를 목적으로 한 학습 프로그램으로 구상된 내용이 아니었다. 그리스도인이 그리스도인으로 존재하기 위해 반드시 알아야 하는 모든 것을 요약한 내용이었다. "교리 문답이란 그리스도인이 되고자 하는 이방인에게 기독교에서 무엇을 믿고, 행하고, 포기하고, 알아야 하는지 가르치는 수업이다."[50]

교리 문답은 후대에 견신례 교육이 되었지만, 종교개혁 시기에는 교회 교육에 국한되지 않았다. 오히려 교리 문답 교육은 일상에서, 특히 가정에서 견고하게 뿌리내리는 것이 중요했다. 가정에서 교리 문답은 매일 가장을 통해 이루어지는 교육의 기초 자료가 되어야 했기 때문이다. 동시에 교리 문답은 루터가 스스로 말했듯 평생 학습과도 연관된다. 종교개혁자도 끝까지 배우기를 멈추지 않았다.

> 그럼에도 저는 여전히 매일 조금씩 더 읽고 공부해야 할 필요를 느낍니다. 만족할 만큼 배우지도 못했거니와 또 그렇게 될 수도 없음을 알기 때문입니다. 교리 문답 앞에서 저는 여전히 어린아이이자 학생입니다. 저는 이런 제 모습을 기꺼이 즐거워합니다.[51]

---

50 Luther, "Vorrede zu: Deutsche Messe"[서언: 독일어 미사], 78.
51 Luther, "Vorrede zum Großen Katechismus"[대교리문답 서문], 548. 『마르틴 루터 대교리문답』(복있는사람).

종교개혁을 교양 운동으로 이해한다는 것은 한편으로 고대 교회의 교리 문답 교육까지 거슬러 올라가는 교리 문답 전통을 헤아리고, 다른 한편으로는 종교개혁의 중요한 통찰에서 발원하여 다음 세기에 영향을 끼치는 새롭게 본질적인 변화의 흐름을 고찰하는 것이다. 후자와 관련해서, 개인과 개인 신앙의 가치를 높이 평가하게 된 것을 먼저 생각할 수 있다. 개인성Individualität과 개별화Individualisierung, 내면화와 주체성, 개인의 자율과 판단력 같은 개념은 우리의 현재까지 영향을 끼치는 문화 발전의 경향과 이상을 가리키는 것으로서, 특히 근대적 교양 이해에 결정적이었다. 교양 개념은 내적 인간에 도달하려는 열망을, 그리고 하나의 인격체인 인간이 외적인 것에 불과한 어떤 능력이나 기술에만 매몰되지 않으려는 열망을 전형적으로 나타낸다. 그런 점에서 여기서 확실하게 드러나는 주체화의 경향에 대해 말할 수 있다. 이는 무엇보다도 종교개혁이 양심을 강조한 데서 구체적으로 드러났다. 개인의 양심, 그렇기에 어떤 인간적 권위에도 매이지 않는 자율적 양심은 개별 인간이 모든 인간적 권위에 맞서 자기 신앙의 증거로 제시할 수 있는 권위가 되었다. 마르틴 루터는 신앙과 맞물린 양심에 호소함으로써 모든 세속 권위와 맞서고, 독일 역사의 경계를 훨씬 넘어서는 상징적 모범이 되었다.[52]

---

52 이와 관련해 177 이하를 보라.

5. 근대의 지평에서 교양과 기독교

'교양 이해는 근대에 접어들면서 원래의 종교적 뿌리에서 멀어지거나, 흔히 말하는 것처럼 뿌리에서 떨어져 나와 해방되어 세속적-세상적-개념이 되었다.' 이것이 일반적인 생각이다. 이런 생각의 이면에는 다양한 가정이 있다. 이 가정들은 서로 다르지만 결국 유사한 방식으로 교양 이해의 세속적 성격을 강조한다. 계몽주의 철학과 교육학은 원칙적으로 인간의 이성보다 먼저 존재하는 어떤 관계도 인정하려 들지 않는다. 그 결과로 이후에, 특히 20세기 초반에 '교육학의 자율성'에 대한 논쟁에서는 모든 형태의 종고적 간섭, 특히 교회의 감독과 통제가 거부되었다. 오늘날에도 교양을 오로지 사회의 필요, 예컨대 경제적 필요를 충족시켜야 한다는 논리로 평가하려는 경향이 강하다. 그러다 보니 종교적 관련성을 검토할 여유는 없다.

의심할 여지 없이, 근대에 전문화된 분과 형태로 분화하는 학문이라는 전제 아래서 교양은 주로 신학의 주제가 아니라 교육학의 주제 혹은 교육학과 오랜 기간 연결되어 있던 철학의 주제다. 그러나 그렇다고 교양이 더 이상 종교적 주제가 아닌가? 이 질문에 답하기란 쉽지 않다. 교양 이해가 세속화되었다는 주장과 정반대로, 근대의 교양 개념에 여전히 종교적 전제가 남아 있음을 보여 주는 역사적 자료가 있다. 이런 의미에서, 우리 시대에 종교는 교육학의 "내몰린 유산"이라고 언급되었다.[53] 종교적 특성은 종교를 직접 말하지 않더라

---

53 Oelkers/Osterwalder/Tenorth (Hg.), *Das verdrängte Erbe*[내몰린 유산].

도 여전히 현존해 있을 수 있다.

순수하게 세속적인 교양 이해가 가능한지, 그리고 바람직한지는 책 후반부에서 다룰 것이다. 우선은 역사적 묘사를 이어 가려고 한다. 다음을 통해 세 가지 발전을 더 자세히 살펴보려 한다.

- 근대의 교양 이해는 '종교 대신 교양'Bildung statt Religion이라는 구호로 표현될 수 있는데, 이는 근대적 자기 이해에 대한 종교적 표현으로 해석될 수 있다.
- 하지만 교양 이해의 종교적 지평은 그것이 후대에 미친 영향을 고려할 때 교육학에서 중심에 남아 있으며, 그럼으로써 인간성에 대한 요구를 보장한다.
- 오늘날 우리 시대가 지닌 종교적·세계관적 다원성의 전제 아래서 다시금 교양과 종교의 관계를 묻는 질문이 반복된다. 종교적·문화적 근거를 갖고 있던 교육학의 전제들은 오랫동안 암시적으로 남아 있었지만, 종교적·세계관적 다양성이 야기한 차이를 새로이 경험하면서 전면에 부각된다.

종교 대신 교양: 근대적 자기 이해의 종교적 표현인 교양

18세기와 19세기 초는 고전적 교양 이론의 형성기다. 오늘날까지 중요하게 언급되는 빌헬름 폰 훔볼트Wilhelm von Humboldt의 교양 이론뿐만 아니라 다른 교양 이론들도 이 시기에 제안되었다. 요한 하인리히 페스탈로치Johann Heinrich Pestalozzi나 프리드리히 실러Friedrich Schiller, 요한 프리드리히 헤르바르트Johann Friedrich Herbart를 생각해 보라. 다시 한번 말하지만, 여기서는 대표적 예만 다룰 수 있다.

교육학Pädagogik 혹은 요즘 말로 양육에 대한 학문Erziehungswissenschaft은 언제나 독일 고전주의의 교양 이해를 소환한다. 이는 교육학이 더 이상 그보다 더 오래된 학문 분과인 철학과 신학에 의해 규정되지 않고 그 자체로 독자적 교육 이해를 위한 토대가 되기 위함이었다. 이 시기를 염두에 둘 때 질문은 다시 한번 첨예해진다. 교양은 더 이상 신학의 주제가 **아니라**고 할 수 있는가? 어떤 의미에서 그러한가?

그와 동시에, 교양 개념이 근대 교육학으로 넘어간 것을 그저 세속화 과정으로만 해석한다면 이는 지나친 단순화다. 어떤 면에서는 교양 이해의 세속화라는 말이 맞을 수도 있지만, 종교적·신학적 규정이라는 지평은 여전히 효력을 유지하고 있었기 때문이다. 헤겔Hegel은 이를 다음과 같이 표현한다. "**종교**는…교양이라는 세계의 신앙으로 모습을 드러낸다."[54] 자주 인용되는 이 표현은, 종교가 교양이라는 매개체에서 찾을 수 있는 변화의 형태를 띤다는 말이다. 역사가 라인하르트 코젤레크는 여기서 "교양의 종교성"Bildungsreligiosität을 본다. "교회와 교리"는 포기하면서도 "기독교적 자기 해석"은 포기하지 않는 종교성이다.[55] 이는 교양 있는 사람들의 종교를 말하는 게 아니다. 교양이 신앙 혹은 종교의 새로운 표현 형태라는 의미다.

---

54 Hegel, *Phänomenologie des Geistes*, 298. 『정신현상학』(아카넷).
55 Koselleck, "Einleitung," 25.

교양이 근대적 자기 이해의 종교적 표현으로 이해될 수 있다는 명제는 일단 의아하게 들릴 수 있다. 근대적 자기 이해, 예컨대 교육학의 자기 이해는 특히 종교에 의존하지 않고 오히려 종교와 거리를 둔다. 그러나 이 명제는 교양 이해에 여전히 담겨 있는 종교적 내용을 전제하는데, 이 종교적 내용도 역시 그저 주어져 있는 것으로 치부하고 넘어갈 수 없다.

지금부터는 이 명제가 의미하는 바를 교양 이해의 다양한 발전에 근거해서 여러 입장에서 설명할 것이다. 그러면서 종교적인 것의 근대적 변화 형태가 눈에 띄겠지만, 비종교적 반대 입장도 가시화될 것이다. 때때로 근대 교육학의 아버지로 언급되는 프랑스의 철학자 장 자크 루소는 이를 위해 첫 번째로 도전이 되는 사례를 제공한다.

장 자크 루소: 자연적 교육과 그 종교적 지평

장 자크 루소의 철학·교육학 사상은 근대 교육학의 교양 이해에 전반적으로 도움이 되는 출발점이 된다. 물론 그는 프랑스어로 글을 썼기에 '빌둥'Bildung이 아니라 '에듀카시옹'éducation이라는 말을 썼지만, 그의 사상은 독일의 교양 이해에도 지속적인 영향을 끼쳤다. 그의 저술은 18세기의 교양 이해의 전제들과 관련한 변화 과정을 더욱 실감나게 보여 준다. 특히 그가 신랄하게 비판했던 종교 및 종교 교육과 관련해서 그렇다.

"창조자의 손에서 올 때 모든 것은 선하다. 그러나 인간의 손에서 모든 것은 타락하고 만다."⁵⁶ 이 말은 루소가 1762년에 쓴 유명한 교육 소설 『에밀』의 첫 문장이다. 이 책으로 근대의 교육학 사상의 역사가 비로소 시작되었다고 보는 학자도 있다. 이 첫 문장만 읽으면 선하게 창조된 인간의 본성에 대한 논문을 기대할 수도 있다. 하지만 루소의 실제 관심은 당시의 교육 분야는 물론 사회, 문화의 오류를 낱낱이 파헤치는 문화 비평적 관점을 제시하는 것이었다. 그는 "자연"Natur, 본성이라는 기치를 내걸었다. 그리고 교육도 그에 상응해야 한다고 주장했다. 교육의 목표는, 사회적으로 부여된 과제를 수행하며 살아가는 "시민"이 아니라 "자연인"이 되어야 한다. 우리는 "사람을 인간으로 양육할지 시민으로 양육할지 선택해야 한다. 동시에 둘 다 할 수는 없기 때문이다."⁵⁷ 그러므로 모든 수단을 강구해서, 교육이 사회를 위한다는 명목으로 이런 자연으로부터 주어진 인간을 억압해서 편협하고 뒤틀린 존재로 만들지 못하도록 해야 한다는 것이다.

최종적으로는 자연으로 돌아가야 한다는 르소의 주장을 흘려들어서는 안 된다. 그런데 그의 강력한 주장은 여전히 종교적 관련성에 근거를 두고 있다. 이것은 그가 『에밀』을 시작하면서 "창조자"를 언급한 데서 볼 수 있을 뿐만 아니라 프랑스어 원문에서는 의도적으로 거리를 두는 표현을 사용해서 "만물의 창시자"l'Auteur des choses라고 한다, 루소의 자서전적 기록인 『고백록』Bekenntnisse에서도 드러난다. 자연본성에 대한 루소의 열정

---

56 Rousseau, *Emil*, 9.
57 같은 책, 12.

은 『고백록』 첫머리에서 극적으로 표현된다.

> 나는 전례도 없고 앞으로 누구도 모방하지 않을 기획을 시작한다. 나는 나와 같은 이들에게 한 인간을 완전한 자연의 모습으로 보여 주려고 하는데, 그 인간은 바로 내가 될 것이다.…
> 　최후 심판의 나팔이 언제 울릴지라도, 나는 이 책을 손에 들고 지고하신 심판관 앞에 서서 큰 소리로 외칠 것이다. "보소서! 이것이 바로 제가 행했던 것이고, 제가 생각했던 것이며, 지나온 날의 저입니다."[58]

흥미롭게도 루소가 기존의 교육 형식들을 비판적으로 논하기 위해 다루는 것이 종교 교육이다. 당시의 종교 교육은 어린이가 이해하지 못하는 교리를 억지로 주입함으로써 어린이를 괴롭게 할 뿐 아니라, 결국 어린이를 특정 '종파'에 소속시키는 것만을 목표로 삼았다.[59] 그런 형태의 교육에 맞서기 위해서는, 루소가 실제로 요구하는 것처럼 적어도 청소년 연령이 되기 전까지는 모든 형태의 종교적 영향을 멀리하는 것이 좋다. 그래야만 인간은 자신의 판단에 따라 자유롭게 결정하여 참된 종교에 도달할 수 있다.

1762년에 출간된 『사회 계약론』*Gesellschaftsvertrag*에서 루소가 보여주려고 시도했던 것도 자연인에게는 자기만의 종교, 즉 "인간의 종교"가 필요하다는 사실이었다. 루소가 바람직하게 여긴 이런 형태의 종

---

[58] Rousseau, *Bekenntnisse*, 9. 『고백록』(나남).
[59] 종교 교육에 대한 루소의 비판적 논의는 *Emil* 4부에서 볼 수 있다.

교는 "시민의 종교"와 확연하게 구별되며, 그가 특별히 로마 가톨릭교회를 가리키며 말한 "성직자의 종교"와도 구별된다. 시민의 종교는 국가에서 부여하는 특정한 의무를 이행할 것을 요구한다. 반면에 성직자의 종교는 국가에 맞서서 정치적 성격을 지닌 자신만의 요구를 내세운다. 그러므로 "남는 것은 인간의 종교, 즉 기독교다. 이것은 오늘날의 기독교가 아닌 복음서의 기독교로서, 오늘날의 기독교와는 철두철미하게 다르다." 복음서의 기독교는 "신성하고 숭고하며 진정한 종교"이며, 인간은 그런 종교를 통해서 "모든 인간을 형제로" 인식한다.[60] 그러므로 루소는 (종교적) 교육의 왜곡된 형태에 반대하면서 "참된 종교"를 추구했다고 볼 수 있다. 그는 무조건 모든 종교를 거부한 것이 아니라, 이런 관점에서 문제가 되는 종교 형태를―그야말로 가차 없이―비판한 것이다.

　루소의 사상에서는 모든 사회적 기준과 요구, 교회로 대표되는 종교의 기대가 버티고 있던 자리에 자연적 교육의 이상이 치고 올라온다. 혹은 자연이라는 이름으로 표현된 교양의 이상이 올라섰다고도 할 수 있다. 그런 의미에서 더 이상 종교적 근거에 기대지 않는, 적어도 교회나 신학의 전통을 규범으로 받아들이지 않는 교양 개념이 등장했다. 그러나 그와 동시에, 루소에게서는 참된 종교와 왜곡된 종교를 구분하려는 노력이 지속적으로 나타난다. 루소가 주장하는 "인간의 종교"는 예수 그리스도의 복음을 지향하는 종교이며, 이런 종교야말로 교양의 비판적 척도가 되어야 한다. 그가 그리는 자연

60　Rousseau, *Vom Gesellschaftsvertrag*, 147. 『사회계약론』(후마니타스).

인도 결국 창조주의 피조물이며, 자연인은 창조주의 뜻을 따라 살아간다. 이로써 모든 사회적인 혹은 종교적인 인습과 왜곡에 저항할 수 있다.

우리는 성경적·기독교적 전통의 관점에서 대단히 친숙한 교양의 모티프를—물론 언어 표현은 달라졌지만—루소에게서 다시 만난다. 하나는 인간의 출발점이자 운명인 창조 모티프, 다른 하나는 맹목적으로 인간적 권위를 의지하지 않는 깨어 있는 신앙, 즉 분별력 있는 신앙의 모티프다. 그런 의미에서 우리는 루소의 교육 및 교양 사상을 종교적 견해에서 세속적 견해로 넘어가는 과정으로 치부해 버릴 것이 아니라, 종교적 변화 혹은 개혁을 표현한 것으로 읽어야 할 것이다. 그의 사상을 세속적이라고 표현한다면, 그것은 모든 종교적 연관성을 배제한다는 의미에서 붙인 표현이 아니다. 오히려 그의 사상은 교회의 권위에 철저하게 맞선다는 의미에서 결정적으로 세속적이다. 루소는 자신의 교육학이 교회의 권위에서 완전히 떨어져 나왔다고 생각했다.

빌헬름 폰 훔볼트: '궁극적 과제'인 교양

교양 개념과 가장 긴밀하게 관련된 인물을 한 명 꼽는다면 당연히 빌헬름 폰 훔볼트다. 이 점에 대해서는 그의 사상을 지지하는 사람이든 반대하는—예컨대 그의 교양 이해가 오늘날의 요구를 충족시키지 못한다는 이유로—사람이든 모두 동의할 것이다. 엄청난 영향사가 기대하게 하는 것과 달리, 그는 교양이라는 주제와 관련한 별도의 저술을 하나도 남기지 않았다. 물론 "인간 교양 이론"Theorie der

Bildung des Menschen이라는 아주 짧은 글이 교양에 대한 그의 생각을 압축해서 보여 주지만, 그 글은 완결된 구상이 아니라 미완의 단편에 불과하다.[61] 거기서 교양과 종교의 관계를 별도로 다루지 않으므로, 교양 이해의 종교적 관련성에 대한 논의에서 일반적으로 그의 이름이 언급되지 않는 것은 이상한 일이 아니다. 그러나 이제 우리가 보게 될 것은, 그가 그 글에서 사용하는 근본 개념 가운데 적어도 일부는 명백하게 종교적 혹은 신학적 함의를 지닌다는 점이다.

훔볼트의 교양 이해를 '종교 대신 교양'에 대한 단락에서 살펴보는 것은 앞서 언급한 교양에 대한 논문 때문이 아니라 국가와 종교에 대한 그의 설명 때문이다. 이것은 그의 유명한 초기 저작 "국가 영향력의 한계를 규정하려는 시도에 대한 생각"Ideen zu einem Versuch, die Gränzen der Wirksamkeit des Staates zu bestimmen, 1792에서 볼 수 있다. 여기서 훔볼트가 묘사하는 것은 역사를 한참 거슬러 올라가서 "종교의 관념을 통해 풍속에 영향을 끼치려는 노력"이다.[62] 그러면서 그는 종교가 교양과 관련해 지니는 의미를 긍정적으로 평가한다. "신성에 대한 관념이 참된 정신적 교양의 열매라면, 그것은 내적 완전성에 아름답고 유익하게 반응한다."[63] 그러므로 훔볼트는 "종교적 관념들이 도덕적 완성에 영향을 끼친다"는 의견에 동의할 수 있다.[64] 그러면서도 그는 종교가 교양과 관련해 지니는 중요성을 곧바로 다시 제

61　Von Humboldt, "Theorie der Bildung"[교양 이론]. 『인간 교육론 외』(책세상).
62　Von Humboldt, "Gränzen der Wirksamkeit des Staates," 111.
63　같은 글, 113.
64　같은 글, 114.

한하는데, 그가 보기에 종교는 인간의 교양을 위한 하나의 가능성일 뿐 결코 필수 요건이 될 수는 없기 때문이다. 종교는 "모든 품성에 사용할 수 있는 수단"이 "결코" 아니라는 것이다.[65] 과연 그렇다. "정신적 완전성에 대한 관념 자체는 충분히 크고 충만하게 하고 고양시키는 것이어서, 다른 외피나 형태가 더 이상 필요하지 않다."[66] 이로써 교양 이해는 종교적 전제와 연관성으로부터 좀 더 분리된다. 종교가 인간의 교양을 촉진할 수는 있겠지만, 훔볼트가 보기에 이를 위해서는 다른—그리고 분명히 드러나겠지만, 기본적으로 더 선호할 만한—가능성이 있다.

이런 맥락에서, 루소의 경우와 유사하게 훔볼트에게서도 그가 보기에 결함이 있는 종교 이해로부터 거리를 두려는 경향이 나타난다. 그 역시 종교의 긍정적 형태와 부정적 형태를 구분한다. "참된 덕"은 "모든 종교로부터 독립적이며, 명령과 권위 때문에 믿는 종교로 감당할 수 없다"는 것이다.[67] 실제로 종교는 "교양의 수단"Bildungsmittel이기는 하지만, 바로 이 기능에서 종교는 인간에게 외적인 것—"외부로부터 작용하는 수단"—에 그친다.[68] 그러므로 입법 기관은 다른 목표를 설정하지 않을 수 없다. 즉 "시민들의 교양을 고양시켜서, 시민이 국가 목적의 촉진을 위한 모든 원동력을 오로지 이득의 관점에서만 찾도록 하는 것인데, 이 이득은 국가 제도가 그들의 개별적 의도가 달

65　같은 글, 117.
66　같은 글, 114.
67　같은 글, 122.
68　같은 곳.

성될 수 있도록 보장한다."⁶⁹ 이를 위한 전제는 '계몽과 높은 수준의 정신적 교양'이다.⁷⁰ 바로 여기서 "높은 수준의 정신적 교양"이 기존에 종교에 종교가 맡았던 기능, 즉 도덕의 토대를 다지는 기능을 맡고, 그렇기 때문에 적어도 이런 의미에서는 훔볼트가 "종교 대신 교양"을 추구했다고 말할 수 있다. 그러나 그에게도 참된 종교와 거짓된 혹은 왜곡된 종교의 구분이 여전히 있고, 이것이 그의 주장에 신학적 혹은 적어도 종교 철학적 성격을 부여한다.

더 나아가 훔볼트에게는 교양과 종교 사이의 또 다른 연결 고리가 암시로나마 존재하는데, 여기서 종교—교양 있는 종교gebildete Religion—는 교양의 결과로 간주된다. 이런 형태의 종교가 전제하는 바는, 국가가 종교와 관련된 국가의 한계를 인식하고 따라서 종교의 자유를 지지하는 것이다.

> 종교와 관련된 모든 것이 국가 영향력의 한계 바깥에 있다는 것과, 설교자는—전체 예배와 마찬가지로—국가의 특별한 감독 없이 두어야 하는 공동체의 기관이어야 한다는 것이다.⁷¹

국가가 자기의 한계를 지킬 때만 인간은 참으로 자유로울 수 있으며, 특히 종교적 측면에서 그렇다. 그렇게 해서 자유로운 종교를 위한 토양이 마련되어야 한다.

---

69 같은 글, 123.
70 같은 곳.
71 같은 글, 130.

인간이 더 다양하고 독특하게 형성될수록, 그의 감정이 더 높이 고양될수록, 그의 시선은 자신을 둘러싼 좁고 변화하는 영역들로부터 더 쉽게 벗어나, 그 무궁함과 통일성이 제한과 변화의 토대를 포괄하고 있는 것을 향할 것이기 때문이다.[72]

여기서 종교는 "무궁함과 통일성"[73]을 향한 개방으로서, 인간의 자유를 표현하는 것으로서 나타난다. 비록 훔볼트가 그렇게 인식된 "신성"Gottheit과 관련해서 다시 유보적으로 다음과 같이 덧붙이지만 말이다. "인간은 그런 존재를 발견했다고, 혹은 발견하지 못했다고 생각할 수도 있다."[74] 그러므로 자유 안에서 발견된 개방성이 실제로 하나님에 대한 신앙으로 인도하는지 그렇지 않은지는 여기서 명확하게 결론이 나지 않았다. 그러나 마찬가지로 묵과하지 말아야 할 것은, 훔볼트도 자신의 교양 이해와 연결된 종교적 변화 혹은 인간의 교화에 대한 생각을 적어도 함께 포함시키고 있다는 점이다. 그런 면에서 훔볼트의 교양 이해를 모든 종교적 관련성에서의 분리인 세속성이라고 평가하는 것은 너무나 단순한 진단이다. 훔볼트의 교양은 자기 개혁적인 종교적 모티프를 염두에 두고 있다.

이러한 배경에서 훔볼트의 "인간 교양 이론"을 다시 한번 조명할 필요가 있다. 물론 이 논문에서 종교에 대한 언급은 나오지 않는다. 여기서 교양은 인간이 세상을 필요로 하는 과정으로 묘사된다.

---

72 같은 글, 129.
73 같은 곳.
74 같은 곳.

훔볼트가 보기에 교양의 본질, 즉 인간의 "힘"은 자신이 더 나아지고 더 고귀해지기 위해서 "자신의 외부에 있는 세계"를 필요로 하기 때문이다.[75] 다시 말해, 이 세계와 만나 씨름하는 가운데 인간은 자신을 발견하고 인간이 더 높은 존재로 나아가는 교양이 성공을 거둘 수 있다. 이런 행위의 목적은 "인류의 교육Ausbildung을 총체적으로 완성"하는 것이다.[76] 이미 여기서 엿볼 수 있는 것처럼, 이러한 교양 이해의 밑바탕에는 인간의 특성에 대한 하나의 견해가 자리하고 있다. 교양은 "우리 현존재의 마지막 과제"를 지향하며, 훔볼트는 "우리의 인격 안에 있는 인류의 개념에 최대한 위대한 내용을 부여하는 것"이야말로 그 과제라고 본 것이다.[77] 인간은 이 세계와 씨름하는 과정에서, 자신에게서 벗어나 자신 밖의 대상에게로 넘어간다. 그래서 훔볼트는 교양 과정을 바라보면서 "소외"Entfremdung, 즉 교양을 통한 소외에 대해 말한다.[78] 이 소외는 인간이 세계의 "다양성" 속에서 자신을 잃어버릴 때 일어난다. 훔볼트는 인간이 이렇게 자신을 잃어버리는 결과로 끝나지 않으려면 "통일성과 총체성"이 필요하다고 말한다.[79] 이 "통일성"은 인간의 교양을 통해 구현한 형태를 나타낸다.

훔볼트는 인류의 "총체성", "통일성과 통전성" 같은 개념을 종교적 의미에서 사용하지는 않았으며 그가 쓴 개념을 그런 의미로 해석할

---

75 Von Humboldt, "Theorie der Bildung," 235.
76 같은 글, 234.
77 같은 글, 235.
78 같은 글, 237.
79 같은 곳.

수도 없다. 하지만 이런 개념은 인간의 궁극적 특성, 훔볼트 자신의 표현으로는 "최종적 과제"와 관련되어 있다. 그러므로 나는 "인간 교양 이론" 역시 인간의 '궁극적' 특성에 기초한 교양을 말하고 있다는 점에서 종교적인 면을 가지고 있다고 **주장한다**. 이로써 훔볼트의 교양 이론을 순수하게 세속적인 교양 개념으로 파악하려는 일방적 흐름을 제지하려는 것이다. 훔볼트의 사상은 뒤에서 한 번 더 다루려고 한다. 거기서는 종교를 인간성Humanität의 지속적 토대로 바라보는데 훔볼트의 교양도 이 맥락에서 다시금 논의될 것이다. 이러한 교양 사상에서는 종교적인 것의 세속화, 종교적인 것의 변혁이 긴밀하게 서로 어우러진다.

프리드리히 임마누엘 니트함머: 인문주의 안에서 교양과 종교의 융합

독일의 교육 개혁가 프리드리히 임마누엘 니트함머Friedrich Immanuel Niethammer, 1766-1848는 좁은 의미에서 철학적 교양 이론을 전개하는 사람들보다는 훨씬 효율적인 형태로 인간성과 인문주의Humanismus에 대한 질문에 답했다. 니트함머는 뮌헨의 장학사로서 그 당시의 교육 정책과 학교의 실정에 밝은 사람이었다. 1808년에 출간된 그의 저서 『박애주의와 인문주의 논쟁』*Der Streit des Philanthropinismus und Humanismus*은 오늘날의 관점에서 보면, 사회적 이익에만 초점을 맞춘 실용주의적이고 계몽주의적인 교양 이해와 비판적으로 씨름한 결과라고 볼 수 있다.[80] 그 당시 이익 추구에 몰두하는 교양 이해는 "실

---

80 Niethammer, *Der Streit des Philanthropinismus und Humanismus*.

제-수업"Real-Unterricht이라는 형태로 나타났다. 이 수업은 전통적인 인문주의 수업과는 달리 언어 습득에 집중하지 않았다. "**실제적 효용**reale Nützlichkeit에 대한 요구가 일상적인 것이 되었다. 여기서 실제적 효용이란 오로지 **수익성, 물질적 생산**을 의미할 뿐이다."[81] 니트함머가 보기에 이런 경향은 계몽주의로 인해 나타난 문제였다. 이런 경향에 맞서 "가장 순수한 것과 가장 높은 것", 즉 "종교"를 지켜내야 한다. 고귀한 가치들이 "저급한 도덕주의"로 전락하지 않도록 해야 한다.[82] 이런 이유에서 그는 당시 교양에 관한 논의에서 새롭게 부각된 "이상적인 것"의 회귀를 환영한다. 이것은 새로워진 인문주의를 통해 구체적으로 드러난다.[83] 여기서 처음으로 "보편적 교양"에 대한 요구가 효력을 발휘하기 시작한다.[84] 니트함머에 의하면, 인문주의는 교양이 "외적 세계에 대한 관심, 그리고 그 세계 안에서 그것을 위해서 만들어지는 이윤에 대한 과도한 관심"으로 소진되어 버리지 않도록 하는 데 기여한다. 교양에는 "내적 세계의 정신적 대상들과" 마주하는 것이 필수다.[85]

니트함머의 글은 인간학적 주제를 자세하게 다루고 있다는 점에서 이 책의 관심사와 통한다. 교양 이해의 밑바탕에는 언제나 "**인간 개념을 구축하려는 시도**"가 있다.[86] 바로 여기서 "인간의 궁극적 특성"

---

81   같은 책, 15.
82   같은 책, 17.
83   같은 책, 33-34를 보라.
84   같은 책, 23, 25를 보라.
85   같은 책, 19.
86   같은 책, 36.

에 대한 지식이 도출되기 때문이다.[87] 니트함머는 신약성경을 근거로 들어, 인간을 단순히 "동물적 정신"으로 축소하려는 시도를 단호히 거부한다. 오로지 실제적인 것에만 매달리는 정신을 막아서고 이성과 신앙의 진정한 하나 됨의 실상을 보여 주려고 한다. "**신앙**이 곧 **이성**이기 때문이다!"[88]

니트함머는 언제나 교육의 현실을 바라보고 있는 사람이었으며, 그래서 자신의 교양 사상을 학교 현장에서 직접 구현하려 했다. 그는 이렇게 주장했다. "**학교**는 **인간의 교양 시간**이다. 즉 인간 안에 있는 인류가 교양되는 시간이다."[89] 이 시간은 당장 쓸모 있어 보이는 목적을 위해 희생되어서는 안 된다. 여기서 니트함머의 교양 사상은 이상적인 것뿐만 아니라 종교적인 것에 뿌리내리고 있다. "무조건적인 것을 위해 교육을 받은 교양으로 빚어진 사람이야말로 본질적으로 교육을 받은 사람이며, 그 사람이 조건적인 것에 대한 교양도 소유할 수 있다."[90] 교양과 종교는 이렇게 긴밀하게 서로 맞물린다. 서로가 서로에게 흘러들어 그 둘을 따로 떼어 놓기 어려운 지경에 이른다.

이 땅의 현실과는 다른 실재를 아는 법, 이 세상과 인생의 더 고귀한 목적을 믿는 법을 배운 사람에게는 이러한 인생이 전혀 다른 심각성, 즉 곤경의 심각성과는 완전히 다른 심각함을 지닌다. 후자는 인간을

---

[87] 같은 책, 67.
[88] 같은 책, 56.
[89] 같은 책, 100.
[90] 같은 책, 101.

작고 비천하게 만들고 전자는 인간을 고양시킨다. 오로지 조건적인 것을 위해 배운 사람은 두 번째 심각성만 알고 있다.[91]

이런 그의 생각을 더 극명하게 표현하면 교양과 종교의 역동성 속에서 교양을 이해하게 된다.

> 종교를 통해 하늘로 고양된 마음은 이 세상마저도 하늘의 빛 속에서 바라보지만, 이 땅의 충동과 움직임에 매몰된 마음은 하늘을 바라볼 때조차 세상적 시선을 유지한다.[92]

이 인용문에서는 "교양의 종교"라고 이름 붙일 만한 것이 드러나고 있다. 물론 이것은 교양 있는 자들의 종교라는 의미가 아니라 종교와 교양의 융합이라는 의미에서다.

  그러나 우리는 종교적 토대 위에 세워진 교양 사상을 유일하게 가능한 교양의 형태로 내세우려고 하지 않는다. 일반적으로는 세속적인 교양 사상의 대표자로 간주되는 루소나 훔볼트의 사상이 실제로는 그렇게 일방적으로 세속적인 것으로만 해석될 수 있지는 않다 하더라도, 종교적 문제의식을 정면으로 거부하는 다른 견해가 존재하는 것은 분명한 사실이다. 이제 그 입장들을 살펴보자.

---

91 같은 곳.
92 같은 곳.

물질주의, 실증주의, 진화론

교양 개념을 종교적으로 정립하려는 시도에 맞서는 가장 강력한 저항의 움직임은 18-19세기 교육학이나 교양 철학에서 나오지 않았다. 오늘날의 관점에서 볼 때 그런 사상가들이 교양의 근거를 종교가 아니라 다른 것, 예컨대 (훔볼트의 경우를 보면) 도덕에서 찾으려고 할 때조차 결국에는 종교적 성격을 띠거나, 적어도 종교적 차원에 대해 개방적 자세를 보이고 있다. 루소나 훔볼트 같은 사상가들이 전통적 경향에 반대하는 목소리를 낼 때, 교양 개념의 종교적 특성이 오히려 뚜렷하게 드러난다.

교양에 대한 종교적 이해를 확실하게 대체하려는 움직임은 물질주의, 실증주의, 진화론이 득세하면서 본격적으로 일기 시작했다. 이 경우에는 종교가 더 이상 상대방의 동의를 바랄 수 없는 상황이 되었다. 물질주의의 경우, 종교의 권위는 철저하게 물질주의적인 인간, 그리고 물질주의적 욕구에 지배당하는 인간의 본성에 의해 해체되고 있다. 실증주의의 경우, 종교는 오로지 감각 기관의 데이터에서 도출해 낼 수 있는 정보에만 집중하는 경향에 의해 해체된다. 진화론의 경우, 모든 것을 설명해 내는 진화 이론이 어느새 하나의 독자적 세계관이 되어 종교적 견해를 해체한다. 이런 새로운 흐름은 하나같이 교육에도 영향을 끼쳤고 교육에 대한 생각에 변화를 가져왔다. 그렇다고 이 새로운 경향이 하나의 독자적 교양 이론을 가지고 있는 것은 아니라서, 그것을 하나의 관점과 몇 가지 구체적 사례로 설명하지 않고 단지 교육학적 사유 안에 일어난 하나의 경향으로 소개하려고 한다. 이런 사유 방식에 기초한 하나의 가설은 다음과 같다. 즉,

교양이란 과학 이전의 주장, 혹은 비과학적 주장을 비판적으로 극복하는 것이며, 이런 의미에서 원칙적으로 전통 비판적 성향을 띨 수밖에 없다는 것이다. 이런 가설은 점점 더 큰 영향력을 행사하게 되었으며 교양 개념과 관련해서도 그러했다.

오늘 우리 시대에도 이런 경향은 예컨대 리처드 도킨스Richard Dawkins가 촉발한 논쟁, 즉 창조 신앙과 진화 이론의 논쟁에서 잘 드러난다.[93] 도킨스는 자신이 보기에 이미 오래전에 폐기된 창조 신앙의 관점을 교육의 영역에서 퇴출시키고 그 자리에 오로지 자연과학, 특히 진화론을 지향하는 교양을 구축해야 한다고 주장한다. 그는 신학적으로 깊은 성찰을 거친 창조 사상도 받아들이지 않고 신앙과 자연과학의 관계에 대한 학문적·이론적 토론에도 관심이 없다. 현대의 인식 이론과 학문 이론에서는 자연과학의 인식과 인간의 모든 인식의 한계에 대한 인식 비판적 성찰이 활발하기 논의되고 있지만 그는 이런 논의를 전혀 염두에 두지 않는다. 그런 의미에서 도킨스는 '신앙이 아니라 과학적 교양'이라는 입장을 확실하게, 그리고 나이브하게 대변하고 있다고 할 수 있다.

교양과 인격성: 인문주의의 토대로서 종교

앞 단락의 마지막 부분에서는 교양의 근거를 종교에서 찾으려는 모든 시도와 거리를 두는 견해를 살펴보면서, 비록 근대라는 새로운 시대의 영향을 많이 받고 있지만 전체적으로 봤을 때는 무조건 '세속

---

[93] Dawkins, *Gotteswahn*.

화의 과정'으로 볼 수는 없음을 확인했다. 여러 가지 면에서 종교적 특징이 여전히 활발하게 영향을 발휘하고 있었으며, 그 영향으로 종교 자체가 변화되면서 결과적으로는 종교와 교양이 동일시되는 지경에 이르기도 했다. 종교적 기초의 지속적 중요성은—지금부터 살펴보겠지만—종교가 인간성의 지속적 토대로 확실하게 요청될 때 더욱 명확하게 드러났다.

인간성 개념과 관련해서는 이 인간성의 특징을 가장 뚜렷하게 간직하고 있는 요한 고트프리트 헤르더Johann Gottfried Herder, 1744-1803의 교양 사상을 먼저 살펴봐야 한다. 교양의 역사에 관한 연구에서 헤르더의 저작은 일종의 이음쇠 역할을 한다. 현대에 이르기까지의 교양을 이해할 때 중요한 점은 교양을 과정으로, 즉 한편으로는 인류의 역사 전체와 관련된 과정으로, 또 한편으로는 한 인간의 개별적 발전과 관련된 과정으로 대하는 것이다. 교양을 이렇듯 '과정'으로 이해하려는 노력을 집중력 있게 밀어붙인 최초의 사상가 중 한 명이 헤르더다. 이로써 교양은 '과정'의 범주Prozesskategorie에 들어가게 되었고 교육학에서는 이를 받아들이고 구체적 모델을 만들어 내기 시작했다.

19세기 초반을 대표하는 또 한 명의 사상가인 프리드리히 슐라이어마허의 목소리에도 귀 기울일 필요가 있다. 교육학에서든 신학에서든 그를 자기 학문의 거장으로 인정하는 데는 아무런 이의가 없다. 슐라이어마허가 자신의 '교육론'에서 교양 개념을 특별히 강조해서 사용하지는 않기 때문에 교양 연구사에서는 그를 그냥 지나쳐 버리는 경향이 종종 있다. 그러나 그가 후대의 교육학과 신학에 남긴 엄청난 영향을 감안할 때, 교양에 대한 그의 생각을 더 자세히 파고 드는 일은 매우 타당할 것이다. 더욱이 슐라이어마허는 종교적 교양에 대한 자기 나름의 이론을 발전시켰고 그 이론은 특별히 인간학적 교양 사상에 결정적 영향을 끼쳤으며 오늘 우리 시대까지도 비중 있게 수용되고 있음을 알아야 한다.

교양을 이해하는 데 종교적 차원이 여전히 중요하다는 인식은 19세기 초반을 넘어 후반으로 이어졌고—어쩌면 의외라고 생각할 수도 있겠지만—20세기까지 이르렀다. 이 부분에서 우리는 다시 한번 하나의 표본으로 빌헬름 플리트너 Wilhelm Flitner, 1889-1990의 사례를 소개하려고 한다. 그의 교양 사상은 특별히 1950-1960년대에 큰 영향력을 발휘했다. 플리트너의 사상이 우리 시대의 이른바 경험적 교양 연구 진영에서도 인정받고 있다는 점에서도 그의 입장은 주목할 만하다.

요한 고트프리트 헤르더: 종교는 "최고의 인간성"

헤르더의 교양 사상에서 종교가 얼마나 중요한 주제인지는 너무나 명백하게 드러난다. 헤르더는 신화와 신앙의 질문에 매료된 사람이었다. 헤르더에게 그것은 인류 역사 전체를 관통하는 이념이었다. 그의 교육학과 철학과 신학은 서로 맞물리면서 떼려야 뗄 수 없는 하나의 통일체를 형성했으며, 바로 이것이 헤르더의 교양 사상을 이끌어 나간다.

헤르더의 초기 작품 『1769년 여행일지』 Journal meiner Reise im Jahr 1769 에 나타난 사상은 훗날 다른 저작에서 계속해서 이어져 발전되고 있으며, 그런 의미에서 방향타 같은 역할을 하는 사상적 단초라고 말할 수 있다. 그의 중심 주제는 인류의 역사를 교양 이론의 관점에서 조망하는 것이다. 이 책을 보면, 성경의 영향을 많이 받은 언어 습관이 금방 드러난다.

> 이는 거창한 주제다. 모든 일이 발생할 때까지, 계몽 정신Genius der Erleuchtung이 지상을 두루 누빌 때까지 인류는 사멸하지 않을 것이다! 세계 형성의 보편사![94]

이 글은 활짝 트인 새로운 지평을 열어 주는 주목할 만한 표현이다. 저자는 인류 역사 전체를 가져와서 다시 한번 읽되, 무엇보다 교양교양 형성의 역사Bildungsgeschichte로 읽자고 말한다. 여기서 헤르더는 다른 계몽주의 철학자, 계몽주의 교육학자 대다수와 달리 진보 낙관주의를 대변하지 않는다. 그는 모든 시대가 지니는 각각의 특별함을 존중하려 한다.

> 이를 위해 나는 모든 시대의 역사에서 자료를 모으겠다. 각 시대에서 시대 나름의 풍속과 풍습, 덕과 악덕, 행복에 대한 상像을 고찰하겠으며 모든 것을 우리 시대로 소급하여 이를 제대로 이용하는 것을 배우겠다. 인류는 모든 시대에서 시대마다 다른 방법으로 행복을 합

---

[94] Herder, "Journal meiner Reise im Jahr 1769," 11. 『1769년 여행일지』(인터북스).

산한다.[95]

헤르더에게 보편적인 인간의 교양과 종교적 교양은 긴밀하게 서로 연결되어 있다. 그래서 그는 "**인간적이고 기독교적인 교양에 대한 한 권의 책**"을 발간하려고 한다. 이 계획은 "더 나은 개신교"에도 이바지하는 것이어야 한다.[96] 여기서 그는 확실하게 "교리문답서"라는 표현을 쓴다. 그가 원하는 것은 "인류의 교리문답서"Der Catechismus der Menschheit다.

> 내가 앞에서 기획했던 것과 같은 인류의 교리문답서는 여기에서 시작하는데, 이 교리문답서는 루터의 교리문답서와 하나가 된다. 인간적으로 교육하기 위해서 모든 역사에서 따온 인물의 표정, 인물 묘사, 이야기, 전기傳記가 가미된다.[97]

인류의 모든 역사를 포괄하는 교양 프로그램에 대한 헤르더의 사상은 1784년부터 1791년에 걸쳐 출간된 『인류의 역사철학에 대한 이념』Ideen zur Philosophie der Geschichte der Menschheit에 잘 드러나 있다. 책 서문에서 그가 명확하게 밝히는 것처럼, 그 역사 안에 내재된 인류의 교양 역사가 걸어온 길이란 "창조 세계라는 책에서 읽는" 시도 외에 다른 것이 아니다. 자연이 "그 자체로 독립적인 존재가 아니라, **하나**

---

95 같은 책, 10.
96 같은 책, 18.
97 같은 책, 27.

님이야말로 그분의 작품 안에 있는 모든 것"이기 때문이다.[98] 헤르더는 그런 사상을 지니고 있었기에 이렇게 선언할 수 있었다. "어디서든 자연과 종교적 진리의 위대한 유사성이 나를 인도했다."[99]

헤르더의 교양 철학은 인류의 역사 전체에 대한 관찰에서 나온 것이지만, 그 안에서도 참된 인간의 교양과 "신성의 형상"Bild der Gottheit, 즉 하나님의 형상은 서로 연결되어 있다.[100] 신성은 이렇게 말한다. "너는 땅 위에서 나의 형상, 즉 신이 되어라!"[101]

그가 이 땅과, 땅 위의 모든 이성 없는 피조물을 창조한 후에 인간을 빚어내고 그에게 이렇게 말했다. 너는 땅 위에서 나의 형상, 즉 신이 되어라! 지배해라, 다스려라! 네가 너의 자연으로부터 창조할 수 있는 고귀하고 탁월한 것을 만들어 내라. 내가 어떤 기적을 일으켜 너를 도와주어서는 안 된다. 나는 너의 인간 운명을 너의 인간의 손에 맡겼기 때문이다. 그러나 나의 거룩하고 영원한 자연법칙이 너를 도와줄 것이다.[102]

여기서 우리는 헤르더가 성경에 나오는 하나님의 형상을 근대의 언어로 표현하고 있음을 알 수 있다. 그는 하나님의 형상을 창조신학적인 자연의 틀 안에 있는 인간의 자율성으로 이해하고 있다.

---

98   Herder, *Ideen*, 42.
99   같은 곳.
100 같은 책, 110.
101 같은 책, 400.
102 같은 곳.

그렇다면 헤르더가 직립 보행하는 인간을—오늘날까지도 널리 인용되는 유명한 표현으로—"창조 세계의 첫 번째 **자유민**해방된 자"[103]이라고 불렀다는 사실은 단순히 은유적인 것이 아니라 창조신학적으로 이해되어야 한다. 헤르더는 인간이 오로지 하나님 앞에서 자신의 자유뿐만 아니라 자신의 한계를 인식하게 된다고 보았기 때문이다. 그러므로 헤르더가 칭송했던 "이성과 자유를 위한 교양"은 신앙에서 벗어나자는 것이 결코 아니다.[104] "인간성"Humanität 개념은 모든 것을 포괄해야 하는데[105] 헤르더에게 "종교"는 "인간에게 있는 최고의 인간성"이다.[106]

프리드리히 슐라이어마허: 교양의 윤리적·종교적 전제 조건

슐라이어마허의 저작은 다양한 시대와 드넓은 영역을 포괄한다. 그의 저술을 중요한 근거 자료로 채택한 학문 분과는 한둘이 아니지만 특히 신학과 교육학에서는 그의 사상과 저술이 탁월한 고전으로 여겨진다. 교양 사상과 관련하여 슐라이어마허의 특별한 기여가 잘 드러난 글은 먼저 낭만주의의 영향을 받은 그의 초기 저작인 『독백』 *Monologen*과 『종교 강연』*Reden über Relgion*이다. 나중에는 그의 윤리학이 주목할 만한데, 그는 자신의 윤리학이야말로 자기 '교육학'의 전제라고 생각한다.

---

103 같은 책, 119.
104 같은 책, 124.
105 같은 곳.
106 같은 책, 128.

1800년에 출간된 슐라이어마허의 『독백』은 한 사람이 "자신의 마음 가장 깊은 곳에서 자기 자신에게 말한 것"의 기록이고 "내적 진리"의 증언이며[107] 인간의 주체성Subjektivität에 대한 깊은 통찰을 보여 준다. 이 글은 내면을 향해 돌아선다는 것이 무엇인지 보여 줌으로써 인간의 주체성에 대한 기록의 이정표가 되었다. 그런데 이 글의 밑바탕에 교양에 대한 그의 사상이 자리해 있다. 여기서 슐라이어마허는 의도적으로 "교양의 내적인 일"das innere Werk der Bildung,[108] 나아가 "자기 교양"Selbstbildung[109]이라는 표현을 사용했을 뿐 아니라 그것을 확실하게 강조하고 있기 때문이다. 이 두 가지는 인간의 내적 자유가 전개될 때 발생한다. 슐라이어마허에게 "내적 삶"이란 "정신의 일Geistes Werk이자 자유로운 행위freie That"이며, 이로써 외적 교양과 내적 교양이 서로 맞물린다. 슐라이어마허에게 교양이란 "자기가 되면서 동시에 세계를 빚어 가는bilden 것"이다.[110]

　내면을 향한 탐색은 인간의 개성Individualität에 새로운 가치를 부여하는 것, 즉 인간을 "고유하게 빚어진 존재"[111]로 보는 견해를 동반한다. 슐라이어마허는 개성 혹은 고유성이라는 개념을 통해, 모든 사람을 균일하게 만든다는 의미에서 '평등'에 일방적으로 의미를 부여하는 데 맞서려고 한다. 그래서 그는 계몽주의가 내세우는 덕德 이론Tugendlehre과 학문 체계를 신랄하게 비판한다. 교양의 방향을 사

107　Schleiermacher, *Monologen*, 7.
108　같은 책, 42.
109　같은 책, 41.
110　같은 책, 19.
111　같은 책, 29.

회적 이익에 맞추는 것은—이것은 계몽주의 사상 중에서도 특히 실용주의의 주된 관심사다—개성의 여지를 말살하는 것이다. 슐라이어마허는 그런 흐름과는 정반대로 개성의 구체적 발현이야말로 교양의 고유한 목적이라고 주장한다. 이것이야말로 '교양과 도덕성의 고차원적 독특성'[112]이다. 이제 교양의 목적은 "모든 인간이 자기 나름의 방식으로 인류를 표현해 내는 것인데, 그 인류의 여러 가지 요소를 자기 나름대로 혼합함으로써 그렇게 하는 것이다."[113] 그래야 인간은 진실로 "신성의 산물로서, 자신의 특별한 모습과 교양교양 형성을 기뻐하는"[114] 존재가 된다는 것이다. 이렇듯 내적 교양과 개성을 강조하는 슐라이어마허의 교양 사상의 밑바탕에는 종교가 있다. 물론 이것이—슐라이어마허 자신도 밝히고 있는 것처럼[115]—『독백』에 명시적으로 언급되지는 않는다.

슐라이어마허의 교양 사상에서 또 하나의 획기적 발전을 보여 주는 중요한 작품에서는 종교적 교양을 다루고 있을 뿐 아니라 아예 그 문제를 집중적으로 조명한다. 『종교를 멸시하는 교양인을 위한 강연』*Über die Religion. Reden an die Gebildeten unter ihren Verächtern*, 1799[116] 중에서 셋째 강연은 종교적 교양교양 형성의 의미와 가능성에 대한 근본 질문을 파고든다. 이 질문은 단순히 '어떻게 하는가?'를 묻는 차원으로

---

112 같은 곳.
113 같은 책, 30.
114 같은 책, 30-31.
115 같은 책, 4를 보라.
116 Schleiermacher, *Über die Religion. Reden an die Gebildeten unter ihren Verächtern*. 『종교론』(대한기독교서회).

다룰 게 아니라, 종교와 교양을 이론적으로 성찰함으로써 책임 있게 대응해야 하는 질문이다. 이것만으로도 세대를 뛰어넘는 이 책의 중요성이 뚜렷하게 드러난다.

슐라이어마허는 종교를 '멸시하는' 사람들이 퍼붓는 비판을 이 책의 출발점으로 삼는다. 그들은 특히 종교적 교양종교 교육을 강하게 비판했다. 대표적인 예로 루소는, 어린 시절에는 모든 종교 교육을 포기해야 한다고 주장했다.[117] 이런 비판에 맞서, 슐라이어마허는 절대로 포기할 수 없는 종교의 의미를 신학이나 교회가 아니라 인간 존재 자체에서, 다시 말해 인간학적으로 규명해 냄으로써 자신의 종교론을 펼쳐 나간다. 여기서 그는 세 개의 개념을 구분한다. 하나는 이 세계에 대한 (학문적) 인식인 "형이상학"Metaphysik이다. 다른 하나는 이 세계에 대한 개입인 "도덕"Moral 혹은 도덕적 행위다. 마지막 하나는 이 세계우주에 대한 "직관과 감정"인 "종교"Religion다. 여기서 슐라이어마허는 의도적으로 인간학적 언어를 사용한다. 세 개념 모두 이 세계와 그 나름의 관계를 맺고 있으며, 그 나름의 방식으로 이 세계에 다가선다. 그러므로 세 방식 모두 근원적 의미를 갖고 있으며, 그래서—이것이 그가 말하려는 포인트다—하나가 다른 하나에 의존하지 않는다. 인간을 인간 되게 하는 핵심 요소에는 합리적 인식, 규범을 따르는 행동같이 적극적인 것이 있을 뿐 아니라, 알 수 없는 뭔가에 의해 수동적으로 건드려지는 것das passive Sich-Berühren lassen도 있다.

---

[117] 90 이하를 보라.

슐라이어마허는 이러한 인간 이해와 종교 이해를 바탕으로 종교적 교양의 권리를 주장한다. 종교 없는 교양은 불완전한 것일 수밖에 없다.

종교적 교양의 기초를 이처럼 인간학적으로 접근하면 종교적 교양을 구체적으로 적용하는 데도 그 영향이 나타난다. 슐라이어마허는 이것을 셋째 강연에서 면밀하게 파고든다. 여기서 그는 "종교의 맹아"Anlage zur Religion라는 표현을 쓴다.[118] 물론 이 용어는 오늘날 우리가 생각하는 어떤 심리학적 능력을 뜻하는 게 아니라 인간학적 특성을 가리킨다. 이것은 종교가 처음부터 인간의 가능성에 속하며, 만일 교양이 인간 전체全人와 관련된 것이라면 바로 그 가능성도 충분히 전개되어야 함을 의미한다. 그러므로 여기서 말하는 종교적 교양은 절대로 훈계Belehrung가 되어서는 안 된다. 훈계는 인간에게 생소한 관념을 쏟아붓는 일에 지나지 않는다. 슐라이어마허는 오히려 "돌봄"Pflege, 양육이라는 이미지를 선호한다. 돌봄이야말로 어린이에게 적합한 발달의 가능성을 촉진할 것이다.[119]

> 인간의 진정한 생명에 속하는 것과 그 가운데서 늘 활발하게 작용하는 충동이어야 하는 모든 것이 그 내적 조직인간이라는 유기체의 가장 내적인 곳-옮긴이에서 생겨나야 한다. 종교는 바로 이와 같은 종류의 것이다.[120]

---

118 Schleiermacher, *Reden*, 102.
119 같은 책, 107를 보라.
120 같은 책, 103.

슐라이어마허의 주장에 의하면, 종교적 교양은 결코 어린이에게 뭔가를 일방적으로 가르치거나 주입하는 것을 의미하지 않는다. 종교적 교양이란 인간 안에 이미 내재되어 있는 능력, 곧 종교적 능력을 촉진하여 그 능력이 충분히 전개되고 점점 더 자유롭게 표현될 수 있도록 하는 것이다. 이처럼 슐라이어마허는 교육학·인간학의 관점에서, 다시 말해 철저하게 인간 존재에서 출발하는 관점에서 종교적 교양의 근본 형태를 구성한다. 바로 이것이 오늘날 우리 시대까지도 강력한 영향력을 발휘하고 있다. 그의 주장은 의도적으로 신학적 논증이 아닌 다른 길을 택했기 때문에 더더욱 설득력 있다. 그렇다고 해서 그가 종교를 무조건적으로 인간으로부터 생성된 현상으로 본 것이라고 추론한다면, 그것은 슐라이어마허를 철저하게 오해한 것이다. 인간의 "맹아"소질에서 시작하는 움직임도 결국 초월적 대상을 필요로 한다. 슐라이어마허의 초기 저작에서는 이 초월자를—여기서도 의도적으로—"우주"라고 부른다. "우주는 스스로 우주의 관찰자이자 경탄하는 사람을 형성한다."[121]

슐라이어마허는 인생 후반부에 접어들어 윤리학 및 교육학 관련 저술에서 포괄적 교양 이론을 발전시켰다. 여기서 그의 이론적 출발점은 개별 인간의 교양이 아니라, 이성과 본성이 하나가 되는 포괄적 과정이다. 이런 관점에서 그의 윤리학은 "이성과 본성의 하나 됨이 안으로 강력하게 형성되고 밖으로 드넓게 퍼져 나가는 것"을 묘사한다.[122]

---

[121] 같은 책, 105.
[122] Schleiermacher, *Ethik*, 9-10.

슐라이어마허는 교육학도 이런 지평에서 보려고 한다. 교육학은 "인류의 발전"을 지향해야 하며 그렇기 때문에 "순수하게 윤리적인 대상"으로 이해되어야 한다.[123] 그래서 슐라이어마허는 이렇게 말한다. "이로써 교육의 이론은 **윤리학과 긴밀한 관계를** 맺고 있으며, 윤리학에 연결되어 있는 **기예론**Kunstlehre이다."[124]

슐라이어마허는 자신의 윤리학을 두 가지 형태로 발전시켰다. 하나는 철학적 윤리학이고 다른 하나는 기독교적 도덕론이다.[125] 여기서 우리는 슐라이어마허가 교양 사상의 기초를 윤리학에 둔 것도 종교적인 전체 맥락에서 살펴봐야 한다는 사실을 간파할 수 있다. 그 맥락은 철학적 윤리학이 아니라 기독교 도덕론에서 명시적으로 드러난다. 그러므로 교양 사상의 윤리적 지향과 종교적 근거 제시가 양자택일의 문제로 오해되어서는 안 된다.

슐라이어마허의 사상은 시대적으로는 독일 관념론의 표본이다. 헤르더와 슐라이어마허뿐만 아니라 페스탈로치, 피히테Fichte, 헤겔 같은 사상가도 당대의 위대한 교육 사조를 형성했다. 그래서 현대의 교육학도 끊임없이 그 시대를 참조하지 않을 수 없다. 물론 이것은 여전히 그 시대로부터 뭔가를 배우려는 것이 아니라, 그 사상가들을 비판적으로 탐구함으로써 오늘 우리 시대에 적합한 교육의 윤곽을 더욱 선명하게 만들기 위함이다. 이런 고전적 교육 사상 속에서 종교는 계속해서 중심 역할을 해 왔다. 페스탈로치의 경우에 종교가 인

---

123 Schleiermacher, *Vorlesungen*, 11.
124 같은 책, 12.
125 Schleiermacher, *Christliche Sittenlehre*를 보라.

간화의 동력이라면, 헤겔의 경우에는 절대 정신의 표현이다. 이런 흐름 속에서 프로테스탄티즘개신교은 교회나 신학의 영향권 아래 있는 교양 사상이 아니라—앞서 언급한 의미에서—종교적 지향을 가진 교양 사상의 터전으로 간주된다. 프로테스탄티즘은 종교 제도와의 관계에서 종교적인 개성과 주관성의 고유한 권리를 강조함으로써 철학과 교양 이론의 관점에서 종교를 충분히 활용할 수 있는 길을 열어 놓았다. 이런 프로테스탄티즘과 맥을 같이하는 교육학은 후대에도 꾸준히 지속되었다.

빌헬름 플리트너: 인격성의 핵심으로서 종교

20세기 들어서도 교육학은 교양과 종교의 관계를 끊임없이 탐색하면서 교양의 근거를 종교적 관점에서 규명하려는 시도를 지속해 왔다. 20세기 초반에 그런 역할을 탁월하게 수행한 학자로 에두아르트 슈프랑거Eduard Spranger, 1882-1963가 있다. 그는 이 시기에서 가장 영향력 있는 교육학자로 손꼽힌다. 슈프랑거는 인간의 "삶의 형태"라는 지평에서—이것은 1914/1921년 출간된 그의 첫 번째 대작의 제목이기도 하다.[126]—종교가 교양에 대해 가지는 의미, 그리고 교양의 종교적 차원을 파악하려고 했다. 더욱이 그는 1924년에 쓴 『청소년기의 심리학』Psychologie des Jugendalters에서 "청소년의 종교적 발달" 문제를 근본적으로 탐구한 바 있다.[127] 슈프랑거의 이런 노력 덕분에 교양 사상

---

[126] Spranger, *Lebensformen*을 보라.
[127] Spranger, *Psychologie des Jugendalters*를 보라.

과 종교 심리학의 새로운 관계가 구축되었다.

그런데도 내가 슈프랑거가 아니라 빌헬름 플리트너의 교양 사상을 더 자세히 다루는 것은 플리트너가 오늘 우리 시대의 관심과 접점이 많기 때문이다. 20세기 후반에 활짝 꽃을 피운 플리트너의 교양 사상은 단순히 학문 영역만이 아니라 학교 현장의 변화에 큰 영향을 주었다. 특히 독일의 대학입학자격시험Abitur 제도의 형성에 막대한 영향을 끼쳤다. 플리트너가 발전시킨 이론, 즉 교양의 근거를 확고하게 다지기 위한 이론적 모델은 오늘날 교육 현장에서 한창 중요한 이슈가 되는 국제 학생 학업 성취도 평가PISA를 이론적으로 뒷받침하는 데도 기여하고 있다.[128] 더욱이 플리트너의 연구에서는 교양의 종교적 특성과 인격적 특성이 다시 한번 뚜렷하게 부각된다.

이 지점에서 잠깐 언급하고 넘어가야 할 것이 **가톨릭 전통**에서 유래한 인격주의Personalismus다. 가톨릭의 인격주의도 종교에 뿌리를 둔 교양 사상을 지향한다고 할 수 있다.[129] 인격주의의 대표 사상가들은—예컨대 로마노 과르디니Romano Guardini, 1885-1968—교육학에서 지금까지도 주목받는다. 그러나 20세기 가톨릭 교육학은 가톨릭 교회의 울타리 너머에서도 파급력이 있는 교육 사상을 내놓지 못했다. 그들의 영향력은 플리트너의 영향력과 비교할 만한 수준이 아니다.

플리트너는 『일반 교육학』*Allgemeiner Pädagogik*, 1950에서 이미 교양의 주

---

128 뒤의 123를 보라.
129 Harth-Peter, "Religion und Bildung im Lichte des modernen Personalismus"[현대 인격주의의 빛에서 본 종교와 교양]를 보라.

제와 관련하여 종교 혹은―플리트너 자신이 직접 말한 표현으로는―신앙의 중요성을 뚜렷하게 강조한다. 여기서 플리트너는 "교육의 현상"Phänomen der Erziehung을 바라보는 다양한 고찰 방식을 구분한다.[130] 맨 처음에는 "생물학적" 고찰이 있다. 이것은 어린이와 청소년의 성장과 성숙을 그와 관련된 성인의 행동 방식과 연결하는 "인간 생물학"의 관점과 만난다. 그다음에는 "역사적·사회적 고찰 방식"이 있다. 이미 여기서도 종교적으로 중요한 관련성이 언급된다. 하나는 "유효성이 있는 것으로 경험"되는 "의미의 내용"Sinngehalt이라는 개념이고 다른 하나는 "우리를 책임 속에서 실질적으로 서로 묶어 주는" "도덕적 관계"sittliche Beziehungen다. 플리트너에 의하면, 이 두 가지는 오로지 형이상학적 접근과 신학적 접근을 통해서만 파악할 수 있다.[131] 교양을 제대로 이해하기 위해서는 초월적 실재와의 연관성이 불가피하다는 것이 그의 생각이다. 바로 여기에 인간의 자유가 달려 있다.

신실한 마음의 자유는 초월적 충만함의 감춰진 의미, 혹은 그것과의 만남에 자신을 개방한다. 그 충만함이 자신에게 계시되었음을 감지하기 때문이다. 그와는 또 다른 자유가 있는데, 이 자유는 의미의 은폐성을 겸허히 받아들이고, 나아가 인간이 동료 인간과 함께하는 삶 속에서 저 숨겨진 실재와 마주하여 참된 자기가 되고 참된 자기가 아닌 것에는 맞서면서 깨어 있고 품위 있는 존재를 끝까지 견지하는

---

130   Flitner, *Allgemeine Pädagogik*, 140를 보라.
131   같은 책, 151.

삶의 형식을 받아들이기로 다짐하는 자유다.[132]

교육의 "역사적·사회적 고찰 방식"에서 이미 초월과의 관계가 언급되었지만, 플리트너는 또 다른 고찰 방식이 필요하다고 본다. 교육은 "정신적 각성"으로 이해할 수 있기 때문이다. 여기서도 종교 전통과의 연계가 분명하게 드러난다. 플리트너는 문화적 전승의 과정을 "정신적 각성" 과정으로 파악하며, 전승의 내용은 바로 그런 과정을 통해서 생명력을 얻을 수 있다고 주장한다. 그러나 아직 교육의 네 번째 고찰 방식이 남아 있다. 종교는 여기서 비로소 무대 중앙에 서게 된다. 플리트너는 이것을 "인격적 고찰 방식"이라고 부른다. 그리고 이 방식은 "신학적이고 형이상학적인 사유"에 의존한다.[133] 여기서 플리트너가 중요하게 생각하는 것은 "양심과 신앙의 각성"이며 또한 두 가지 유형의 인간을 확실하게 구별하는 것이다. "하나의 인격으로 깨어난, 뭔가를 끊임없이 알아 가는 존재가 된 인간과 그 인격성을 아직 쟁취하지 못했거나 얻었어도 다시 상실해 버린 인간"[134]의 결정적 차이다.

플리트너의 접근 방식에서 눈에 띄는 특징이 하나 있는데, 그것은 종교가 교육 사상의 들러리나 첨가물처럼 묘사되는 것이 아니라 대체 불가한 필수 차원으로 파악되고 있다는 점이다. 종교적 차원은 인간의 인격성을 가능하게 만들고 그 인격성을 적극적으로 표현하

---

132 같은 책, 153.
133 같은 책, 160.
134 같은 책, 164.

는 것이라서 만일 그 차원을 제대로 고려하지 않는다면 온전한 교육 이해에 도달하는 것도 불가능하다. 플리트너는 이후에 교양 이론을 집중적으로 다룬 저작을 쓰면서도 교양과 종교의 관련성을 지속적으로 파고들었다. 그 작업에서 포괄적 배경이 된 것이 바로 "서구적 삶의 방식의 역사"인데, 이 역사는 "히브리적·그리스적·로마-헬레니즘적 현실 해석의 융합"으로 바라볼 때만 그 의미가 환히 열린다는 것이다.[135]

플리트너의 교양 사상을 요약해서 가장 확실하게 표현한 것이 네 개의 "입문"Initiationen 이론이다. 그는 대학 입학 자격 및 그와 관련하여 요구되는 교양의 수준을 염두에 두고 이렇게 설명한다.

> 대학에서 이루어지는 모든 학문 활동의 필수 불가결한 토대가 되기 때문에 그러한 수준의 입문 교육이 반드시 필요한 영역은 본질적으로 **네 개의 실질적 내용 영역**, 곧 기독교적 신앙의 세계, 철학적·학문적 문제의식, 정밀한 자연과학의 방법론과 기술 장악 능력, 마지막으로 현재의 정치적 세계다. 이 네 가지는 사회적인 도덕적 질서와 서로 영향을 주고받는다.[136]

이 내용을 내 언어로 요약하면 다음과 같다. 첫째, 교양은 이 세상과 역사와 자신의 실존 전체를 포괄하는 의미에 대한 물음과 관련된다.

---

135 Flitner, *Geschichte der abendländischen Lebensformen*[서구적 삶의 방식의 역사], 11.
136 Flitner, *Hochschulreife und Gymnasium*[대학 입학 자격과 인문계 고등학교], 59.

둘째, 교양은 학문적 교양의 한 형태로서, 다른 것과의 관계 속에서 학문의 한계를 고려하며 자신을 성찰할 줄 아는 능력이다. 셋째, 교양은 자연과학적·기술적 교양이다. 그러나 고립된 방식으로 작동하지 않고—넷째—항상 정치적·윤리적 교양과 결합된다.

이런 교양 이해에서 종교적인, 특히 기독교적인 신앙의 세계는 핵심 역할을 한다. 플리트너는 그것을 "서구 유럽 문명"의 표현으로 보는데, 물론 이것은 단순히 역사적 실상만을 의미하지 않는다. 오히려 의도적인 교육학적 해석으로서 "인격적 문화"personale Kultur라는 특성을 지닌다.[137] 여기서 기독교는 결코 포기할 수 없는 교양의 내용이며 서구 문화사의 본질적 유산이다. 기독교를 포함해 종교라는 차원이 빠져 버린다면 교양과 교육은 온전히 이해될 수 없다.

플리트너의 이러한 진단이 오늘날까지도 얼마나 큰 영향을 미치고 있는지를 잘 보여 주는 대표적인 사례가 위르겐 바우메르트Jürgen Baumert의 연구다. 그는 국제 학생 학업 성취도 평가PISA의 사상적 기초가 될 만한 교양 사상을 계발하는 과정에서 의식적으로 플리트너의 "입문" 이론을 붙잡는다.[138] 바우메르트는 플리트너가 제시한 "입문"에 착안하여 "세계와 만나는 양태"Modi der Weltbegegnung라는 개념을 만들어 낸다. "방향을 잡는 데 기준이 되는 지식"이라는 말을 쓰기도 한다.

---

137 Flitner, *Geschichte der abendländischen Lebensformen*, 11.
138 Baumert, "Deutschland im internationalen Bildungsvergleich"[국제적인 교양 비교와 독일], 107를 보라.

- "인지적이고 도구적으로 세상을 조형하기"
- "미학적이고 표현적으로 만나고 형성하기"
- "규범적이고 평가적으로 경제 및 사회와 마주하기"
- "본질적인구성적인 합리성"—여기에는 철학 외에도 종교가 속한다.[139]

바우메르트는 "합리성의 다양한 형태"가 "제각각 세계 이해의 독자적 지평"을 열어 주며, 각각의 형태는 다른 형태와 교환될 수 없다고 확신한다.[140] 예컨대, 세계와 만나는 하나의 양태인 종교적 양태는 교양 전체의 온전한 구성을 위해 결코 포기될 수 없다.

현대 교육학에서 종교를 교양의 중요한 지평이자 내용으로 인정하는 또 한 명의 대표 학자는 디트리히 벤너Dietrich Benner다. 벤너도 종교가 인간으로 존재하는 데 반드시 필요한 인간학적 차원이라는 사실을 확신한다. 그는 종교가 인간됨의 중요한 "실천 형태"Praxisformen이기 때문에 종교를 제대로 고려하지 않고서는 온전한 교양 사상이 나올 수 없다고 본다.[141] 그는 신뢰할 만한 모든 교육 사상과 교양 사상은 인간과 이 세계의 근원적 본질에 대한 사유에 기반한다는 사실을 명확하게 서술한다. 벤너는 교양의 목표를 제시할 때 그 근거를 제대로 밝히기 위해 이런 작업을 거치지 않을 수 없다고 생각한다. 벤너의 교육학은 신학적으로도 대단히 흥미로운데, 이

---

[139] 같은 글, 113.
[140] 같은 글, 107.
[141] "Benner, Allgemeine Pädagogik," 25 이하, 122 이하를 보라.

와 관련해서는 3장에서 더 자세히 다루려 한다.¹⁴²

노르베르트 리켄: "사목 권력"(푸코)의 지평에서 자기의 통제

현대 교육학에서는 인격성의 발달에서 교양이 차지하는 의미를 긍정적으로만 보지는 않는다. 인간이 교양을 통해 성숙한 주체가 되어야 한다는 사실은 전혀 문제가 되지 않는다. 그러나 교양 개념에 집중하는 교육학적 실천이 실제로 그 목표에 이를 수 있는지가 의심스러운 것이다.

이러한 의혹을 본격적으로 표출한 교양 이론가로 독일의 교육학자이자 정치가였던 하인츠-요아힘 하이도른Heinz-Joachim Heydorn, 1916-1974이 있다. 그는 사회 비판적 분석에 입각하여, 억압적 사회 구조는—그 당시의 용어를 쓰자면 자본주의에 물든 계급 사회는—비판적 주체의 형성을 허용하지 않는다고 지적한다.¹⁴³ 특히 학교 현장에서 교양이라는 이름으로 진행되는 교육 행위는 결국 그런 억압과 부자유를 심화하고 강화하는 방향으로 흐를 수밖에 없다고 말한다.

이런 이유에서 교양을 비판적으로 보는 분위기는 1960-1970년대에 크게 유행했는데 최근 다시 주목받으면서 그 극단적 주장이 꾸준하게 이어지고 있다. 게다가 이제는 이전처럼 자본주의 사회 체계만 비판하지 않고 현대 문명 전체를 근본적으로 문제 삼는다. 이런 근본적 비판의 주요 진원지는 프랑스의 철학자 미셸 푸코Michel

---

142 뒤의 156 이하를 보라.
143 Heydorn, *Ungleichheit für alle*[모든 사람을 위한 불평등]를 보라.

Foucault, 1926-1984의 저작이다. 그는 근대 정신병원, 처벌, 감옥의 발전에 대한 유명한 연구를 통해 권력의 작동 방식에 대한 보편 이론을 구축했다.[144] 푸코는 사회적 권력을 단순히 한 개인이나 지배 계급이 다수의 다른 사람이나 다른 계급을 무자비하게 억압하는 힘으로 이해하지 않는다. 푸코에게도 권력은 억압이지만, 구체적인 사람이 등장하지 않은 채 작동한다. 오히려 문제는 사회 구조다. 인간성과 자유를 약속하지만, 실제로는 사람들을 영구적 감시 체계 속으로 몰아넣어 끊임없이 자기 통제를 유도하고 있는 사회 구조에서 권력이 나온다는 것이다. 예컨대 근대의 형무소는 끔찍한 고문을 동반했던 과거의 처벌 방식을 폐기했지만, 여전히 그 안에서는 비인간적인 감시와 통제가 지속된다. 그런 과정이 추구하고 요구하는 개선의 양태라는 것은 결국 사회적 통제를 내면화하는 것에 불과하다. 여기서 아주 중요한 역할을 하는 것이 푸코가 말하는 "사목 권력"pastoralmacht이다.[145] 푸코의 표현은 교회에 널리 퍼져 있는 목자와 양의 이미지, 혹은 사제와 신자의 이미지에서 온 것이다. 이 관계에서 일어나는 권력의 실행은 목자와 양이 공유하는 의식, 즉 "관리들 행위들의 관리"Führung der Führungen가 필요하다는 의식에 기초한다. 사목 권력의 모델 안에서 자신을 적절하게 관리할 수 있으려면 한 단계 높은 차원의 관리 기관이 필요한데, 그것이 바로 "관리들의 관리"라는 것이다.

---

144 Foucault, *Überwachen und Strafe; Wahnsinn und Gesellschaft*를 보라. 『감시와 처벌』 (나남).
145 Steimkamp, *Die sanfte Macht der Hirten*[목자의 부드러운 권력]을 보라.

오늘날 교육학에서는 푸코의 이론을 진지하게 받아들이고 있다. 독일 보훔 대학교 교육학과 교수 노르베르트 리켄Norbert Ricken은 푸코의 이론에 기대어 교양 이론을 체계적으로 비판하면서, 역시 푸코의 저작을 연상시키는 『교양의 질서』Ordnung der Bildung라는 책을 출간했다푸코가 1971년 출간한 책의 제목은 『담론의 질서』L'ordre du discours다—옮긴이. 지금부터는 리켄의 이 책을 주로 인용하려 한다. 리켄은 "교양을 개인 형성Formation을 통한 사회 변혁Transformation, 즉 '관리들의 관리'푸코의 특별한 형태로 읽어 낼 수 있음"[146]을 보여 주려고 한다. 그는 이를 "권력 이론에 의한 교양의 해체"라고 일컫는다.[147] 다른 식으로 표현하면, "교양과 권력 사이의 관계", 그것도 아주 본질적인 관계가 존재한다는 사실이 밝혀져야 한다는 것이다.[148] 교양 개념 자체가 자기를 다루는 방식, 특히 자기 통제의 형태로 이루어지는 그 메커니즘을 지시하고 있기 때문이다. 아니, 단순히 지시하는 것이 아니라 그 메커니즘 속으로 집어넣는다.[149] 리켄은 이런 주장을 아주 난해한 문장으로 전개한다.

> 만일 '교양이라는 신화'Mythos der Bildung가…단순히 잊을 만하면 또다시 반복되기만 하는 것이 되지 않아야 한다면, '교양의 이념' 속에도 내재되어 있는 권력을 스스로 생각하는 법을 배우는 것이 중요하

---

[146] Ricken, *Ordnung der Bildung*, 25.
[147] 같은 곳.
[148] 같은 책, 160.
[149] 같은 책, 190-191를 보라.

며, 그 권력을 자꾸만 외부 어딘가에 위치시키려고 해서는 안 된다.…
그래서 한편으로 '교양'은 이론적으로 여전히 추상적 상태로 남아 있
는 현대의 '주체 인간학'Anthropologie des Subjekts, 핵심어는 '자율성'을 전
파하고 관철할 수 있는 '도구'이자 그것의 '총괄 개념'으로 볼 수 있다.
교양은 주체 인간학이 구체적으로 구현되는 것을 받아들일 뿐만 아
니라—다른 한편으로—그것을 실천적으로 더욱 충분히 조형해 내고
그것을 '실천적 인간학'으로 제도화한다. 그렇게 되면 인간의 '인생 관
리'Lebensführung는 결국—그리고 어쩔 수 없이—하필이면 '온전함을
위해 꼭 필요한' '관리들의 관리'푸코의 지배 아래 들어간다. 이로써
현대 교육학 전체는, 특히 '교양'이라는 형체는 세속화된 사목 권력의
핵심 특징으로 이해될 수 있다. 이것의 생산성과 효율성은 외부의 힘
과 강압을 떨쳐내고 인간이 자기 삶의 관리에 스스로 손을 대고 스
스로 빚어 나가되 그것을 못 알아보게 만들고 '누군가를 대신하여
염려'하는 모양으로 보이게 하는 것이다.[150]

리켄에 의하면, 교양은 결코 그 자체로 자유롭거나 주체적이지 않다.
푸코가 서술하듯, 없는 곳 없이 스며들어 있는 현대 권력의 맥락에
교양도 이미 포함되어 있다. 특히 교양은 기독교 전통으로부터 물려
받은 죄의 경험, 참회, 자기 규율의 형식을 세속화된 사회의 전제 아
래 모방하고 계승한다. 그러나 그 형태는 현대 사회의 관점을 채택하
기에 "기독교 교리에 기초하여 사목 행위로 구현되는 '관리들의 관

---

[150] 같은 책, 212.

리'의 전통적 구조로부터 인간을 해방시키지만, 그와 동시에 그와 똑같은, 물론 전적으로 인간학적인 기초를 가지고 교육학적으로 구현되는 새로운 관리의 틀 속에 집어넣는다."[151] 리켄은 이를 다음과 같이 요약한다.

> '교양'은 개인을 자기 자신의 주체로 구성한다. 계속해서 규정되지 않은 상태에서 자기 혼자의 힘으로 앞날을 헤쳐 나가야 하는 개인은 자기 자신과 관련하여, 자기 자신으로서 자기를 펼치고 자기의 형체를 만들어 감으로써, 자기 자신을 생산해 내지 않으면 안 된다. 비록 '교양'이 대부분 자기-교양_{자기-형성}Selbst-Bildung으로…해독되었지만, 교양은 애초부터 '관리들의 관리'의 사목적 형태와 결부되어 있었으며, 그런 형태는 명시적으로 그와 연관된 사람들의 '온전함_{구원}을 위해'―지금은 교육적으로―합법화될 수 있었다.[152]

권력 이론에 기초하여 교양 개념의 해체를 말하는 입장에 내재된 문제도 최근 들어 명확하게 드러났다. 현대인이 처한 불행한 운명은 너무나 인상 깊게 묘사되었지만 거기서 빠져나올 길도 전혀 보이지 않는다는 점이다. 그들의 주장에 따르면, 현대 사회는 그 자체로 거대한 감시 체제이며 그 안에서는 자기 통제가 너무나 완전하게 작동하기 때문에 별도의 인간적 감시자가 전혀 필요하지 않다. 교육학적

---

151 같은 책, 248.
152 같은 책, 339.

으로 봤을 때, 이런 견해는 일단 미묘한 형태로 작동하는 권력의 메커니즘을 예리하게 간파할 수 있게 해 준다는 점에서 중요한 의미가 있다. 그러나 교육 행위의 권력적 성격이 너무나 불가피하다는 사실 앞에서 냉소주의에 빠질 수도 있다. 최소한 다른 대안이 보이지 않는다는 점에서 냉소적이라고 할 수 있다.

리켄의 글에서도 해체주의적 교양 인식이 가지고 있는 딜레마가 또렷하게 드러난다. 리켄 자신도 이 문제를 인식한다. 엄청난 분량에 달하는 책 마지막 부분에 가서야 그는 교양과 권력의 불행한 관계를 넘어설 수 있는 교육의 가능성을 묻는다. 예컨대, 리켄은 인격적 정체성에 대한 새로운 이해를 가능하게 만들 수 있는 순간, 즉 "중심으로부터 해체·탈출의 순간"Moment der De- und Exzentrik을 언급하기는 하지만 이와 관련한 논의를 더 개진하지는 못한다.[153] 이 표현은 수많은 교양 이론에서 제외되어 있는 경험, 예컨대 "자기 포기와 자기 소진"의 경험, 나아가 "인간적인 실존의 구조에 속할 수밖에 없는 실패"[154]의 경험에도 개방되어 있는 인생관, 그런 인격성에 대한 이해를 의미한다.

우리의 논의와 관련하여 특히 흥미로운 것은, 리켄이 전개하고 있는 탈구성주의 교양 이론이 확실하게 종교적 혹은 신학적 배경에서 전개된다는 사실이다. 일단 그가 명백하게 교회적 뿌리를 가지고 있는 푸코의 "사목 권력" 개념을 차용했다는 점에서도 알 수 있지만,

---

[153] 같은 책, 346.
[154] 같은 곳.

그 외에도 여기서 일일이 짚고 넘어갈 수 없는 리켄의 독특한 시도가 있다. 그것은 현대 교양 사상의 발전을 창조 신앙의 배경에서, 그리고 그것을 대체한 현대적인 관념의 배경에서 파악하려고 한 것이다.[155] 어쩌면 가장 중요한 것은 그가 아직까지 충분하게 발전시키지 못한 이론, 즉 인간됨의 새로운 중심을 인간의 자기 바깥에서 찾아야 한다는 암시일 것이다. 그는 권력의 저주를 넘어설 수 있는 유일한 희망의 불씨를 여기서 보는 것 같다. 그의 이러한 암시는 교양 사상의 역사 속에서 전혀 다른 언어로 표현된 관계, 즉 인격성과 신앙의 관계를 생각나게 한다. 신앙은 인간에게 초월적 관계의 지평을 가리켜 보여 준다.

이 주제는 다시 한번 다룰 것이다. 그러나 지금은 오늘날 교양과 종교의 관계를 새로이—그러나 문제없지는 않은 방식으로—주목하게 만든 또 하나의 영역을 살펴보려고 한다.

종교-세계관의 다원성과 교양: 새로운 도전

지금까지 우리가 살펴본 역사적 내용은 독일과 유럽에서 기독교 전통이 교양 사상의 발전에 얼마나 깊은 영향을 남겼는지를 돌아볼 수 있게 했다. 너무나 오랫동안 기독교 전통에 필적할 만한 다른 대안은 없어 보였다. 19세기와 20세기, 교양에 대한 비종교적 접근이 예컨대 물질주의, 실용주의, 진화론의 이름으로 확산되었지만, 이런 경우에도 기독교는 비판적으로 맞붙어 싸울 만한 유일무이한 상대

---

155 같은 책, 214 이하를 보라.

였다. 20세기 후반에 들어서면서, 특히 빌헬름 플리트너가 주도한 시도, 즉 교양 사상의 뿌리를 명시적으로 '서구' 전통에서 구축하려던 시도는 실제로 하나의 위기 상황으로 이해될 수 있었는데, 이는 그런 시도 자체가 이미 서구 전통의 주도권이 의심스러워진 것에 대한 반응으로 볼 수 있기 때문이다. 그러나 이런 시도는 결과적으로 다시 한번 교양의 사상적 근거를 기독교적으로 규명하는 쪽으로 흘러갔다. 기독교는 교양 사상이 인간학적 근거를 발견하는 사상적 지평으로 남아 있었다.

하지만 지금 우리가 살고 있는 시대의 종교적 상황은 그때와는 근본적으로 달라진 모습을 보여 준다. 다문화성을 넘어 다종교성이 이 시대의 당연한 전제가 되었다. 그와 동시에 개신교든 가톨릭이든 어느 종파에도 속하지 않는 사람의 수가 급격히 늘어나면서 비종교적 세계관의 비중이 상당히 커졌고 교육 현장에서는 이러한 변화를 진지하게 고려하지 않을 수 없게 되었다. 이제 비종교적 세계관은 더 이상 소수의 지식인, 예컨대 철학하는 사람들에게만 제한되지 않는다.

그 사이 우리 사회에서 종교-세계관의 다양성은 노골적으로 저항에 부딪히고 있다. 가장 대표적인 것이 근본주의 움직임이다. 근본주의 성향을 지닌 사람의 수가 제한적이라고는 하지만, 그들의 움직임은 실제로 우리 사회 전반에서 심각한 문제로 인식되고 있다. 그런데 근본주의 외에도 다른 이슈, 예컨대 '주도적 독일 문화'에 대한 논쟁—독일로 들어온 이주민들이 '전형적인 독일 문화'에 적응해야 한다는 정치적 기대를 둘러싼 논쟁—만 보더라도 다문화성과 다종교성의 수용이 모든 경우에 전제되는 것은 아님을 알 수 있다. 이런 상황에 직면해 우리는 중요한 질문을 던지게 된다. 서로 인정하고 존중하는 가운데 평화와 관용 속에서 공존하는 가능성을 교육학적으로 어떻게 준비할 수 있는가?

교육학에서는 이런 종교-세계관의 다양성과 마주할 때, 교양 사상의 장구한 인간학적·역사철학적 연구를 그냥 외면해 버리는 경향이 눈에 띈다. 특정 신앙 공동체의 구성원이거나 특정 종교 전통에 의무적으로 남아 있는 사람들만이 여전히 묶여 있는 족쇄에서 벗어나야 한다고 생각한다. 그러나 교육학에서는 인간 존재의 본질에 대한 물음, 인간의 근원적 특성에 대한 물음이 불가피한데, 그런 식으로 입장을 확정해 버릴 경우 그 주제를 어떻게 진지하게 다룰 수 있는지 명확한 답이 나오지 않는다. 한 걸음 더 나아가, 모든 종교적·세계관적 관점에서 거리를 두는 교육학이 우리가 사는 세상에서 예나 지금이나—물론 다원적 형태로 나타나기는 하지만—특정 종교와 세계관을 기초로 인생의 방향을 잡아 나가려는 사람들과 어떻게 생산적 관계를 맺을 수 있는지도 명확하지 않다.

내가 선호하는 대안은, 종교-세계관의 다양성 앞에서 자신을 세속적 관점 속에 가두고 그 어떤 종교나 세계관과도 거리를 두는 중립적 입장을 유지하는 게 아니라, 교양 사상의 종교적 전제가 종교와 세계관의 다양성으로 인해 오히려 더 흥미로운 것, 중요한 것이 되었음을 제대로 인식하는 데서 시작한다. 종교적 전제가 오늘날에는 더 이상 당연하지 않고 유일한 하나의 종교만 있는 상황도 아니라서, 그 종교적 전제를 명확하게 해명할 필요성이 더욱 생겨났다. 이런 해명의 가능성은 종교적 전제가 의심스러워진 상황에서 나왔다고 볼 수 있다. 종교적 전제가 자명한 것이었을 때, 다시 말해 더 깊이 의심할 필요가 없는 당연한 전제 조건이었을 때는, 그 전제가 언제나 배경으로 있으면서 모든 교육학적 사유를 효과적으로 규정하는 힘을 발휘할 수 있었다. 그러나 그렇게 의심할 여지가 없는 상황에서는 그 전제를 파악하기가 어려웠다. 그런데 지금은 다른 종교와 아슬아슬한 관계가 이루어짐으로써 오히려 그 전제가 더 또렷하게 드러난다. 한 종교가 지닌 특징은 다른 종교와 비교함으로써 더욱 정교하게 파악하고 서술하며 비판할 수 있게 된다. 만일 어떤 종교적 전제가 그런 비판을 이겨 낼 수 있다면, 교육학적으로 그것을 충분히 긍정하고 활용할 수도 있다. 예컨대, 교육학에서는 관용 정신의 종교적 뿌리를—우리는 3장에서 이 주제를 상세하게 다룰 것이다—무시하고 그런 정신을 스스로 만들어 냈다고 여겨서는 안 된다. 교육학에서는 관용 정신의 종교적 뿌리를 최소한 하나의 가능성으로 소개하면서 관용의 종교적 특성을 인정하고 그에 기초해 관용 교육 모델을 만들 수 있다. 종교적으로 다원화된 사회에서 삶의 주요한 가치 근거를 어떻게 제시할지 탐구하는 사회학 연구도 비슷한 방향을 가리킨다.[156]

교육학의 입장에서 종교라는 주제를 탐색할 때 항상 두드러지는 것은, 특히 독일의 교양 전통에서 유대교가 막대한 영향을 미치며 역할을 했다는 사실이다. 무엇보다도 모제스 멘델스존, 마르틴 부버

---

[156] Joas, *Sakralität*, 251 이하를 보라.

Martin Buber, 프란츠 로젠츠바이크Franz Rosenzweig 같은 유대인 철학자, 교양 이론가의 작품은 교육학에서 폭넓게 수용되었다. 독일에서 특히 19세기와 21세기 초반까지 수많은 유대인 교육 기관, 교양 기관이―국가사회주의에 의해 폐쇄되기 전까지―존재했다. 유대교 교육 사상에 대한 더욱 정밀한 연구가 최근 들어 다시금 활기를 띠기 시작했는데, 이런 연구는 교양과 종교의 관계라는 측면에서도 관심을 끌고 있다.

우리 시대의 종교-세계관의 다양성은 다양한 종교의 대표자로 하여금 자기 종교의 독특한 교양 사상을 발굴하려는 마음을 불러일으키는 계기가 된다. 이로써 그 다양성과 결부된 차이의 경험에 대한 학문적 관심과 연구가 이루어진다. 예컨대 이슬람교의 교양 이론에 대한 연구가 이미 진행되었고 독일어로도 관련 자료가 출간되었다.[157] 거의 동시에 기독교의 교양에 대한 연구도 새롭게 활기를 띠기 시작한 것은 결코 우연이 아니다. 최근 들어, 종교 교육의 여러 주제 및 교양과 관련한 문제를 유대교, 기독교, 이슬람교와 대화하는 가운데 해명하려는 시도가 생겨난 것도 고무적인 일이다.[158]

이와 비슷한 출판 작업을 통해 교육학적으로도 유익한 비교 연구가 가능해질 것이다. 예컨대, 어떤 (종교) 공동체에 소속해 거기서 긴밀한 관계를 맺으며 생활하는 사람과 그렇지 않은 사람은 인격 혹은 개성에 대해 얼마나 다른 견해를 갖게 되는지를 연구해 볼 수도

---

157 예컨대 Behr, *Islamische Bildungslehre*[이슬람교 교양론]를 보라.
158 예컨대 Behr/Krochmalnik/Schröder (Hg.), *Der andere Abraham*[다른 아브라함]을 보라.

있다. 각각의 종교에서 가르침과 배움에 대해 얼마나 상이한 관점을 가지고 있는지, 관용 정신의 근거는 어디서 찾는지도 비교해 볼 수 있다. 이런 모든 관점에서 볼 때 공동 연구 프로젝트는 대단히 의미 있는 작업이 될 것이다. 대화를 지향하는 신학과 교육학의 입장에서 그런 작업은 당연히 큰 도움이 될 것이다.

마지막으로 다종교성은 단순히 교양 사상의 근거를 찾는 맥락에서만 중요한 주제가 아니라 구체적으로 교양의 과제를 수행해 나가기 위해 반드시 고려해야 할 상황이다. 그래서 종교교육학에서는 '다문화 상호 배움'interkulturelles Lernen이라는 개념을 한 단계 발전시키고 그것을 의도적으로 다종교적 상황에 적용시킨 '다종교 상호 배움'interreligiöses Lernen을 추진한다.[159] 3장의 마지막 부분에서는 다종교 상호 교양이라는 주제를 집중해서 파고들며 다원성 능력 Pluralitätsfähigkeit을 교양의 목표로 구성하는 문제를 논할 것이다.

---

[159] Schweitzer, *Interreligiöse Bildung*[간종교적 교양]을 보라.

3장

조직적 맥락

앞 장에서는 역사적 흐름을 우리 눈앞에 펼쳐 보여 주었다. 그 흐름 속에서 상당히 놀라운 사실과 마주하게 되었는데, 바로 교양 개념은 역사적 뿌리를 거슬러 올라갔을 때만 종교적 전제와 만나는 게 아니라 이후의 발전 과정에서도 계속해서 종교적 맥락과 연결된다는 사실이다. 적어도 교양 개념의 역사에서 가장 본질적인 차원에서는 이것이 틀림없는 사실이다. 게다가 교양 철학의 수많은 대표자를 봐도 이 사실을 뚜렷하게 알아볼 수 있다. 비록 드러나지는 않지만 그들의 주장은 종교적 특징을 지니고 있을 뿐 아니라 그들은 신학적 주장과 대결하면서 그들 나름의 교양 사상을 발전시키기도 했다. 또 하나 기억해야 할 것은, 교양과 종교의 연결 고리는 교양 개념의 발생 이전으로 거슬러 올라간다는 사실이다. 비교적 후대에 생겨난 교양 개념과 충분히 연결될 수 있는 역사적 내용은 이미 구약성경 안에서 찾아낼 수 있다. 그러므로 교양 사상의 근원을 찾아가다 보면 성경의 창조 신앙과 만나게 된다는 주장도 상당히 설득력 있다.

이후의 역사 속에서도 교양과 종교는 오랫동안 서로 긴밀한 관계를 유지했으며 오늘날까지도 역사적 흔적을 찾아볼 수 있다. 적어도 이런 관점에서 교양은 신학의 주제가 된다. 그러나 이 말은 교양을 이해하는 데 별도의 신학적 해석을 추가해야 한다는 뜻이 아니다. 오히려 신학적 해석이 교양 사상 안에 이미 내포되어 있다는 뜻이다. 그러므로 그 해석을 분명하게 드러내고 계속해서 규명하면서 비판적으로 대화하는 것은 의미 있는 일이다.

물론 역사적 맥락이 밝혀졌다고 해서 그 맥락이 역사적 가치를 넘어 현재와 미래에도 결정적 역할을 해야 한다는 의미는 결코 아니다. 오히려 우리는 근대와 계몽의 기본 전제를 의식하면서 하나의 규범, 하나의 원리, 혹은 아주 일반적으로 하나의 견해가 생겨나거나 발견되는 맥락과 그것이 입증되는 맥락을 확실하게 구분할 필요가 있다. 오늘날에도 부분적으로는 역사적 발생의 맥락이 다시금 고유한 가치를 인정받고 있으며, 한스 요아스Hans Joas 같은 사회학자는 한 걸음 더 나아가 인권 사상 "확언의 계보학"이라는 표현까지 쓴다.¹ 그러나 그런 주장에 대한 반론도 만만치 않다. 잘못된 사상도 오랜 역사를 자랑하는 경우가 많기 때문이다. 기나긴 세월을 헤치고 나왔다고 해서 비非진리가 진리가 될 수는 없다. 어떤 원리의 유효성은 언제나 마땅히 새롭게 검토해야 한다. 우리의 경우는 교양과 종교의 연관성이 지금도 여전히 우리에게 의미 있는지 확실하게 점검해 보려는 자세가 중요하다. 이것이 3장에서 조직적 맥락을 파고드는 이유다. 우리는 지금까지 살펴본 역사적 자료가 오늘 우리의 현재와 미래에도 계속해서 의미 있는 것이 될 수 있는지 규명하려고 한다.

이 책 3장은 하나의 가설과 비판적으로 씨름하는 부분이라고 말할 수 있다. 그 가설은 일차적으로 이렇게 정리할 수 있다. 교양과 종교의 관계는 역사적으로 얼마든지 확인되는 사실이지만, 그것을 넘어서 현재와 미래를 위한 중요한 질문과 성찰의 지평을 열어 주는데, 만일 이러한 지평이 충분히 고려되지 않는다면 교양의 풍부한 내용을 다 담아냄으로써 미래에도 도움이 될 수 있는 교양 사상이 나올 수 없다. 그리고 그 지평은 필연적으로 종교적 차원을 내포한다. 여

1　Joas, *Sakralität der Person*[인격의 성스러움], 147 이하를 보라.

기서 종교적 차원을 내포한다는 말은, 교양 사상의 내용을 구성하는 중요한 질문을 제기할 때 종교적 대답이 최소한 하나의 가능성으로 진지하게 고려된다는 뜻이다. 물론 이것은 종교적으로 충분한 성찰을 거친 교양 사상이라도 최종적으로는 그것을 거부하는 결정이 얼마든지 가능하다는 사실을 염두에 둔다.

지금부터 우리가 추구하는 방향도 교양을 '원래는 신학적인 것'이라고 부르면서 교양 사상을 신학의 소유물처럼 취급하는 것과는 거리가 멀다. 우리가 원하는 것은 차라리 소박한 편이다. 즉, 우리가 교양을 이해할 때 불가피하게 포함되는 종교적 차원을 잘 드러내는 것이며, 이것이 의미 있는 작업이 되기 위해서는 그 종교적 차원에 대한 신학적 해명을 수행해야 한다. 그 과정에서 교양 과정 전체를 주시하면서 동시에 특별히 종교적 교양의 문제를 함께 고민하려고 한다.

지금부터 다루게 될 내용에서는 대부분 2장에서 이미 서술한 문제를 ─ 다른 관점에서 ─ 파고들 것이다. 너무 많은 각주가 달리는 일을 피하기 위해 2장에서 언급된 책은 각주를 과감하게 생략하고 직접 인용하는 경우에만 표시할 것이다. 지금부터 전개되는 내용에서는 자연스럽게 조직신학이 주도적 역할을 한다. 그래서 이후의 글에서 특별히 큰 도움이 된 저작들만 미리 밝혀 놓으려고 한다.[2]

---

[2] 더 자세한 내용은 특별히 Hammelsbeck, *Glaube und Bildung*[신앙과 교양]; Barth, *Evangelium*[복음], Schwöbel, "Bildung"[교양], Korsch, "Bildung und Glaube"[교양과 신앙], Korsch, "Religion"[종교]을 보라.

1. 오늘날 교양을 어떻게 논할 것인가
: 계몽의 관점, 세속의 관점이 유일한가?

오늘날 사람들이 교양의 종교적 맥락을 제대로 감지하지 못하는 원인은 크게 두 가지다. 하나는 교양과 관련하여 특히 경제적 가치가 최우선 가치로 자리매김했기 때문이다. 다른 모든 가치와 기대는 그 뒤로 밀려난다. 그런 다음에는 종교적 연관성에서 완전히 벗어난 교양이야말로 계몽된 교양이라는 의식이 다층적으로 서서히 퍼져 나간다.

경제적 필요를 추구하는 교양(실용주의)

요즘은 교양 개념에서 종교적 색채를 전혀 느낄 수 없다. 대중 매체에서도, 공공 영역에서도, 심지어 학문 영역에서도 그렇다. 교양이란 어떤 것이며, 어떤 것이 되어야 하는가? 이 물음에 대한 대답은 특히 경제와 기술 분야에서, 혹은 일반적으로 한 사회에서 꼭 필요로 하는 것이 무엇인지를 판단하는 데서 나온다. 예컨대 교양은 국제적 경쟁 속에서 '독일의 위상'을 확고하게 만드는 데 이바지해야 한다고 말한다. 이때는 윤리적 실용주의, 즉 이익 윤리에서 그러하듯 '뭐가 이익이 되는가?'만을 묻는다. 그런 관심사를 넘어서는 고민은 사람들의 필요를 채우지 못하는 것, 쓸데없는 것, 불필요한 것으로 간주된다.

이런 단순한 교양 사상은 신학 전통은 말할 것도 없고 교육학 전통에서 오늘날까지 형성되어 온 모든 기대 조건에 형편없이 못 미친다. 그것은 때때로 '원시적' 교육 사상이라고 불리는 상태로 퇴보함을 의미한다. 이런 교양 사상은 '앞으로 교양이 어떤 모습이어야 하느냐?'라는 질문에 대한 답으로는 너무 단순하고 그야말로 '원시적'이기 때문이다. 한 걸음 더 나아가 우리가 인간의 교양을 생각할 때 반드시 던져야 할 수많은 질문을 그냥 건너뛰거나 덮어 버리려는 태도다. 예컨대, 인간성Humanität에 대한 주제를 생각해 보자. 적어도 헤르더 이후의 교육 철학에서는 언제나 이 주제 앞에 서서, 과연 인간이란 어떤 존재인지, 어떤 존재가 되어야 하는지를 질문하고 고민해 왔다. 그런데 지금은 이것을 마치 거추장스러운 짐처럼 여겨 내다 버리려고 한다. 교양은 미래를 위한 것이어야 하므로 이제는 더 이상 그런 물음으로 스스로를 부담스럽게 해서는 안 된다고 주장하는 것이다.

이런 식의 견해는—사실 단순한 생각이나 주장을 넘어서는 그 이상을 보여 주지 못할 때가 많은데—교양 실용주의Bildungsutilitarismus라고 할 수 있다. 이런 견해를 따르는 사람들을 보면 상대주의적 태도가 두드러진다. 교양을 더 높은 차원에서 규정하려는 시도는 하나같이 쓸데없는 일로 간주된다. 그런 시도를 모두 자의적인 것, 그러므로 아무 근거 없는 것으로 취급하니까 그럴 수 있는 것이다. 물론 그들이 이런 실용주의적이고 상대주의적인 견해를 견지하느라 치러야 할 대가는 크다. 한 사회가 그저 아무 문제 없이 굴러가는 것 너머를 보게 해 주는 모든 질문에 대한 상대주의는 결국 사회 전체에 대한 상대주의가 된다. 오로지 기술적이고 경제적인 요구만이 인간 세상의 절대 원칙이 된다. 그런 식의 공존은 예컨대 '인권'이라는 이름으로 정리된 기본적 요구라 할지라도 그것을 반드시 따라야 한다고 생각하지 않는다. 유엔 인권 선언은 제일 먼저 나오는 제1조에서부터 예컨대 인간의 '존엄'을 선언한다. 제26조에서는 "모든 사람에게는 교육을 받을 권리교양의 권리Recht auf Bildung가 있다"고 확실히 밝힌다. 그러므로 인간의 존엄과 교양은 항상 긴밀하게 상호 연결된 것으로 생각해야 한다.

그러므로 오로지 기술적이고 경제적인 요구에 기초한 교양 사상이라면 결코 오래 지속될 수 없다. 그 사상적 전제가 고스란히 드러나면―교육학의 영역이든 신학의 영역이든―대대적으로 반대에 부딪히게 된다. 그러자 좀 더 치밀한 논거로 재무장한 실용주의가 등장한다. 이것은 이윤의 극대화를 철학적·윤리적으로 옹호하려는 흐름이다. 그에 따르면, 모든 교양의 척도는―조금씩 입장의 차이는 있지만―개인 혹은 사회 집단의 최대 이익이 된다. 교양 사상의 역사를 살펴보면, 이런 실용주의적 견해는 이미 오래전부터 존재했으며, 근대의 교양 개념은 바로 이런 견해와의 대결 속에서 발전해 왔음을 알 수 있다.[3] 교양 사상의 고전주의 시대라 할 수 있는 1800년 어간의 교양 이론이 여러 면에서 증명해 낸 것처럼, 실용주의적 교양 이해는 결정적인 면에서―개성의 활발한 전개, 다양한 형태의 미적 교육, 공존의 방식에 대한 심오한 윤리적 통찰, 종교적 지평 등에서―함량 미달이다. 실용주의적 교양 사상은 인간다움의 요구에 그다지 신경 쓰지 않는 경제 성장 논리를 고스란히 받아들인다.

교양 실용주의는 정교한 이론의 옷을 입고 나타나기도 한다. 그러나 그런 경우에도 교양의 본질에 대한 이론적 성찰은 거의 없고

---

3   앞의 35 이하를 보라.

교양의 근거와 목표에 대한 거시적 질문도 던지지 않는다. 교양 실용주의자들은 일종의 '과학주의'를 표방하면서, 교양이란 학생들이 다양한 전공 학문에 본격적으로 진입하기 위해 필요한 입문 과정에 불과하다는 생각을 가지고 있다. 게다가 학교의 과목이 대학교의 전공 학과와 똑같은 이름으로 이어지는 경우에는 더더욱 이런 식의 과학주의적 교양 이해가 부각된다. 그러나 교수학敎授學, Didaktik에서는 이미 오래전부터, 학문의 논리와 교양의 논리 사이에 필연적으로 큰 차이가 있다는 점이 지적되어 왔다. 더욱이 우리는 반드시 그 차이를 유의하며 잘 지켜 내야 한다. 그것은 교양의 목표가 언제나 인격성Persönlichkeit, 혹은 오늘날 더 많이 쓰는 표현으로는 '스스로를 발전시키는 자기自己'이기 때문이다. 자기 자신이 되는 일과 교양은 서로 긴밀하게 연결되어 있다. 그러므로 언제나 교양은 학문적 지식이나 학문적 능력을 넘어서는 뭔가를 지향한다. 예컨대 인생의 가치, 인간적 미덕, 나의 삶과 타인의 삶을 대하는 태도, 사회적 책임 의식과 소통 능력, 개성 함양과 인성 계발 등이 교양에 속한다. 물론 전공 학문에서도 이런 주제를 어느 정도 다루기는 하지만 그것을 전면에 내세우지는 않는다. 그러므로 교양 영역에서는 그 비율이 완전히 달라야 한다. 적어도 교양에서는 주체적으로 행동하고 그 행동에 주체적으로 책임질 수 있는 인격체의 온전한 발전을 전폭적으로 지지해야 한다. 이런 맥락에서 볼 때, 전공 학문은 교양을 위해 어느 정도 중요한 역할을 할 수 있지만 결정적 역할은 할 수 없다. 달리 말해, 모든 전공 학문은 교수학적 전환didaktische Transformation이 필요한데, 그 과제는 각각의 학문을 최우선적으로 교양의 지평에 가져다

놓는 것이다. 오늘날 교양의 의미를 전공 학문의 입장에서 직접 이해하는 시도는 전반적으로 거부된다. 종교적 교양이 신학이라는 전공 학문의 미니어처 정도로 이해되어서는 안 되는 것도 같은 맥락이다. 진정한 의미에서 종교적 교양이 가능해지려면 신학적·학문적 인식이 교수학적 전환을 거쳐서 교양의 주제 가운데 하나가 되어야 한다.

이 문제를 더욱 완전하게 이해하기 위해서는 유물론적 관점과 무신론적 관점도 함께 언급해야 한다. 이 두 관점은 진지한 철학적 성찰을 통해 그 나름의 확실한 논거를 가지고 종교적 신념의 대안으로 자리매김해 왔다. 오늘 우리 시대에는 이른바 '신新 무신론'의 활동이 이런 입장을 대변한다. 신 무신론자들은 특별히 종교적 교양과 관련하여 창조 신앙을 반대하는 데 앞장서고 있다. 오늘날 이런 형태의 무신론의 대표자 가운데 가장 영향력 있는 저자인 리처드 도킨스의 책에서 확인할 수 있는 것처럼, 이들의 교양 이해는 철저하게 과학주의를 추구한다.[4] 도킨스의 주장에 의하면, 아이들은 창조 신앙이 아니라 진화론을 배워서 처음부터 생물학적 인간관, 생물학적 세계관을 키워 나가야 한다. 그러나 하나의 (전공) 학문을 파고드는 것만으로는 절대로 견고한 교양 사상이 나올 수 없다. 이것은 인간의 모든 학문 및 그 학문이 생각하는 교양에 적용된다. 진화론이라고 예외는 아니다.

하지만 나의 이런 주장은 진화론에 대한 학문적 연구가 교양 이해에 전혀 도움이 되지 않는다는 말이 아니다. 전통적 (교양) 철학만

---

4   Dawkins, *Gotteswahn*을 보라.

이 아니라 현대의 생물학도 얼마든지 교양 사상의 파트너가 될 수 있다. 진화의 역사에 대한 지식은 교양의 주요 내용이며, 교양 과정을 구성하는 데 계속해서 좋은 자극이 될 것이다. 교양에 대한 진화론의 관점은 수많은 의미 있는 고찰 방식 가운데 하나로서 유의미하다. 그러나 교양에 대한 독점권을 주장하는 것은 전혀 바람직하지 않다. 다른 학문도 마찬가지다. 그러므로 진화론의 관점은 종교적·신학적 관점의 대안이 아니라 하나의 보완으로 간주될 수 있으며 또한 그렇게 되어야 한다. 진화론을 통한 보완은 또다시 다른 관점으로 보완해야 한다.

유물론과 관련해서도 비슷하게 주장할 수 있다. 특히 마르크스주의와 네오마르크스주의 유물론은 관념주의 교양 사상에 대해 강력한 비판의 목소리를 냈다. 예컨대 네오마르크스주의의 영향을 받은 프랑크푸르트학파의 이른바 비판이론에서는—19세기를 거치면서 공고화된—부르주아 계급과 교양의 연관성, 사회적 지위 및 소득과 최종 학력의 연관성을 폭로하고 비판했다.[5] 그 이후로 교양교육 체계를 통해 고착화된 불평등의 문제를 고발하는 목소리가 계속 이어져 왔다. 최근의 국제 학생 학업 성취도 평가PISA-연구에서도 독일 내에서 학생의 사회적 출신과 학업 성취도 사이에 긴밀한 상관관계가 있음을 밝혀냈다. 학교 입학 전에 가족에게서 습득한 (혹은 습득하지 못한) 학습 능력이 학교를 마칠 때의 학업 성취도를 결정한다면 이것은 수치스러운 일이 아닐 수 없다.

---

5   예컨대 Heydorn, *Ungleichheit für alle*[모든 사람을 위한 불평등]를 보라.

사회적 정의의 이름으로 교양을 비판하는 것은 성경과 기독교 전통의 유산이라고 볼 수 있다. 예컨대 독일의 종교 수업 시간에 예언자 아모스의 근본적인 사회 비판이 중요하게 다뤄지는 것은 결코 우연이 아니다. 현재의 교양 논의에서 특히 교회와 신학은 평등한 교양을 위해 적극적으로 목소리를 내고 있다.[6]

이런 사례를 통해서 분명하게 알 수 있는 것처럼, 계몽은 무조건 종교적 연관성이나 종교적 논거의 지평과 대립해야 하는 것은 아니다. 이와 관련해서도 더 조심스럽게 분별하려는 자세가 큰 유익이 될 것이다. 아니, 이는 꼭 필요한 일이다.

종교를 적대하는 계몽 – 종교 안에서의 계몽 – 종교를 통한 계몽

계몽의 철학, 계몽의 교육학이 가지고 있는 일차적 관심사는 모든 형태의 감독과 통제에서 인간을 자유롭게 하는 것이다. 감독과 통제는 모든 종류의 권위와 연결되어 있다. 오로지 다른 사람의 권위에 의존하는 확신은 원칙적으로 의심스러운 것일 수밖에 없다. 성숙한 인간에게는 오로지 자신의 깨달음만이 확신의 토대가 될 수 있다. 그에 반해 어떤 권위에 종속되어 있는 것은 미성숙을 의미한다.

계몽의 핵심, 즉 "자기 스스로에게 책임이 있는 미성숙에서 벗어나는 것"칸트은 종교적 권위에도 해당한다. 그 권위를 받아들이고 순종하는 것이 종교의 특징, 특히 교회의 모습으로 나타난 종교의 결정

---

6   예컨대 Evangelische Kirche in Deutschland, *Maße des Menschlichen*[인간적인 것의 척도]; 같은 저자, *Kirche und Bildung*[교회와 교양]을 보라.

적 특징으로 간주되기 때문에 계몽주의 시대에는 로마 가톨릭교회가 가장 눈에 띄는 표적이었다. 계몽은 언제나 종교적 신념에 맞서 쟁취해야 하는 것이라는 생각이 퍼져 나갔고, 이것은 교양 이해에서도 그대로 나타났다.

오늘날 큰 문제로 손꼽히는 근본주의는 '계몽되지 못한' 종교의 대표 사례다. 근본주의적 종교의 추종자들에게서 나타나는 가장 뚜렷한 특징은 계몽에 대한 거부 반응이다. 실제로 근대 과학과 전통적 신앙의 충돌 및 갈등은 근본주의가 발생하게 된 결정적 요인 가운데 하나였다. 기독교의 경우도 마찬가지다. 기독교 근본주의는 20세기 초 미국에서 진화론에 대한 저항의 움직임으로 시작했다.[7] 기독교 근본주의의 경우에서도 명확하게 드러나는 것처럼, 이런 극단적 태도의 원인은 깊은 불안감인데, 국가가 직접 나서서 계몽을 지시하고 학교가 모든 방법을 동원하여 그것을 철저하게 이행하는 방식의 계몽으로는 결코 그 불안을 극복할 수 없다. 강요된 계몽은 더욱 강력한 반발을 불러일으키고 사람들을 더욱더 깊숙이 근본주의 속으로 몰아넣을 우려가 있다.

종교를 적대하는 계몽이 아니라 **종교 안에서의 계몽**을 추구한다면 사람들을 근본주의로 몰아가는 흐름을 극복할 수 있는 새로운 기회를 잡을 수 있다. '계몽된 종교'는 신앙과 지식 혹은 학문의 대립을 극복하기를 지향한다. 언뜻 보기에는 대립처럼 보이지만 사실은 꼭 그런 것만은 아니다. 교양의 역사에서는 프리드리히 슐라이어마허가 이런 지향을 보여 주는 대표 사례다. 그는 "종교적 성숙"religiöse

---

7   Numbers, *The Creationists*를 보라.

Mündigkeit이 교양의 목표가 되어야 한다고 주장하면서 적극적으로 이를 추구했다. 슐라이어마허는 학교만이 아니라 교회 수업도 이 목표를 지향해야 한다고 말했다.⁸ 슐라이어마허에 의하면, 종교적 판단 능력은 개신교 교양 사상의 핵심 목표다. 개신교 교양에서는 신앙을 만인 사제설의 입장에서 이해한다. 신앙은 단순히 교회 조직의 가르침을 받아들이는 게 아니라 각 개인이 하나님과 맺은 직접적 관계의 표현이다. 그러므로 성숙한 존재가 된다는 것은 신앙에 **맞서** 계몽을 관철시키는 게 아니라 **신앙 안에서** 계몽에 이르는 것이다.

현대의 종교심리학에서는 '종교 안에서의 계몽'을 '상호보완적 사유의 형성'과 연결하려는 시도가 있다. 이 영역의 연구자들은 창조신앙과 진화론의 관계를 중심으로 종교적 세계관과 자연과학의 세계관이 서로의 독자적인 가치와 권리를 존중하는 일이 충분히 가능함을 밝혀내고 있다.⁹ 그들의 연구에 의하면, '상호보완적 사유'는 인식 대상에 대해 생각이른바 대상 성찰Objekt-Reflexion하는 데서 그치지 않고 인식의 종류와 방식에 대해서도 깊이 생각이른바 방식 성찰Mittel-Reflexion할 수 있는 능력을 전제한다. 이런 연구를 통해서, 서로 다른 해석 방식들이 서로 반대되는 주장을 할지라도 한쪽이 다른 쪽을 얼마든지 인정할 수 있다는 깨달음이 생겨나고 있다. 이것은 물리학의 유명한 원리로서 예컨대 빛과 같은 현상을 설명할 때 필수인 상호 보완적 설명의 원리Prinzip der komplementären Erklärungen와도 잘 통한다.

8　앞의 112 이하를 보라.
9　Fetz/Reich/Valentin, *Weltbildentwicklung und Schöpfungsverständnis*[세계관 발달과 창조 이해]를 보라.

종교를 통한 계몽도 가능할까? 계몽주의 시대의 철학과 교육학에서는 그런 일을 상상도 할 수 없었겠지만, 오늘날에는 종교를 통한 계몽도 얼마든지 가능함을 보여 주는 사례가 많다. 과학 기술과 경제의 논리가 모든 가치를 독점하는 세상에서 종교가 이런 상황의 폐해를 올바르게 지적하고 개선하려 노력한다면, 교양 영역에서 종교를 통한 비판적 계몽이 일어나고 있다고 말할 수 있다. 교양은 기독교적 인간관과 세계관을 토대로—모든 것을 기술과 경제의 문제로 단순화하려는 생각에 맞서—더 넓은 지평과 더 다양한 차원을 제시할 수 있다. 그런 너른 지평과 복합적 차원이 제대로 고려되지 않는다면 인간성의 온전한 발현에 심각한 장애가 생길 수밖에 없다. 지금부터 우리가 말하려는 내용도 정확하게 이런 의미에서 '종교를 통한 교양의 계몽'을 지향한다고 말할 수 있다.

2. 인간은 무엇이 될 것인가
: 인간 존재의 본질에 관한 물음

우리는 어떤 미래를 원하는가? 이 물음에 대한 고민과 대답 없이는 교육과 교양에 대해서 말할 수 없다. 어린이나 청소년의 부모, 혹은 그들의 교육과 양육에 책임이 있는 사람들은 예컨대 학교를 결정해야 하는 순간에 그 학교의 미래에 대해 생각하지 않을 수 없다. 성인 교육의 경우에도 상황이 크게 다르지 않다. 성인 교육의 형태도 그 교육의 목표가 무엇인가에 따라 크게 달라진다.

인간의 본질에 대한 정의는 교육학의 주요 문제다

이 어린이는, 또한 이 청소년, 이 어른은 앞으로 어떤 존재가 될 것인가? 이것은 일단 개인적 문제로서 개개인의 사람됨과 관련한 물음이다. 각각의 개인적 조건, 각각의 성향과 소질에 따라 대답이 달라질 것이다. 부모나 주위 사람들의 기대와 소망이 그 대답에 영향을 끼친다. 그러나 이 질문은 한 사회 전체가 던지는 질문이기도 하다. 그런데 이 물음에 대한 대답이 오로지 실용적 관심사로 다루어질 때가 많다. 모든 인간은 아무런 거리낌 없이 자기를 펼칠 수 있어야 한다. 물론 사회적 요구도 생각해야 한다. 우리는 경제와 기술의 이름으로 이런 사회적 요구를 명시적으로 드러낸다. 높은 수준의 교양 사상은 그런 실용적 생각을 완전히 외면해서도 안 되지만 그런 생각에 휘둘려서도 안 된다. '인간은 어떤 존재가 되어야 하는가?'라는 주제는 언제나 더 깊은 고민과 해명이 필요한 물음이다. 그러므로 그 대답을 한 개인의 성장에 대해 그때그때 다른 주장을 펴는 변덕스러운 이론이나 사회적 요구에 무턱대고 맡겨 놓을 수 없다.

깊이 있는 교양 이론이라면 반드시 이 질문과 직면한다. '인간은 어떤 존재가 되어야 하는가?' 이것은 인간 존재의 본질에 관한 질문이다. 2장에서 살펴보았듯, 성경의 창조 이야기가 그 물음에 대한 대답을 내포하기는 하지만 신학적 정의가 유일한 답이 될 수는 없다. 신학 외에도 철학이 인간의 본질을 규명하려고 시도해 왔다. 철학은 자연과 역사 속에서 인간이 차지하는 지위를 서술하면서 그것을 바탕으로 바람직한 인간의 미래상을 그려 낸다. 오늘날에는 다른 학문도 인간의 본질을 규명하려 시도한다. 대표적인 경우가 진화론에 기초한 생물학의 시도, 또한 뇌 과학의 시도다. 한마디로 이런 시도는 인간과 인간됨에 대한 포괄적 조망을 추구하는 것이며, 바로 여기서 인간의 본질과 교양교육의 본질에 대한 통찰이 나오는 것이다.

이러한 인간학 혹은 인간론의 중요성은 교양 개념의 역사 속에서 이미 여러 차례 강조되었다. 20세기 교육학에서는 심지어 교육학적 인간론이라는 표현이 전면에 부각되었다.[10] 이미 오래전부터 헤르더나 슐라이어마허 같은 사상가는 아주 자연스럽게 인간과 인간됨에 대한 포괄적 해석에 기초한 교양 사상을 발전시켰다. 거기서 핵심 역할을 한 개념이 바로 인간성Humanität이다. 인간성은 한 어린이, 한 청소년, 한 어른의 삶 속에서 마음껏 펼쳐져야 하는 어떤 것일 뿐 아니라 인류 전체의 역사를 이끌어 가는 결정적 원리로 간주된다.

역사적 저작 중에서 이런 사상이 아포리즘 형태로 강렬하게 드러난 작품이 헤르더의 『1769년 여행일지』다. "이는 거창한 주제다. 모든 일이 발생할 때까지, 계몽 정신이 지상을 두루 누빌 때까지 인류는 사멸하지 않을 것이다! 세계정신의 보편사!"[11] 성경의 표현 양식을 고스란히 느끼게 하는 헤르더의 언어는 보편적 의미에서 종교적 지평을, 특별히 창조신학적 지평을 드러낸다.

마지막으로 교육학의 고전적 작가들, 특히 19세기 초반의 사상가들은 교양 사상이 우주적 차원에서 나온다고 생각했다. 그들의 주된 관심은 인간이 이 세상에서 차지하고 있는 위치, 즉 자연 속에서 또

---

10 Gerner, *Pädagogische Anthropologie*[교육학적 인간학]를 보라.
11 Herder, *Journal meiner Reise*, 11.

한 문화 속에서 인간이 어떤 위치를 차지하고 있느냐는 것이었다. 이 물음은 오늘날 예컨대 생태학의 맥락에서 다시금 중요하게 부각되고 있다. 인간의 존재는 자신에게 국한되지 않는다. 인간의 삶은 훨씬 더 크고 다양한 생태계 지평에서 바라봐야 하며, 먼 미래까지 내다보는 시간의 지평에서 이해되어야 한다. 그리고 그런 지평을 염두에 둘 때도 책임 있는 것이 되어야 한다. 이런 의미에서, 교양의 인간학적 토대와 우주적 의미까지 사유하는 교양 사상, 즉 고전적 교양 사상은 결코 시대에 뒤떨어진 과거의 유산이 아니다. 비록 그 옛날 그들이 내놓은 대답이 모든 면에서 만족스럽지는 못하더라도 그들의 물음은 여전히 유효하다고 할 수 있다.

교양 사상의 인간학적·역사철학적 토대

인간의 본질에 대한 질문은 오늘날의 교육학에서도 중요한 역할을 하고 있는가? 교육학자 디트리히 벤너는 교양 개념의 인간학적·역사철학적 토대를 또렷하게 부각한다. 여기서 그의 사상을 좀 더 면밀하게 살펴보려고 한다.

벤너는 "인간의 총체적 실천의 틀 안에서 교육학적 실천"을 이해해야 한다고 말한다.[12] 그의 견해에 따르면 인간이 하는 모든 실천 Praxis은 여섯 가지 형식 Form으로 구분할 수 있는데, 여기서 각각의 실천 형식 Praxisform은 다른 실천 형식에게 귀속될 수 없다. 그 여섯 가지는 정치, 예술, 종교, 노동, 윤리, 교육이다.[13] 여기서 확인할 수 있

---

12   Benner, *Allgemeine Pädagogik*[일반 교육학], 34.

는 것처럼, 벤너는 종교를—이미 그의 다른 저작에서도 그 근거를 자세하게 설명하고 있지만[14]—인간의 고유한 실천 형식으로 파악한다. 그러므로 종교는 교양을 구성하는 핵심 요소다. 벤너에게 인간의 실천 형식은 명백하게 인간의 본질 규명의 지평 위에 있다. 그는 "인간의 본질이 창조적 자유, 역사성, 언어를 지향하도록 규정되어 있다"고 말한다.[15] 우리는 인간의 "실천적 자기 규정"을 "자유로운 자기 규정으로 사유하고 그렇게 표현"해야 한다.[16] 여기서 인간적인 실천의 자유는 "오로지 역사적 자유로" 이해되어야 하며, 이것은 "인간이 자신의 현재, 그 현재의 과거, 그리고 미래와 맺는 관계"를 말한다.[17]

벤너는 두 가지의 "협소화"를 피해야 한다고 강조한다. 하나는 "인간을 역사의 주인이라고 선언하는" 역사 인식이고 다른 하나는 "역사를 인간 본질의 결정 요인으로 치켜세우는" 견해다.[18] 그래서 벤너에게는 언어의 역할이 중요하다. "언어는 실천의 역사성과 창조적 자유를 이어 준다. 우리 인간의 실존에 부여된 언어 덕분에 과거의 역사와 실천 사이의 연속성Kontinuum도 없고 미래 역사의 창조적 실천의 연속성도 없다."[19] 벤너는 자신의 교양 사상의 토대를 이렇게 요약해서 설명한다.

---

13   같은 곳.
14   예컨대 Benner, "Bildung und Religion"[교양과 종교]을 보라.
15   Benner, "Allgemeine Pädagogik," 56.
16   같은 글, 29.
17   같은 글, 30.
18   같은 글, 31.
19   같은 글, 32.

요컨대 창조적 자유, 역사성, 언어 능력은 인간적 실천의 독특한 실험적 성격이 무엇인지를 확연하게 드러낸다. 창조적 자유는 선택의 자유 혹은 제멋대로의 방종과 구별된다. 역사성은 인간을 역사의 주인이라고 선언하거나 역사를 인간적 실천의 운명이라고 선언하지 않는다. 언어성은 그저 모방하는 역할이 아니라 기억나게 하는 역할, 각각의 명칭에 특별한 가치를 부여하는 유명론적 역할이 아니라 대략적인 밑그림을 그림으로써 중재하고 매개하는 역할을 한다. 이것이 인간 실존의 기본 규정이며, 우리는 여기에 기초해서 노동·윤리·교육·정치·예술·종교의 실천, 즉 함께 살아감을 위한 실천에 참여하게 된다. 이로써 우리의 불완전함에서 유래하는 곤경, 즉 어떤 행위를 해야만 하는 곤경의 방향을 잘 틀어서 우리의 본질을 제대로 규정하기 위한 노력을 기울일 수 있다.[20]

오늘의 교육학적 논의와 관련하여 의미심장한 것은, 벤너가 자신의 인간학적·역사철학적 교양 사상을 "교육학적 사유와 행동의 조직적 개념의 발전을 위해 꼭 필요한 지점까지만 파고든다"는 점이다.[21] 그 너머까지 파고들어 규명하려는 시도는 "일반적인 실천 철학의 과제"라는 것이 그의 견해다.[22] 이런 식의 자기 제한은 한편으로는 설득력 있지만, 다른 한편으로는 벤너가 자신의 인간학적·역사철학적 견해를 어디서 끌어온 것인지 알 수 없게 만든다. 벤너가 토대로 삼는—

---

20   같은 글, 33-34.
21   같은 글, 29.
22   같은 곳.

다섯도 아니고 일곱도 아닌—여섯 개의 실천 형식도 무조건 동의할 만한 성격의 것은 아니다. 철학, 신학, 교육학의 역사에서 이런 식의 시도는 항상 있었다. 그래서 우리는 예컨대 이런 질문을 던질 수 있다. 과연 윤리가 근본적인 실천 형식이 될 수 있을까? 차라리 다른 실천 형식을 위한 한계 설정의 지평이라고 해야 하지 않을까? 종교도 그런 포괄적 기능을 하는 실체로 이해될 수 있다. 벤너의 모델은 "중요한 교양 이론 및 주제와의 씨름"을 염두에 두긴 하지만,[23] 그의 교양 이론의 근본 토대와 관련해서는 여전히 비판의 목소리와 마주친다.

그러나 벤너의 교양 사상에는 신학적 관점에서 주목할 만한 특징이 있다. 이는 그의 사상이 간학문적 연결의 가능성을 열어 놓고 있기 때문이다. 일단 그의 교양 사상에서 제시하는 인간학적·역사철학적 지평은 종교적이고 세계관적인 요소를 포괄한다. 그가 최종적으로 지향하는 것은 인간의 본질과 인간의 역사와 이 세상의 본질을 규정하는 것이다. 그는 명시적으로 "교양에서 종교가 갖는 중요성"을 언급한다. 벤너에 의하면, 교양이 "인간의 유한성에 대한 자각, 그리고 그와 유사한 모습으로 나타나는바 절대적인 것에 대한 인간의 감각을 완전히 무시해 버리려는 것이 아니라면, 인간의 그런 맥락을 명시적으로 논의하고 성찰하며 지속시키는 실천 형식, 즉 종교적 실천 형식을 도입해야 한다." 이것은 종교적 교양을 인간의 보편적 교

---

[23] 이 문제와 관련해 내가 제기하는 비판적 질문에 대한 벤너의 답변은 Benner, "Bildung und Religion," 57를 보라.

양의 일부로 받아들여야 한다고 적극적으로 호소하는 것이다. 그는 여기서 한 걸음 더 나아가 종교의 "교양 이론적 특수성"을 세 가지 측면에서 설명한다. 그것은 "믿음의 세 가지 차원인데, 하나는 '자기 자신으로부터 나오는 감각'으로서 신성에 대한 감각, 또 하나는 여기서 나오는바 인간과 인간 간의 연대감(사랑), 또 다른 하나는 그 두 가지로부터 나오는 '희망'이다."[24]

20세기 후반의 교육학에서 벤너의 이러한 교양 사상, 즉 인간학과 역사철학의 토대 위에서 펼쳐 낸 교양 사상은 혼자만의 목소리가 아니었다. 하인츠-요아힘 하이도른이나 헬무트 포이케르트Helmut Peukert 같은 학자도 비슷한 목소리를 냈다. 그들은 교양을 이해할 때 신학적 성찰을 포기할 수 없음을 지속적으로 강조해 왔다. 하이도른은 이렇게 말한다. "때가 찬 인간에게 중요한 것은 빚어냄(교양)이다." "교양의 핵심은 그 교양을 통해 밖으로 나와 인간으로서 자신에게 꼭 필요한 것을 명시적으로 말하려고 하는 인간을 바라보는 것이다."[25] 포이케르트의 주요 관심사는 인간의 자유와 보편적 연대다. 그는 이 두 가지 가치가 경험과 합리의 영역으로 끌려들어 오면서 경시되고 천박해짐으로써 그 의미가 심각하게 제한되었다고 해석한다. 그래서 그는 궁극적으로 "보편적 연대의 실천"은 신학적 논의를 제대로 받아들이지 않고서는 존재할 수 없다고 주장한다.[26]

벤너, 하이도른, 포이케르트 같은 학자가 현대 교육학의 교양 이

24　Benner, "Thesen zur Bedeutung der Religion"[종교의 의미에 대한 테제], 186-187.
25　Heydorn, "Überleben durch Bildung"[교양으로 살아남기], 291.
26　Peukert, "Praxis universaler Solidarität"[보편적 연대의 실천].

해에 주도적으로 영향을 끼치는 것은 사실이지만, 거기에 맞서는 다른 목소리도 있다. 이 반대편에 속한 학자들은 모든 형이상학적 가설이나 유토피아적 기대와 단호하게 결별해야 한다고 주장한다. 그들이 보기에 이런 전통적인 가설이나 기대는 특히 교육학적 실천의 장에서 아무런 실효성이 없는 거추장스러운 논의에 불과하므로 사실상 완전히 포기해 버려도 문제가 없다. 이 진영에서 영향력 있는 연구는 하인츠-엘마 테노르트Heinz-Elmar Tenorth의 『보편적 교양의 가능성과 전망』*Möglichkeiten und Perspektiven allgemeiner Bildung*이다. 여기서 테노르트는 보편적 교양이란 결국 두 가지를 의미할 수 있다고 주장한다. "하나는 모든 사람을 위한 최소한의 **교양**Bildungsminimum을 보장하는 것이고 다른 하나는 **학습 능력 향상**의 가능성을 열어 주는 것이다."[27] 이러한 교양 이해는 상당히 분별력 있고 현실적인 주장처럼 보인다. 교양을 의미 있게 이해하기 위해 신학적·인간학적 논거는 완전히 포기할 수 있음을 보여 주는 증거로 간주될 수도 있다. 그러나 실제로는 그렇게 간단하지 않다. 일단 테노르트가 핵심 토대로 언급하는 "최소한의 교양"은 "우리 사회에서 자라는 모든 아이와 청소년이 반드시 배워야 하는, 없어서는 안 되는 것이 무엇인가?"[28]라는 질문에 대한 명확한 대답에 기초해야 한다. 또한 그가 추구하는 "학습 능력의 향상"도 인간에 대한 이해에 따라 크게 달라질 수 있다. 그 "학습 능력"이 무엇을 의미하는지, 또한 인간은 어떤 조건에서 "학습

---

27 Tenorth, *"Alle alles zu lehren"*, 166.
28 같은 책, 168.

능력이 있는 존재"라고 말할 수 있는지 분명한 해명이 필요하다.

교양이 무엇인지 말할 수 있으려면 다음 두 가지 질문에 대한 대답이 있어야 한다. (아직 어린) 사람에게 정말로 없어서는 안 되는 것은 무엇인가? 그리고 학습 능력이란 무엇을 의미하는가? 이에 대답하려면 교양 이론적으로 충분한 성찰이 필요하다. 그저 그 당시 상황에서 쓸모 있는 것인지 그렇지 않은지 따지는 실용주의적 계산에 기댈 수는 없다. 그러므로 테노르트가 영원히 손을 떼고 싶어 하는 바로 그 인간학적·역사철학적 논의가 다시금 중요해진다. "반드시 배워야 하는, 없어서는 안 되는" 것이 무엇인지 대답하려면 결국 그 논의가 필요하다. 수많은 가치 척도가 있지만, 그 가운데서 인간적인 삶과 생존을 위해 무조건 관철되어야 하는 포괄적 가치 척도를 찾아내는데, 어떻게 다른 방법이 있겠는가? 그러므로 '현실적인' 주장도 인간과 세상의 본질에 대한 광범위한 질문을 벗어날 수 없다. 결국 그 질문 앞에 설 수밖에 없다. 교양의 목표를 묻는 것은 결국 인간과 세계를 포괄하는 근본적 의미 질문과 마주하는 것이다. 인간학의 주제, 인간의 과거와 미래를 묻는 질문 앞에 서는 것이다. 이를 고민하지 않고서는 깊이 있는 교육학 이론이 나올 수 없다.

독일개신교교회협의회EKD: Evangelische Kirche in Deutschland에서 교양이라는 주제에 대해 공식 입장을 표명하기 위해 출간한 교육 백서에 "인간적인 것의 척도"라는 제목을 붙인 것은 이런 맥락에서 대단히 시의적절하다.[29] '인간으로 존재한다는 것이 대체 무엇인가?'라는

---

29 Evangelische Kirche in Deutschland, *Maße des Menschlichen*을 보라.

질문에 대한 고민은 언제나 교양의 척도로 연결된다. 그러므로 이 척도는 인간성 관점에서 결정되어야 한다.

신학의 물음: 인간의 본질에 대한 탐구

현대 신학에서는 볼프하르트 판넨베르크Wolfhart Pannenberg와 라이너 프로일Reiner Preul이 교양 이론의 맥락에서 인간의 본질에 관한 논의를 발전시켰다. 먼저 판넨베르크는 '하나님의 형상'이라는 성경 모티프를 붙잡는다. 그는 이 개념을 어떤 "근원적 상태"로 이해하지 않고 "인간의 **본질 규정**"[30]에 관한 진술로 이해한다. 그에 의하면, "인간의 본질을 규정하는 것"은 "교양 과정을 통해 참된 인간성을 찾아 나갈 수 있는 가능성"의 물꼬를 트는 것이다.[31] 이 과정에서 인간 창조와 인간 구원의 문제가 서로 긴밀하게 이어지고 맞물린다. 물론 이 교양 과정을 "하나의 직선적 발전의 과정으로 생각해서는 안 된다. 기독교 신앙은 인간 실존의 죄악과 왜곡의 상황이 오직 그리스도 안에서, 오직 그를 통해서 극복될 수 있다고 보기 때문이다."[32] 그렇다면 인간 존재의 본질 규정과 관련하여 신학의 논의가 가져다주는 특별한 기여는 '한계 의식'Grenzbewusstsein에서 찾아볼 수 있다. 창조주와 피조물의 차이, 인간의 행동과 하나님의 구원의 차이를 명확히 하는 데서 자신의 한계에 대한 자각이 생겨난다.

판넨베르크가 생각하는 교양 과정의 또 다른 측면은 "세상을 획

---

30 Pannenberg, "Gottebenbildlichkeit und Bildung," 267.
31 같은 글, 268.
32 같은 곳.

득하는 것"Aneignung der Welt과 관련된다.³³ 이 과정은 끝이 없는 과정이다. 그러나 "세상의 전체성Totalität에 대한 관념"은 "개별적인 존재의 **온전성을 가능하게** 하는 데 반드시 필요한 것"이다. 사실 그런 온전성은 하나님의 실재와 상응하는 종교적 관념이다. 이러한 실재현실성는 "세상의 온전성과 개인의 온전성을 구성하는 데 없어서는 안 되는 핵심적인 것"이다.³⁴ 우리는 판넨베르크의 논의를 따라가면서, 디트리히 벤너의 교육학적 고민이 신학적 맥락 속에서 더욱 정교하게 논의되고 있음을 어렵지 않게 알아차릴 수 있다.

신학자 프로일도 이 부분을 더욱 구체화한다. 그에 의하면, 신학적 성찰은 "교양 자체가 인간이 자기 본질을 스스로 규정하는 일이며, 혹은 그런 규정에 이르게 만드는 과정이라고 말함으로써 교양을 과대평가하는 경향"에서 벗어날 수 있도록 한다.³⁵ 그는 신학과 인간학의 견해를 받아들이려고 하지 않는 교양 이론을 예리하게 비판한다. "인간의 본질 규정에 대해서 말하고 자유로운 삶의 조건에 대해 말하면서 그 자기 규정과 관련하여 역사적 관점에서 제기되는 구체적 지적과 인간학의 관점에서 제기되는 근본적 지적, 즉 그런 자기 규정의 한계와 전제에 대한 지적을 유념하지 않는 것은 어불성설이다."³⁶ 왜냐하면

---

33 같은 책, 269.
34 같은 곳.
35 Preul, *Evangelische Bildungstheorie*[개신교 교양 이론], 166.
36 같은 책, 174.

지금 우리의 모습과 앞으로 우리의 모습, 우리의 교양, 우리가 겪게 될 교양 과정에는 우리 자신이 직접 선택하거나 직접 행하지 않았지만 그럼에도 우리에게 큰 영향을 주고 우리에게 강렬한 인상을 남기고 우리에게 지속적으로 영향을 끼침으로써 우리를 이끌어 가는 것들이 포함되어 있다. 이것이 사실이라면, 교양은 인간이 '스스로 결정 규정하는 것'Selbstbestimmung이라는 주장은 터무니없는 것이다. 이런 생각에 따르면, 자신을 완전히 자유롭게 구상하고 실현할 수 있는 능력은 독자적 주체인 인간의 손에 달려 있다는 것이다. 이런 비현실적이고 이상적인 생각은 단호하게 물리치는 것이 마땅하다.[37]

이번 절 마지막에 이르러 다시 한번 분명해지겠지만 '인간이 어떤 존재가 될 것인가?'라는 질문은 결국 종교적 대답으로 귀결된다. 인간 본질에 대한 규정은 처음부터 철학적이고 신학적인 주제다. 인간과 그 운명에 대한 논의와 이해가 무조건 종교적이거나 신학적일 필요는 없다. 종교와 무관한 대답들도 얼마든지 존재한다. 그러나 신학은 이런 종류의 궁극적 질문과 씨름하는 데 큰 도움이 되는 개념과 이론적 가능성을 확보하고 있다. 그러므로 신학은 스스로를 종교인이라고 생각하지 않는 사람의 교양을 위해 유용한 대화 파트너가 될 수 있다. 위르겐 하버마스가 후기 저작에서 말한 것처럼 "세속적 진영도 종교적 언어의 표현 능력에 대한 감각"을 놓치지 말아야 한다.[38]

---

[37] 같은 책, 174-175.
[38] Habermas, *Glauben und Wissen*[신앙과 앎], 22.

3. 인간의 공존은 어떻게 성공할 수 있을까
: 가치관, 에토스, 윤리

우리가 살고 있는 세상에서 다른 사람과의 공존이 가능하려면 가치 체계가 제대로 작동해야 한다. 이에 대해서는 최근 들어 폭넓은 공감대가 형성되고 있다. 적어도 정치와 공적 영역에서는 그렇다. 그런데 이런 상황에서 하필 신학과 교육학이 가치 체계 및 가치 교육에 대해 비판적 입장을 취하고 있다는 사실은 상당히 의외다. 특히 가치 교육과 관련하여 여러 반론이 제기되었다. 그 반론들은 교양의 윤리적 차원을 확고하게 붙잡고 있기 때문에 더더욱 의미 있게 다가온다. 먼저 그 반론들을 살펴보자.

가치 교육을 요구하는 흐름에 대한 반론

가치 교육에 대한 비판적 논의와 항상 결부되는 네 가지 근본적 문제 제기가 있다.

20세기 초반의 가치 철학은 가치의 독자성을 출발점으로 삼았다. 그 철학에 의하면 가치는 인간에 의해 만들어진 게 아니다. 가치는 인간의 동의에 의존하지 않기 때문에 절대성을 지닌다. 교육학적으로 말하자면, 가치는 언제나 이미 존재하는 것, 그러므로 본질적으로는 오직 발견되는 것이다.

이런 식으로 가치를 절대화하는 경향은 사회적 삶과 그에 상응하는 가치 관념의 긴밀한 관계를 잘 모르기 때문에 생겨난다. 가치는 인간이 오랜 시간 동안 '본받을 만한 것'이라고 생각한 것을 드러낸다. 그런 의미에서 사회적 현실 너머의 이상적 관념과 관련이 있다. 하지만 그와 동시에 그런 관념은 언제나 한 사회에서 더불어 살아가면서 실제로 겪는 수많은 경험에서 영향을 받는다. 또한 그런 의미에서 그 경험의 표현이라고 볼 수 있다. 특히 교육학에서는 구체적인 삶의 실제와 가치의 관계가 결정적으로 중요하다. 교육학의 역사에서는 요한 하인리히 페스탈로치의 사회적 교육이 이런 입장을 대변한다. 그는 어린이와 청소년에게 행복한 삶에 대해 말하기 전에 먼저 행복한 삶을 경험할 수 있게 해 주려 했다.[39] 다른 모든 것은 "너절한 잡소리"Maulbrauchen, 즉 공허한 잡담이다.

실제로 어린이와 청소년에게 그들 자신의 삶과 무관한 가치를 보여 주는 것은 무의미한 일이다. 그런 가치는 그들에게 너무나 다른 세상의 풍경으로 다가올 뿐이다. 이상적 가치로 꾸며진 하늘은 아름답게 보일 수는 있지만 교육학적으로는 아무런 효력이 없다.

그러므로 교육을 통해 **가치를 전수하겠다는** 생각은 언제나 문제만 일으켰다. 어린이와 아이들에게 어떤 가치를 그냥 눈앞에 들이미는 것만으로는 가치의 행동 수반 능력이 발휘되지 않는다. 손가락을 높이 치켜들거나 도덕적 설교를 늘어놓는 것은 아무런 도움이 되지 않는다. 가치는 사람이 능동적으로 자기 것으로 받아들여야 한다. 이는 자신의 경험을 통해 그 가치가 설득력을 획득할 때만 성공할 수 있다.

가치 개념에 대한 신학의 비판도 이런 맥락 속에 있다. 특히 에버하르트 윙엘Eberhard Jüngel은 '가치'라는 말이 경제적 사유에서 나왔

---

[39] 이와 관련된 간략한 설명으로는 Pestalozzi, "Brief"[편지]를 보라.

다는 점을 지적했다. 그래서 그는 이 개념을 신학의 언어로 사용하는 것은 위험한 일이며 신학 입장에서는 원칙적으로 거부해야 한다고 주장했다.[40] 윙엘에 의하면, 신학의 관심은 그 어떤 화폐 단위로도 환산할 수 없는 인간의 존엄성이며 이것은 '가치'라는 말로 표현될 수 없다.

그러나 가치 개념에 대한 이런 혹독한 평가는 결국 관철될 수 없다는 사실을 알아야 한다. 만일 한 사회의 언어 속에서 가치라는 말이 쓰이고 있으며, 특별히 궁극적 의미를 가진 관념이나 이상을 표현하는 말로 쓰이고 있는데, 신학이 이런 개념과 거리를 둔다면 그만큼 신학이 그 사회 속에서 발휘할 수 있는 영향력을 잃을 수밖에 없다.

20세기 후반부에는 가치 교육에 관한 논의가 정치적으로 보수적인 진영에 의해 주도되었다. 가치 교육을 요구하는 목소리는 질서, 근면, 절약 같은 덕목이 경시되고 있다고 주장하면서 그런 이차적 덕목을 다시 소환하려고 했다. 이것은 그 당시 광범위하게 확산되고 있던 해방 교육학에 대한 저항의 몸짓이었다. 가치 교육에 대한 입장은 특히 정치적 견해와 동일시되었다. 시간이 흐르면서 가치의 중요성은 어떤 특정한 정치적 성향과 결부된 문제가 아니라는 사실이 분명해졌다. 지금은 과거의 보수적 가치 외에도 사회 정의, 생태적 책임, 지속 가능성 혹은 미래 세대의 권리 등 현실 비판적 성향의 가치도 큰 비중을 차지한다. 그러므로 가치 교육 자체가 보수적인 것은 아니다.

---

40 E. Jüngel, *Wertlose Wahrheit*[가치 없는 진리]를 보라.

중요한 것은 어떤 가치를 추구하느냐는 것이다.

특별히 학교와 관련해서, 나아가 국립 교육 기관과 관련해서는 가치 교육의 원칙적 한계를 미리 지적하는 게 필요하다. 현대 국가는 법과 도덕의 구분을 기본으로 한다. 국가는 시민에게 법에 상응하는 행동을 요구할 수 있다. 하지만 개인의 도덕을 규정할 수는 없다. 그 원칙을 깨는 국가는 전제주의적인 국가다. 이런 의미에서 국가가 주도하는 가치 교육은 항상 위험성을 내포한다. 앞으로 더 살펴보겠지만, 자유를 추구하는 국가일수록 가치의 도움이 필요한데 국가만의 힘으로는 가치 교육을 이끌어 나갈 수 없다.

가치 교육에 대한 모든 비판은 진지하게 받아들여야 한다. 그러나 인간 사회의 성공적 공존을 위해서는 반드시 가치가 필요하며 그 가치의 정립을 위해서는 교육학적 지원이 필요하다는 기본 입장에는 전혀 이의가 없다. 현재 개신교의 입장도 이와 크게 다르지 않다. 가치 개념을 무조건 거부하는 게 아니라 그 개념을 적절하게 해석하는 작업이 중요하다. 독일개신교교회협의회의 성명서도 이와 맥을 같이 한다.

때때로 종교적 교양은 가치 교육의 한 가지 형태로 간주되곤 한다. 그러나 개신교의 관점에서는 하나님에 대한 신앙과 진리가 모든 가치보다 앞선다. 신앙이 가치에 기초하는 게 아니라 오히려 신앙으로부터 가치가 나온다. 물론 가치의 근거는 종교가 아닌 다른 것에서 찾을 수도 있다. 그러나 인간의 역사와 오늘의 현실 속에서 윤리적이고 규범적인 지향의 가장 중요한 원천 가운데 하나가 종교라는 것 또

한 틀림없는 사실이다.[41]

가치 교육이라는 개념은 단순히 특정 가치를 전수한다는 선입견을 불러일으킬 수 있기 때문에 문제의 소지가 있다. 그래서 우리는 가치 **교육**Werteerziehung이 아니라 가치 **형성**Wertebildung이라는 표현을 쓰려고 한다. 이로써 가치와 관련해서도 스스로 형성해 나간다는 의미에서의 교양을 강조하려는 것이다.

공존을 위해 가치가 반드시 필요한 이유

이 주제와 관련하여 최근 발표된 중요한 연구를 기초로 두 가지 근본 측면을 집중적으로 언급하려 한다.[42] 하나는 자유로운 국가를 위한 사회적 가치의 중요성이고 다른 하나는 사회적 연대의 토대를 가치와 연결하는 것이다.

현대 민주주의 국가는 자유의 딜레마에 빠져 있다. 자유를 추구하는 국가는 각각의 시민이 국가의 통제가 따로 없다 할지라도 공공의 안녕을 위해 필수 질서를 준수할 때 비로소 존립할 수 있다. 그러나 국가는 예컨대 국가의 교육 기관을 통해 사람들이 의무적으로 그런 가치를 습득하도록 만들어서는 안 된다. 그런 식으로 규범을 강요하는 국가는 이미 국가 자체의 고유한 특성인 자유를 포기한 것이기 때문이다. 그러므로 국가는 한편으로는 가치에 의존하면서 다

---

41 Evangelische Kirche in Deutschland, *Religionsunterricht*[종교 수업].
42 특별히 참고할 만한 연구서로는 Joas/Wiegandt (Hg.), *Die kulturellen Werte Europas*[유럽의 문화적 가치]를 보라.

른 한편으로는 국가 스스로가 주도하지 않는 가치 형성에 의존한다. 예를 들면, 교회나 종교 공동체를 중심으로 추진되는 가치 형성이 있다. 독일의 헌법학자 에른스트-볼프강 뵈켄푀르데Ernst-Wolfgang Böckenförde는 이런 상황을 다음과 같이 간명하게 표현했다. "자유를 추구하고 세속화된 국가를 지탱하는 전제들은 국가 스스로는 보증할 수 없는 전제들이다."[43] 그의 말은 요즘도 자주 인용되고 있다.

사회학적 연구에 의하면 현대 사회는 개인의 자율성을 중시하는 사회다. 개인의 업적이 인정되고 그 업적이 개인에게 귀속될 수 있어야 그 사회가 유지될 수 있다. 그래서 현대 사회는 어떤 형태로든 개인주의를 지지하며 개인주의화의 경향이 강하게 나타난다. 그러다 보니 개인의 자율성이 하나의 독자적인 가치로 자리매김하게 되고 그로 인하여 다른 가치들이 위태로워지기도 한다. 대표적인 예가 다른 사람과의 연대Solidarität다. 이 가치가 존재하지 않는다면 어떤 사회도 제대로 작동할 수 없다. 현대 사회의 기능적 특성 때문에 개인의 독립성이 우선시되고 있지만, 사회적 가치와 사회적 결속을 뒷받침할 수 있는 든든한 토대가 필요하다. 그런 가치의 종교적 토대도 이런 맥락에서 중요하게 언급될 수 있다.

최근 논의에서는 사회학자 한스 요아스의 연구가 많은 주목을 받고 있다. 그의 주장에 의하면 "가치는 경험에서 생성되며, 신앙은 자기 초월 경험에 대한 해석이다."[44] 여기서 요아스가 말하는 경험은

---

43 Böckenförde, *Recht, Staat, Freiheit*[법, 국가, 자유], 112.
44 H. Joas, *Braucht der Mensch Religion?*[인간에게 종교가 필요한가?], 49.

"반드시 하나님과 관련된 경험을 말하는 것은 아니다."

이것은 한 사람이 자기 자신을 넘어서는 경험인데, 그렇지만 어떤 도덕적 의미의 자기 극복을 의미하는 것이 아니라, 자기 자아의 경계선 너머로 끌려 나오는 것, 나 자신이 아니라 저 너머에 있는 것에 의해 사로잡히는 것, 그래서 나 자신에 대한 집착으로부터 벗어나 자유로 워지는 것을 의미한다.[45]

교육학적 가치 형성은 교육 체계가 "가치를 구성하는 데 필수인 경험을 허용하고 촉진할 때"만 존재할 수 있다.[46] 이러한 맥락에서 종교는 가치 형성의 필수 토대에 속한다. 요아스에 의하면 가치 형성에는 확실히 종교가 필요하다.[47]

이러한 관점은 가치 혹은 규범을 종교적 전승과 분리하고 오로지 담론 윤리를 통해 규정하려는 교육학적 시도에 이의를 제기한다. 하필이면 교육학 내에서 이런 분위기가 상당히 오랫동안 영향력을 행사해 왔다. 담론 윤리로 가치의 근거를 마련하려는 노력의 중심에는 계몽주의 철학, 특히 칸트 철학에서 내세우는 보편화Universalisierung 원리가 있다. 그 원리에 의하면, 가치와 규범은 그것이 엄격한 의미에서 보편화할 수 있다는 게 입증될 때 효력을 발휘할 수 있다. 그러므로 종교적 전통도 그 고유한 신앙 형태에 국한되지 않는 보편적인 것

---

[45] 같은 책, 17.
[46] 같은 책, 49.
[47] Joas (Hg.), *Braucht Werterziehung Religion?*[가치 교육에 종교가 필요한가?]을 보라.

이어야 가치의 근거가 될 수 있다.

오늘 우리가 알고 있는 담론 윤리는 철학자 위르겐 하버마스Jürgen Habermas에게서 나온 것이다. 그는 1970-1980년대에 출간된 자신의 저서를 통해 종교적 가치를 보편적 가치로 전환할 것을 요구했다.[48] 그러나 하버마스도 나중에는 그런 전환의 명확한 한계를 지적하면서 가치 형성에서 종교적 내용이 계속해서 중요함을 인정했다. 앞서 인용한 표현, 즉 "세속적 진영도 종교적 언어의 표현 능력에 대한 감각"[49]을 간직하고 있어야 한다는 말도 이런 맥락에서 나온 것이다. 종교적 내용을 (도덕적) 이성으로 전환하는 것은 완전히 성공할 수 있는 일도 아니며 심각한 후유증을 불러일으킬 수밖에 없다는 깨달음이 이런 요구에 담겨 있다.

캐나다의 찰스 테일러Charles Taylor, 미국의 마이클 왈저Michael Walzer 같은 사회 철학자도 가치 형성이 근본적으로 의미의 경험 및 개인 정체성의 형성과 긴밀하게 연결되어 있음을 밝혀냈다. 아니, 한 걸음 더 나아가, 그런 의미 경험과 정체성이 없다면 그 어떤 가치도 구속력과 파급력을 가질 수 없다. "어떤 삶을 살아갈 것인가, 어떤 인생이 살 만한 인생인가를 고민하게 만드는 질문"이 있어야 하는 것이다. 테일러는 인간에게 "꽉 찬 인생충만한 인생에 대한 소망"이 있다고 말한다.[50] 왈저는 담론 윤리 혹은 보편적 규범의 토대가 되는 "얄팍한" 도덕 혹

---

48 Habermas, *Theorie des kommunikativen Handelns*를 보라. 『의사소통행위이론』(나남).
49 Habermas, *Glauben und Wissen*, 22.
50 Taylor, *Quellen des Selbst*, 35. 『자아의 원천들』(새물결).

은 정체성을 비판한다.[51] 거기에는 인간의 다양한 삶의 내용을 지탱하는 밀도 있는 경험과 전통으로 가득한 기반이 없다.

이러한 깨달음은 에토스와 윤리 개념의 구분을 통해서도 설명할 수 있다. **윤리**Ethik는 우리의 삶에서 작동하는 가치와 규범에 대한 성찰의 형태Reflexionsform다. 윤리는 수많은 가치와 규범을 정돈하고 비판적으로 검토한다. 그에 비해 **에토스**Ethos는 그 가치가 구체적 삶으로 구현되어 나타난 형태라고 할 수 있다. 에토스는 여러 가지 가치와 규범의 상호 작용, 혹은 도덕의 실천으로 드러난다.[52] 이런 구분에 의하면, 가치 형성이 성공하기 위해서는 그런 가치의 경험적 토대로서 에토스가 필요하다. 성찰의 형태인 윤리가 할 수 있는 일은 오로지 지적 설득이다. 물론 이것도 무시할 수 없다. 하지만 그것만으로는 구속력을 얻지 못한다. 오로지 윤리 차원에서 이루어지는 가치 형성, 즉 그 윤리에 상응하는 에토스가 없는 가치 형성은 결코 좋은 길이 아니다.

각종 교육 기관에서도 에토스의 중요성을 강조할 필요가 있다. 에토스는 구체적인 기관에서 실현되어야 한다. 그런데 바로 여기서 더욱 심각한 문제에 직면한다. 다양한 종교와 세계관이 뒤섞여 있는 세상에서 공식적 교육 기관이 특정 종교 전통의 특징이 강하게 스며 있는 에토스를 받아들이는 일이 가능한가?

---

51 Walzer, *Lokale Kritik*[지역적 비판]를 보라.
52 Herms, *Ethos*를 보라.

다원성은 에토스의 끝?

에토스와 가치 형성의 관계가 종교·세계관의 다원성으로 인해 결정적으로 한계에 부딪히는 것은 무엇 때문인가? 우리는 이를 교육 기관 사례에서 확인할 수 있다. 예컨대, 학교는 다양한 종교 전통에서 자라난 어린이와 청소년, 혹은 그런 종교적 배경이 없는 학생이 모여 있는 곳이다. 그런데 어떤 학교에서는 '이웃 사랑' 같은 기독교적 가치를 내세운다. 비록 이런 일이 법적으로 허용된다 하더라도 하나의 종교에서 유래한 에토스를 모두에게 적용하는 일은 더 이상 간단하지 않다. 그래서 오늘날 그런 학교에서도 기독교와의 관련성은—학교의 규정으로 명문화되어 있더라도—더 이상 신앙고백의 의미로 이해되지는 않는다. 이 경우에 윤리적 가치 형성을 어떤 종교적 전통 위에서 구축해 나가려는 시도는 가망이 없다.

이런 상황이 교육학적으로 얼마나 큰 도전인지는 교육학 전통 속에서 여기에 상응하는 원리와 비교해 볼 때 확연하게 알 수 있다. 19세기 후반 개신교 교육 사상의 대표 인물이었던 프리드리히 빌헬름 되르프펠트Friedrich Wilhelm Dörpfeld의 경우를 보자. 그는 학교 공동체의 종교적 통일성을 학교 교육의 전제로 여겼다. 그리고 이 통일성은 "관련된 가정들이 가장 중요한 교육의 원칙에 동의하는 것, 다시 말해 모든 사안에 대해 **양심의 통일**을 유지하는 것"이어야 한다.[53] 오늘날의 관점에서 본다면, 이런 식으로 부모의 "양심의 통일성"을 요구한다는 것이 실제로 얼마나 부담스러운 일인지, 또한 그런 통일성

---

53 Dörpfeld, *Ausgewählte Pädagogische Schriften*[교육학 선집], 132.

을 이루어 낸다는 것이 얼마나 현실성 없는 일인지 금방 알 수 있다. 그러나 19세기뿐만 아니라 20세기까지도 이런 생각이 퍼져 있었다. 예컨대 오늘날까지도 대단히 영향력 있는 교육학자로서 세계적으로 인정받는 "예나 플랜"Jena-Plan, 1927년 독일 예나 대학교의 교육학 교수였던 페터젠이 제창한 학교 개혁 프로그램. 자발적 노동, 공동체 생활, 공동체 협동, 학생과 부모의 공동 책임이 핵심 사상이다―옮긴이을 기획한 페터 페터젠Peter Petersen, 1884-1952도 그런 견해를 대변했다. 페터젠에 의하면, 한 학교의 에토스는 "부모와 교사가 동일한 세계관을 가지고 있을 때" 가장 잘 실현될 수 있다.[54]

최근에는 영국의 저명한 아동 심리학자이자 학교 연구가인 마이클 러터 경Sir Michael L. Rutter의 견해에 기대어 이와 비슷한 요구가 제기됐다. 러터 경이 진행한 연구 결과 중 가장 중요한 것으로 간주되어 지금도 자주 인용되는 것은, 각각의 학교가 교육학적 효과 면에서 확실한 차이를 보이고 있다는 사실, 그리고 그 차이는 특히 학교의 에토스와 깊은 관련이 있다는 사실이다. 여기서 에토스란 "학교 전체의 특징적 분위기를 주도하는…가치와 태도와 행동 방식의 총합"으로 이해된다.[55]

지금까지 설명한 내용을 두 가지로 압축할 수 있다. 하나, 에토스의 필요성에 대한 주장은 과거에만 있었던 게 아니라 현재의 논의에서도 강조되고 있다. 둘, 그러나 그런 에토스를 구현할 가능성은 학생과 부모의 종교 및 세계관의 다원성으로 인해 근본적으로 어려움

---

54 Petersen, *Der Kleine Jena-Plan* [예나 플랜 요약본], 9.
55 Rutter u.a., *Fifteen Thousand Hours*, 179.

에 봉착해 있는 것 같다.

이런 상황에서 유일하게 가능한 해법은 대화의 길 위에서 찾을 수 있을 것 같다. 다원성 속에서 교육학적 에토스의 근거를 정립하는 가능성을 대화로 찾아 나가는 것이다. 이러한 대화는 학교를 비롯한 모든 교육 기관의 과제가 된다. 윤리적 교양을 위한 필수 토대가 되는 에토스가 산출되기 위해서는 대화적 협력 외에 다른 길이 없다. 그런데 이것은 종교철학이나 신학의 영역에서 가끔 너무나 추상적인 수준에서 진행되는 이른바 종교 간 대화를 고스란히 학교 현실로 가져오자는 말이 아니다. 우리가 생각하고 실천하려는 대화의 길은 어떤 과제를 중심으로 함께 모여 대화하고 문제를 해결해 나가는 길이다. 실제로 학교를 꾸려 나가는 일과 관련된 문제, 학교의 일상 속에서 서로 화합하며 생활하는 데 필요한 문제에 한정하여 합의를 이끌어 내는 길이다.

4. 교양이 '-너머/그 이상'이 되어야 하는 이유: 내적 인간

18세기 이후 크게 발전한 교양 개념은 오늘날까지도 의미심장한 교육학적 근본 문제를 제시하고 있다. 그것은 교육 기관의 목표, 특히 학교의 목표가 한 시대의 (그 시대가 내세우는) 사회적 필요에 제한될 위험성이 있다는 사실이다. 그 목표가 노골적인 형태로 나타난 것이 '직업 교육'Ausbildung이다. 이것은 철저하게 사회적 필요에 기준을 맞춘 교육으로서 계몽주의 시대 이후로는 실용주의적 사고가 이런 식의 교육을 적극적으로 추진해 왔다. 선함이나 아름다움같이 있으나 없으나 마찬가지인 가치는 제쳐 두고 실제로 살아가는 데 써먹을 수 있는 능력과 기술에 집중하는 교육을 하자는 것이다. 요즘 쓰는 언어로는 '스킬', '취업 능력'employability, "기업가 정신"entrepreneurship 같은 것이 목표라고 생각한다. 이런 표현은 특별히 현대 유럽의 정치권에서 논의하고 있는 교양교육 담론에서 나온 것이다.

교육학적 문제

이런 경향은 교육학적 관점에서 하나의 문제라고 할 수 있다. 교양을 생각한다지만 철저하게 외적 인간에게 관심이 쏠려 있기 때문이다. 여기서 요구되는 능력이나 기술이란 것은 언제든 다른 것으로 교체될 수 있으며, 인격이나 인간성 같은 것은 중요하게 여겨지지 않는다. 인격체Person라는 말도 한 사회가 선호하는 성취의 능력을 소유하고 있는 존재쯤으로 이해된다. 그러므로 교양은 인간에 대한 이런 외적 규정을 넘어서는 것이어야 한다는 사상이 고전적 교양 이론의 핵심이다. 루소는 한 사회가 필요로 하는 시민과 태어날 때부터 고유한 권리를 부여받은 인간을 철저하게 구분했다. 훔볼트는 인간이 세상에서 외적 존재로 전락함으로써 생겨나는 소외 현상에 맞서 온전성Ganzheit을 주장했고 이를 참된 교양의 척도로 간주했다. 고전적 교양 이론의 대표자들이 내적 인간Der innere Mensch을 교양의 필수 구성 요소로 간주한 것은 결코 우연이 아니다. 슐라이어마허가 말했던 개성Individualität의 개념도 바로 이를 가리킨다. 물론 인간의 감정과 의지도 중요하게 다루어진다.

내적 인간의 형성교양을 항상 염두에 두어야 한다는 요구를 무조건 인간의 내면성Innerlichkeit을 파고들어야 한다는 주장과 혼동해서는 안 된다. 내면성을 강조하는 교육학은 인간을 외적 영역과 내적 영역으로 양분하는 위험에 빠질 수 있다. 외적 영역은 사회적 흐름에 의해 규정되고 내적 영역은 사회적 기능과 무관한 모든 것이 채우고 있다는 식이다. 그러나 내적 인간 개념은 그런 식의 이분법과는 무관하며 그런 구분은 사실상 가능하지도 않다. 오히려 그 개념으로 말하려는 바는, 내적 인간과 외적 인간을 함께 빚어 가는 것, 그래서 내적인 것과 외적인 것이 서로 스며들게 되는 것이다.

내적 인간과 성경적·기독교적 인간관

이런 인간관은 성경적·기독교적 인간론과 잘 융합된다. 신앙은 인간의 내적 지향과 관계되며, 기독교적 관점에서 이 신앙은 인격의 핵심으로 간주된다. 그러나 기독교에서 말하는 신앙은 인간 삶의 총체적 실천까지 포괄하기 때문에 종교적 내면성에 국한되는 것이 아니라 전인全人을 의미한다.

내적 인간의 형성과 신앙의 관계를 전면에 부각한 것은 종교개혁기의 신학이다. 종교개혁자들은 각 사람의 인격적 신앙을 결코 포기할 수 없는 중요한 것으로 간주한다.[56] 교양 개념의 역사에서 이미 살펴보았듯, 이때부터는 신앙을 갖는다는 것이 단순히 교회의 신앙에 기대거나 교회의 예배 의식에 참여하는 것과 동일시되지 않는다. 그런 것은 그저 외적 영역에 그칠 뿐이다. 기독교 신앙은—종교개혁자

---

56 앞의 82 이하를 보라.

들은 특별히 그것을 칭의(의롭다고 여김을 받음)의 신앙이라고 불렀는데—예수 그리스도 안에 계시는 하나님과의 내적 관계, 한 인간 전체를 규정하는 관계다. 그러므로 근대에 인간의 주체성과 개성을 높이 평가하게 된 데는 종교개혁의 통찰이 선구자 역할을 했다고 봐도 과언이 아니다. 이런 관점에서 볼 때—지금부터 더 자세히 살펴보겠지만—신앙도 얼마든지 교양, 즉 내적 인간의 형성이라고 볼 수 있다.

내적 인간의 형성이라는 교양 모티프는—오늘날까지도 지속적으로 영향을 끼치는—근대 사상과 이어진 것일 뿐 아니라 고대까지도 거슬러 올라가는 깊은 뿌리를 가지고 있다. 인간의 의지와 덕을 형성하는 것은 고대 그리스 철학에서도 핵심 주제였다. 특히 플라톤, 아리스토텔레스, 스토아학파가 발전시킨 덕 이론은 오늘날에도 교육학적 사유에 큰 영향을 준다.[57] 플라톤은 선의 이데아를 사상의 핵심으로 삼았다. 아리스토텔레스는 습관과 훈련으로 얻게 되는 태도Haltungen, habitus를 중요하게 생각했다. 이런 고대 철학의 덕 이론과는 달리 기독교는 독자적 방식으로 윤리적 행위의 근거를 규명했다. 물론 그 안에서도 강조점의 차이는 있었다. 토마스 아퀴나스는 사랑이 가장 중요하며 믿음도 사랑에 의해 형성된다고 이해한다. 그러나 종교개혁자들은 믿음이 사랑의 전제 조건이라고 생각한다. 이런 신학적 논의와는 별개로 덕에 대한 이론의 역사는 내적 인간의 갱신과 윤리적으로 책임 있는 행위에는 연관성이 있음을 밝혀냈다.

57　Bollnow, *Wesen und Wandel der Tugenden*[덕의 본질과 변화]는 역시 고전으로 평가받는 작품이다. 신학적 관점에서 덕과 관련해 간략하면서도 유용한 조망을 제시하는 글은 Stock, "Tugenden"[덕]이다.

내적 인간은 루터의 신학에서도 중요한 역할을 한다. 루터의 유명한 논문 "그리스도인의 자유"Von der Freiheit eines Christenmenschen, 1520에서도 '외적' 인간과 '내적' 인간의 구분이 뚜렷하게 부각된다.

> 그리스도인은 모든 것을 다스리는 자유로운 주인이며 누구에게도 예속되지 않는다.
> 그리스도인은 모든 것의 쓸모 있는 종이며 모든 사람에게 예속되어 있다.[58]

두 명제는 서로 모순된다. 루터는 이 모순을 이렇게 풀어낸다.

> 자유와 예속에 대한 상호 모순되는 두 주장을 이해하기 위해서는, 모든 그리스도인이 두 본성으로 이루어져 있다는 사실을 잘 생각해야 한다. 하나는 영적 본성이고 다른 하나는 육체적 본성이다. 영혼을 따르면 영적이고 새롭고 내적인 인간이라 할 수 있고 혈과 육을 따르면 육신적이고 낡고 외적인 인간이라 할 수 있다.[59]

루터에 의하면, 내적 인간은 믿음과 불가분의 관계를 맺으며, 그 믿음 안에서 선물로 받은 자유와도 긴밀하게 연결되어 있다. 그러나 루터가 생각하는 자유는 순수하게 내적 영역에만 머무르지 않고 인간

---

[58] Luther, *Freiheit eines Christenmenschen*, 239.
[59] 같은 곳.

전체, 즉 내적 인간과 외적 인간 전체를 변화시켜야 한다. 그런데 이 세상에서는 초보적 형태의 변화에 도달할 수 있을 뿐이다.[60] 마지막으로 루터는 이후의 개신교 윤리에서 결정적 의미를 지닌 관점을 천명하는데, 그것은 선한 행위 혹은 선한 업적이 인간을 선하게 만드는 것이 아니라 거꾸로 먼저 선한 인간루터의 표현으로는 하나님에 의해 의롭다고 인정을 받은 인간이 되어 있어야 그가 선한 행위를 할 수 있다는 주장이다. "그러므로 모든 선한 행위에 앞서 그 사람이 먼저 선하고 경건해야 한다. 선한 행위는 그 경건하고 선한 사람으로부터 나오는 것이다."[61] 좋은 나무가 좋은 열매를 맺는 법!

같은 맥락에서 '양심'에 대한 종교개혁자들의 견해에 주목할 필요가 있다. 오늘날에도 내적 인간의 의미를 제일 또렷하게 드러내는 개념이 있다면 바로 양심이다. 양심의 형성은 내적 발전의 과정일 뿐 아니라 교육학적인 지지와 동행이 필요한 과정이다. 그러므로 이것은 내적 인간의 형성과 다를 바가 없다.

양심 개념은 종교개혁자들의 사상 가운데서도 후대의 역사 속에 아주 특별한 흔적을 남겼다.[62] 물론 루터처럼 양심을 철저하게 하나님과 연결하려는 시도는 계속 이어지지 않았다. 양심은 점점 중요한 주제로 자리매김했지만 또한 아주 다양한 의미로 사용되었다. 한쪽에는 임마누엘 칸트가 말하는 양심, 다른 한쪽에는 지크문트 프로

---

[60] 같은 책, 251-252.
[61] 같은 책, 255.
[62] 이에 관한 개관은 Mokrosch, *Das religiöse Gewissen*[종교적 양심]과 Kittsteiner, *Die Entstehung des modernen Gewissens*[근대적 양심의 생성]를 보라.

이트Sigmund Freud가 말하는 양심이 있었다. 아무튼 이런 세속적 지평이 양심에 대한 논의를 주도하게 되었다. 하지만 양심 개념은 이런 근대의 전제 조건 아래서도 최소한 유사-종교적 의미의 절대적 중요성을 완전히 상실하지는 않았다. 보름스 의회에서 자신의 양심에 의지하여 세상의 모든 권위에 맞섰던 루터의 목소리는 여전히 반향을 일으킨다. 루터는 자신의 양심이 "하나님의 말씀에 의해 사로잡"혔다고, 그래서 "어떤 말도 철회할 수 없다"고 말한다. "양심을 거슬러 뭔가를 하는 것은 안전하지도 않고 옳지도 않기 때문"이다.[63]

지금까지 살펴본 내용을 요약해 보자. 종교개혁 신앙은 내적 인간에 관한 사상의 중요한 뿌리 가운데 하나다. 교양 사상의 이러한 종교적 토대는 오늘날까지도 교양을 외적 인간과 그 성취로 축소하려는 모든 경향에 맞선다. 그런 의미에서 오늘날 신학적 교양 사상이 감당해야 하는 중요한 과제가 있다. 바로 교양을 사회적 필요에 맞춰 피상적 수준의 교양으로 만들어 버리는 교육학의 근본 문제를 직시하고 그 문제를 해결하기 위해 힘을 모으는 것이다.

5. 신앙은 인간을 어떻게 변화시키는가
: 신앙도 교양인가?

신앙을 교양으로 이해하는 것은 매우 낯선 일이다. 백번 양보해서 그나마 생각할 만한 것은 종교적 교양인데, 그것은 신앙을 교양의 대상

---

[63] Leppin, *Martin Luther*, 177에서 재인용.

으로 삼는 수준이다. 그런데 신앙을 아예 교양이라고 말하든 신앙이 주체가 된 교양에 대해 말하든 일단은 의아하다는 반응을 마주할 것이다. 일반 상식으로는 한쪽에 신앙이 있고 다른 한쪽에 교양이 있다고 생각하기 때문이다. 예컨대, 높은 수준의 교양을 갖춘 지식인이 신앙을 대하는 태도를 생각해 보자. 그가 지닌 역사 교양은 성경의 역사적 신빙성과 관련하여 비판적 질문을 유발할 것이다. 어떻게 신앙이 그 자체로 교양이 될 수 있다는 말인가?

신앙이 곧 교양?

우선 몇 가지 오해를 먼저 정리하고 넘어가려 한다. 그런 오해가 수시로 끼어들기 때문이다. 첫 번째 오해는 신앙이 한 인간을 더 높은 단계로 나아가게 해 주는 기폭제라고 생각하는 것이다. 그래서 신앙이 있는 사람은 무조건 더 나은 사람이 되고 더 튼튼하게 건강을 누리고 사회적으로 더 능력 있는 사람이 될 수 있다고 말한다. 이런 식의 주장을 늘어놓는 것은 아무 도움이 되지 않는다. 상식 수준에서 생각해 봐도 설득력이 너무 떨어진다. 물론 기독교 신앙을 가지고 살아가는 사람 중 많은 사람에게 모범이 될 만한 삶을 사는 사람들이 있다. 그러나 그리스도인 중에는 이루 말할 수 없는 끔찍한 범죄를 저지른 사람도 많다. 독일의 근대사는 불가피하게 그 섬뜩한 진실을 증언한다. 유대인 수용소에서 잔인한 악행을 저지른 사람 중에는 성실하고 신실하게 예배를 드리거나 미사를 드리러 가는 사람이 있었다. 그리스도인도 병에 걸린다. 그리스도인이 이 세상에서 경제적으로 더 능력이 뛰어나고 더 많은 수익을 올릴 수 있다는 주장은 더 이상 설득력이 없다. 국제적 차원에서 각국의 경제 상황을 비교 연구할 때마다 드러나는 결과 앞에서, 또 서양과는 전혀 다른 노동관을 가진 아시아 국가들의 눈부신 발전 앞에서 그런 주장에 동조하는 사람은 아무도 없다. 물론 종교가 건강에 유의미한 영향을 끼친다는 것을 밝혀낸 경험적 연구도 없지 않다. 그마저도 부정하려는 것은 아니다. 그러나 신앙이 바로 그 의미에서 교양으로 이해될 수 있다는 주장, 신앙인이 다른 사람보다 더 높은 수준의 고양인이라는 주장에는 아무런 증거도 없다. 특정 종교에 소속되어 있는 것과 교육교양에 참여하는 것의 연관성, 신앙과 건강의 연관성을 말할 때는 그 연관성이 유일하고 직접적인 원인-결과 관계인지 혹은 그 밖의 다른 사회적 요인이 있는지 하나하나 살펴야 한다.

    그러니 우리에게는 더 설득력 있는 다른 관찰 방식이 필요하다. 만일 신앙이―지금까지 우리가 살펴본 내용을 통해 분명하게 드러난 것처럼―인생의 방향성 및 근본 태도와 관계된 것이며, 새로운 의미 지평을 열고 신앙으로 삶을 해석하는 틀을 제공함으로써 기존의 방향성과 태도를 변화시키는 데까지 나아가는 것이라면, 그것은―우리가 앞서 주목한 표현처럼―내적 인간을 새롭게 빚어내는 일이다. 그렇게 해서 변화된 삶의 모습을 기존의 삶에 추가된 별도의 특징 정도로 여긴다면 이는 너무 단순한 생각이다. 사실 그런 식으로 생각하고 넘어가는 경우가 너무 흔해 보인다.

내가 직접 참여한 튀빙겐 대학교 연구 프로젝트에서 아주 인상 깊은 경험을 한 적이 있다. 우리 팀은 종교 수업과 관련해서 학생들과 인터뷰를 진행했다. 우리는 개신교와 가톨릭이 함께하는 종교 수업을 진행하면서 그 수업에 참여한 어린이들과 대화를 나누었다. 우리는 아이들에게 "개신교인이 된다는 것, 천주교인이 된다는 것이 무슨 의미일까?" 하고 물었다.[64] 학생들은 자신 없어 하는 모습이었다. 그것이 어떤 내적 지향과 관련된 것 같기도 하고 그냥 외적 특징 같기도 하다는 것이었다. 사람을 키 크기로 구분하거나 머리카락 색깔로 구분하는 것처럼….

한 사람이 자신이 속한 종교 혹은 교파개신교/천주교를 적극적으로 인정하고 적극적으로 그 공동체 안에서 생활하면서 그 공동체를 함께 만들어 나갈수록 신앙이 그의 내적 인간을 변화시킬 가능성이 커진다. 그리고 한 인간이—앞서 여러 차례 강조했듯—단순히 내면과 외면으로 갈라놓을 수 없는 존재라면, 그 신앙을 통해 달라지는 것은 그 사람의 전체, 즉 전인全人이다.

신앙을 통한 교양

라이너 프로일은 『개신교 교양 이론』Evangelischen Bildungstheorie이라는 저서를 통해 "신앙이 곧 교양"이라는 주장과 더불어 "신앙을 통한 교양"이 가능하다는 주장을 전면에 부각한다.[65] 그는 종교개혁자들의 신학을 연구하면서, 신앙과 '선행'윤리의 관계에 대한 그들의 견해가 많은 것을 시사한다고 말한다. 신앙과 '선행'의 관계는 종교개혁의 핵심 주제 가운데 하나다. 여기서 결정적으로 중요한 것이 있다. 인간

---

64 Schweitzer u.a., *Gemeinsamkeiten stärken*[공통분모를 더욱 튼튼하게 하기]을 보라.
65 Preul, *Evangelische Bildungstheorie*, 특히 121 이하를 보라.

은 선한 행위를 통해 하나님 앞에서 의로워지는 게 아니다. 선한 행위를 통해 하나님의 심판을 무사히 통과할 수 있는 것이 아니다. 오히려 거꾸로다. "하나님이 인정하시는" 의로움은 "믿음을 통해서" 온다롬 3:21-22. 프로일은 이 사실을 이렇게 설명한다. "인간이 성령의 역사하심을 통해 경험하게 되는 해방은 인격 전체의 내적 변혁을 의미한다." 루터가 강조한 것도 바로 이것이다. "사람은 (먼저) 믿음을 통해 '선해지고' 그다음에 실제로 선한 행위를 할 수 있으니, 이것은 좋은 나무가 좋은 열매를 맺는 것과 같다."[66] 오늘날의 상황을 생각해 보면, 예컨대 다음과 같은 사실도 주목해 볼 수 있다. 기독교 신앙은 평화와 정의, 그리고 생태계 윤리에 대한 돌봄과 보존이라는 의미에서 근본적 성향Ausrichtung을 포함한다. 다시 한번 프로일의 말을 인용한다.

> 하나님이 다스리시는 세상 나라의 일에 참여할 때, 그리스도인의 행동 성향은 이런 모습이어야 한다. 그리스도인은 예컨대 청소년들이 더 나은 미래, 특히 더 안전한 미래를 위해서 적극적 행동에 나설 때 그들과 연대할 수 있다. 나아가 국제적 연대를 결성할 수도 있다. 기독교 문명이라는 경계선을 넘고 서구 문명이라는 경계선을 뛰어넘는다. 다원주의 시대에는 어차피 그런 경계가 무의미하다.[67]

66　같은 책, 121-122.
67　같은 책, 126.

교양 있는 신앙

이렇게 볼 때 신앙을 교양으로 이해하는 것, 신앙의 확신에서 나오는 교양의 실천을 염두에 두는 것은 얼마든지 의미 있는 일이 될 수 있다. 그러나 신앙과 교양의 구분을 적절하게 유지하는 것이 가져오는 이득을 섣부르게 날려서는 안 된다. 그 구분을 전제로 할 때만 얻을 수 있는 깨달음이 있기 때문이다. 종교 전통에 기초한 신앙과 근대의 비판적 이성에 기초한 교양 사이의 갈등은 계몽주의 시대 이래로 핵심 갈등이다. 신앙과 교양이라는 주제를 놓고 신학과 교육학은 상호 비판적 입장에서 학문적 씨름을 계속해 왔다. 그런데 교양이 종교적·신학적 분석만으로 충분히 설명될 수 있다고 주장하면서 모든 갈등과 비판적 대결을 배제하려는 시도는 결코 바람직하지 못하다. 그런 식의 주장은 교육학이나 교양 사상의 입장에서 신학을 향해 던지는 비판적 질문의 여지를 배제한다. 예컨대, 이런 질문을 던질 수 있다. '어떤 특정 신앙이나 특정 형태의 종교적 가르침을 교육학적 교양 사상에 입각하여 평가할 수 있는가? 만약 그렇다면 어떤 방식으로 할 수 있는가?' 이런 질문은 신학적으로 의미 있는 질문이다. 그런 질문을 통해서 교회에도 꼭 필요한 통찰과 자극을 얻을 수 있기 때문이다.

전통적으로 교육학에서는 '교양 있는 신앙'ein gebildeter Glaube에 대한 물음을 꾸준히 제기해 왔다. 이 질문에 대해서는 물론 신학적 대답도 가능하다. '교양 있는' 신앙이란 자신의 종교적 전통을 성찰 과정을 통해 내면화하여 독자적인 종교적 자립 및 판단 능력을 획득한 신앙이다. 에베소서 4:14에 근거한 성숙한 신앙도 같은 맥락에서 이해할 수 있다. 이렇게 성숙을 도모하는 신앙이라면 교육학적으로도 얼마든지 수용이 가능하다. 그러나 교회가 모든 것을 결정하고 다른 여지를 남겨 주지 않으며 "사실상 일반 교양의 보편적 통로"가 되려고 한다면 교육학의 수용은 불가능하다.[68] 교회도 이런 견해를 충분히 수용할 수 있으리라 희망한다.

교양에 대한 교육학 내부의 논의, 그리고 공적 논의에서는 다른 기준도 제시된다. 만일 신앙이 어떤 종교 전통의 유산을 습득하는 수준, 그리고 교회의 맥락 속에서 독자적 사유를 훈련하는 수준이라면, 그것을 '교양 있는 신앙'이라고 말할 수 없다는 것이다. 어떤 종교적 신앙이 예컨대 현대 과학과 창조적이고 건설적인 관계를 발전시킬 만한 능력을 제시할 수 있을 때 비로소 '교양 있는 신앙'이라고 판단한다. 교육학적으로 볼 때 교양은 언제나 그 대상에 대한 비판적 탐색 및 자기비판적 탐색을 포함한다. 이는 종교적 교양의 경우에도 마찬가지다.

6. 종교와 교양의 자기 성찰: 종교적 교양

교양과 신앙의 관계는 종교적 교양의 범위를 넘어서는 주제다. 종교와 관련한 질문은 교양의 주요 주제다. 이것은 종교 혹은 신앙이 교양의 내용에 속하기 때문만은 아니다. 종교적 확신과 종교적 전통은

---

[68] 이 의미심장한 표현은 독일 가톨릭주교회의가 종교 수업과 관련하여 발표한 성명서에서 나온 것이다. *Die deutschen Bischöfe, Bildende Kraft des Religionsunterrichts*[종교 수업이 가진 형성/교양의 힘], 62를 보라.

처음부터 교양 개념의 형성에 큰 영향을 끼쳤다. 그래서 또 다른 가능성이 부각된다. 그것은 교양과 신앙의 관계를 (종교적 교양의 영역에서만이 아니라) 일반 교양 과정에서도 주제로 삼는 것이다.

종교적 특성, 교양의 주제가 되다

'한 사람의 종교적 특성은 어떻게 형성되는가?' 이 질문과 함께 종교적 교양은 지금까지 거의 주목받지 못했던 지점을 생각하게 된다. 흔히 종교적 교양 혹은 종교 교육이라고 하면, 어떤 종교 공동체예컨대 교회의 신앙생활에 적극적으로 참여하는 데 필요한 전제 조건을 교육하는 것을 떠올린다. 그 목적을 이루기 위해 꼭 필요한 지식과 기술을 선별하여 가르치는 것이 종교적 교양의 과제가 된다. 일찍이 슐라이어마허도 교회 수업에 대한 글에서 이와 비슷한 견해를 피력했다. 거기서 그가 말한 것은 종교적 강연을—예배의 자리에서는 설교를—들으면서 깨달음을 얻을 수 있는 능력이다. 이 능력은 단순히 인지적이고 언어적인 능력만을 뜻하는 것은 아니다. 설교에서 언어로 표현된 종교 감각Empfindung과 자신의 종교 감각을 창조적으로 결합할 수 있는 능력, 곧 특별한 종교적 관점에서 포착되는 능력이다. 또한 종교 제의에 참여할 수 있는 능력, 종교적 판단 능력까지 포괄한다.

이런 형태의 종교적 교육과 종교적 교양은—특히 종교 공동체와 종교 전통의 입장에서—예나 지금이나 대단히 중요하다. 그러나 우리가 추구하는 더 포괄적인 교양의 과제에는 아직 못 미친다. 교양은 어떤 특정 종교 공동체예컨대 교회의 내적 요구에 한정될 수 없기 때문이다.

지금까지 역사 전체를 살펴볼 때, 종교적 신념이 교양의 이해와 구현 과정에 중요한 영향을 끼쳤다는 사실이 분명하다면 그 영향의 실체도 정확히 파악될 수 있어야 한다. 예컨대 그 교양은 한 사회가 나아갈 방향을 찾아가는 데 결정적 역할을 할 수 있다. 물론 우리는 역사인 증거만 찾아내는 것이 아니라 필연적인 사실 관계를 밝혀낼 필요가 있다. 예컨대 우리가 논증하려는 것은 이것이다. 언제나 교양은—과거나 현재나 마찬가지로—특정한 종교와 세계관의 전제 위에 서 있다. 교양 과정은 바로 그 전제를 투명하게 드러낼 수 있어야 한다.[69] 이렇게 그 전제를 의식하게 되는 것은 그 전제와 비판적으로 논쟁하는 데 필요한 전제가 된다. 이로써 한 인간의 자기 결정과 자유를 뒷받침하는 역할을 한다. 이는 한 인간이 자신을 빚어 나가는 과정에서 꼭 필요하다.

대표적인 예로 '인간에 대한 이미지'(인간상, Menschenbild)를 생각해 보면, 종교적 전제를 의식하는 일이 얼마나 필요한지 어렵지 않게 이해할 수 있다. 인간에 대한 이미지가 교양 이해를 이끌어 간다. 과거에도 그랬고 지금도 마찬가지다. 이 문제와 관련하여 성경·기독교 전통에서 근본적으로 중요한 것이 창조 신앙이다. 역사적으로 교양 전통에서 끊임없이 참조해 왔던 개념이 '하나님 형상'이다. 이 개념은 성경·기독교 전통에서 말하는 인간의 본질 규정을 함축하고 있으며, 인간의 대대적 변화에 대한 비전까지 내포한다. 이런 종교 전통이 제시하는 것과는 전혀 다른 인간 이미지도 있다. 어떤 경우에도 포기

---

[69] 이에 관해서는 Preul, *Evangelische Bildungstheorie*, 특히 83 이하를 보라.

할 수 없는 인간의 존엄성은 그 이미지의 출발점이 아니다. 오히려 사회적 요구, 특히 경제적이고 기술적인 요구가 전면에 부각된다. 교양 이해에 결정적 영향을 끼치는 이런 인간학적 전제들과 의식적으로 또한 비판적으로 씨름하는 것은 틀림없이 교양의 근본 과제다.

그러므로 교양과 신앙의 관계를 자기 성찰의 방식으로 접근하는 것은 보편적 교양의 목표가 될 수 있다. 혹은 보편적 교양의 일부로 받아들일 수 있다. 4장에서 더 살펴보겠지만, 교양의 전제가 어떤 종교·세계관의 영향을 받고 있는지 규명하는 것은 보편적 교양 이해와 관련된 문제일 뿐 아니라 그 생각이 구현되어 세워진 교육 기관, 예컨대 학교와 관련해서도 중요한 문제다. '이 학교는 어떤 전제에 의해 움직이고 있는가? 또한 그 전제를 어떻게 대하고 있는가?' 우리는 이 질문을 던질 수 있고 던져야 한다.

이 책에서는 교양 기관의 상황까지 파고들지 않고 교양 이해의 역사, 그리고 한 개인이 걸어가는 교양의 여정에 집중한다. 이 두 가지는 교양 과정에서 별도의 주제로, 자기 성찰의 방식으로 논의되어야 한다.

종교적 특성에 대한 자기 성찰

한 사람이 걸어온 교양의 내력을 살필 때도 그 사람의 삶 이야기에서 중요한 역할을 하는 종교적·세계관적 경험과 특성을 의식하는 게 중요하다. '나는 집에서, 학교에서, 혹은 학교가 아닌 다른 경험 공간에서 어떤 종교적 혹은 비종교적 영향을 제공받았는가? 그것이 나에게 어떤 영향을 주었는가? 지금 나는 그것을 어떤 식으로 대하려 하는가?' 이런 질문 앞에서 대답을 시도하는 것은 지금까지 자신이 마주해 왔던 종교·세계관의 영향을 성찰하며 최대한 주체적으로 그것을 대하는 길이 된다. 이는 그 사람의 미래와도 관련된다. 이러한 성찰 능력은 그런 영향력에 대한 생각을 교환함으로써 얻을 수 있다. 다른 사람과의 대화를 통해 자신의 종교적 이력에 대한 통찰이 자라난다.

교양 사상의 역사를 살펴보면, 종교와 세계관의 영향력이 교양에 대한 생각의 흐름과 형태를 결정하는 중요한 요인 중 하나였음을 알 수 있다. 그런 영향력을 충분히 성찰하는 것, 그리고 최대한 자유로운 태도로 그것을 대하는 것은 한 사람의 인생과 관계된 것일 뿐 아니라 사회 전체의 분위기와도 관계된다. 그러므로 이것은 보편적 교양의 과제라고 할 수 있다. 미래의 교양과 종교적 토대를 완전히 분리해야 한다고 생각하는 사람, 그래서 교양 사상을 완전히 비종교적인 토대 위에서 발전시켜야 한다고 주장하는 사람이라면 바로 그 소망을 이루기 위해서라도 이 보편적 과제를 진지하게 받아들여야 한다. 한 사회의 전통, 특히 종교적 영향력이 확실하게 스며 있는 전통과 비판적으로 씨름하는 일이야말로 바로 그런 미래를 위해 반드시 필요한 전제 조건이기 때문이다.

교양 과정에서 신앙과 교양의 관계가 성찰되어야 함을 주장하는 게 종교적 교양의 근거에 대한 다른 주장을 무효로 만들지는 않는다. 보편적 교양의 지평에서 종교적 교양의 근거를 모색하는 다른 시도도 있기 때문이다. 교육학 전통에서 보편적 교양을 위해 종교가 필요함을 주장할 때 자주 등장하는 것이 인간의 '초월-개방성'Transzendenzoffenheit이다. 오늘날에는 많이 오해되고 있지만, 과거 독일 고전주의 교양 사상에서 나온 '종교적 소질'Anlage zur Religion이 바로 이것을 가리킨다.[70] 20세기 들어서는 '인격성'Personalität 개념이 종교적 교양의 차원과 상응한다고 할 수 있다. 인간의 인격성은 생물학적 구성이나 사회적 조건으로 완전히 해명될 수 있는 것이 아니기 때문에 교양 과정은 자연과 사회의 영역을 뛰어넘는 전망을 열어 줄 수 있어야 한다.

교육학 전통에서 교양의 초월 관련성Transzendenzbezug은 이른바 서구 전통과 연결되곤 했다. 적어도 중부 유럽 문화에서는 그런 경향이 강했다. 그러나 현대에 와서는 종교와 세계관의 다원성이 뚜렷하게 부각되기 시작했다. 기독교와 그리스-로마 철학은 더 이상 유일한 선택지가 아니다. 이런 상황에서 교육학적으로 중요한 질문이 대두된다. '교육이 어떤 특정한 종교 혹은 세계관을 채택하면서도 일방적 선택이라는 잘못을 피할 수 있는가? 과연 어떻게 그것이 가능한가?' 종교와 세계관의 다원성은 우리 사회 전체에서 관심을 기울여야 하는 또 하나의 교양 과제가 되었다. 지금부터 그 문제에 집중하려 한다.

7. 오늘날 교양은 왜 간종교적으로 재구성되어야 하는가
: 다원성의 능력은 교양의 목표

교양 개념을 역사적으로 조망한 2장에서도 종교와 세계관의 다원성이 우리 시대의 중요한 특징임을 지적했다. 이제 그 특징이 교양과

---

[70] 112 이하를 보라.

관련하여 어떤 과제를 제시하는지 더 자세히 살펴보려 한다. 여기서 우리가 마주하는 중요한 개념이 바로 간間종교성Interreligiosität이다. 이 개념은 이미 교육학적 강조점을 내포한다. 교양은 여러 종교와 세계관의 관계를 건설적으로 발전시키는 데 기여할 수 있어야 한다. 이것을 명확하게 논증하기 위해서는 먼저 문화와 종교의 관계, 다문화성과 다종교성의 관계를 고찰할 필요가 있다.

문화와 종교 – 다문화성과 다종교성

지금 우리는 다문화 사회에서 살고 있다. 물론 문화와 문화 간의 관계가 대등하지 않을 때가 많으며 여러 가지 면에서 마찰도 있기 때문에 비판하는 목소리가 끊이지 않는다. 그래도 사람들 대다수는 우리가 다문화 사회에서 살고 있다는 사실을 받아들인다. 교육학에서도 전반적으로 이런 현실 인식을 이미 수용한 상태다.[71] 그런데도 무슨 선도적인 독일의 문화, 선도적인 서구의 문화를 주장하는 것은 정치적-보수적 퇴행으로 보인다. 이미 문화의 다양성에 발맞춰 나가는 교육학은 그런 목소리에 흔들리지 않을 것이다. 거의 30여 년 전부터 거론되기 시작한 **간문화적 배움**interkulturelles Lernen이라는 개념이 이런 흐름을 대변한다. 이 개념은 과거의 생각, 예컨대 '외국인을 위한 교육'이라는 생각을 해체하고 들어선 개념이다. 현대 교육학에서 간문화적 배움의 의미와 한계에 비판적 목소리를 내는 학

---

71 일반적인 교과서 및 개요는 Auernheimer, *Einführung in die interkulturelle Erziehung*[간문화적 교육 입문]을 보라.

자들도 있다. 그러나 그들 역시 단순히 외국인의 문화적 적응에만 집중하는 교육학으로 회귀할 생각은 없다. 다만 사회적 갈등을 단순히 문화 차이에서 나타나는 문제로 환원하는 경향, 이른바 "문화화"Kulturalisierung 경향을 비판적으로 보려는 것이다.[72] 그런 환원주의에서 벗어나 실제 원인, 예컨대 사회적 불평등과 연관된 원인을 밝혀내려는 시도가 필요하다.

종교교육학에서는 간문화적 배움에 상응하는 교육적 모델로서 **간종교적 배움**interreligiöses Lernen이라는 개념을 발전시켰다. 나 개인적으로는 **간종교적 교양**interreligiöse Bildung이라는 개념을 선호한다.[73] 이 개념이 함축하는 바는, 간문화적 사회는 십중팔구 간종교적 사회라는 인식이다. 그러므로 다문화 사회의 학습 과정과 교양 과정은 반드시 종교적 차원의 다원성을 받아들이고 그 다원성의 형체를 함께 만들어 나가야 한다. 예컨대, 이민 가정의 어린이와 청소년을 위한 교육적 지원은 그들의 문화적 특성만 고려하는 것으로는 충분하지 않음을 알아야 한다. 독일의 교육 기관에는 터키 출신의 어린이와 청소년이 많은데, 기본적으로 이슬람교를 이해하지 않고서 그 학생들의 삶을 온전히 이해하기란 불가능하다.

물론 문화와 종교의 관계는 대단히 복합적이다. 때때로 종교는 문화의 일부일 뿐이라고 단정하는 사람들이 있다. 그러나 정반대의 주장을 펴는 사람들도 있다. 결국 문화란 종교의 표현일 뿐이라는 것이

---

[72] Radtke, *Kulturen sprechen nicht*[문화는 말하지 않는다]를 보라.
[73] Schweitzer, *Interreligiöse Bildung*을 보라.

다. 나는 문화와 종교가 다층적으로 서로 얽혀 있다고 본다. 문화가 종교를 규정하기도 하지만, 거꾸로 종교가 문화를 규정하기도 한다. 가령 터키의 문화를 제대로 이해하기 위해서는 이슬람교의 영향을 파고들어야 한다. 그런가 하면, 유럽과 아프리카의 문화적 차이 때문에 완전히 다른 모습의 기독교가 나오기도 한다.

교양과 종교의 관계에서 결정적으로 중요한 변화는 그렇게 서로 다른 종교들이 한 나라 안에 존재한다는 것이다. 이런 상황에서는 교양과 종교의 관계는 새로운 방식으로 접근해야 한다. 교양의 입장에서 오랫동안 고민해 왔던 것이 "종교와 함께 가는가?" 혹은 "종교 없이 가는가?" 둘 중 하나를 선택하는 문제였다고 한다면, 이제 종교와 세계관의 다양성이라는 지평에서 교양 이해도 새롭게 규정되어야 한다. 특히 두 가지 질문이 중요하게 대두된다.

첫 번째 질문은 이것이다. '교양 이해가 어떤 종교적 전제 또는 어떤 세계관적 전제에 의해 결정될 수 있는가?' 교양 개념에 스며 있는 서구 기독교적 특징이 당연한 것으로 여겨질 때는 이런 질문을 던질 필요가 없었다. 그런 과거에 제기됐던 질문은 고작해야 교양의 종교적 토대를 인정하느냐 마느냐는 것이었다. 그러나 종교와 세계관의 선택지가 점점 다양해지는 지금, 이와 관련하여 더 정밀하게 분석하고 해명할 필요가 생겼다. 기독교 신학의 관점에서 교양이라는 주제를 다루는 이 책은 바로 그 일에 기여하려는 의도를 가지고 있다. 이 책 외에도—특별히 유대교의 관점, 이슬람의 관점, 또한 진화론의 관점, 무신론의 관점에서 교양을 주제로 다룬—다른 책들이 나와서 이전보다 명확한 분석과 깨달음을 주는 활발한 토론의 장이 만들어져야 한다.

여기서 두 번째 질문이 제기된다. '다문화·다종교 사회 속에서 과연 교양은 평화롭고 건설적인 공존의 가능성을 만들어 갈 수 있는가?' 이 목표는 교육학적으로나 종교교육학적으로나 처음부터 세심하게 준비되어야만 이룰 수 있는 목표임이 점점 분명해지고 있다. 이제 이 부분을 더 자세히 살펴보자.

교양, 편견, 관용

2001년 9월 11일은 인류의 평화를 공격하는 종교적 위협의 상징이 되어 버렸다. 이미 수백 년 전부터 계몽주의 이성이 줄기차게 비판해 왔던 것, 즉 종교적인 편견, 불관용, 공격성, 폭력이 뒤엉켜 그날의 테러로 나타났다. 여기서 종교는 문명화된 인간성과 대치하는 야만주의의 모습으로 나타났다.

문제의 중심에는 근본주의가 있다. 오늘날 근본주의는 이슬람의 대명사처럼 호도될 때도 있지만, 과거 역사 및 오늘의 현실에서는 기독교 근본주의도 영향력을 떨치고 있다. 이슬람 근본주의나 기독교 근본주의 모두 계몽을 거부하는, 심지어 계몽을 적대시하는 종교 세력으로서 폭력과 공격성의 원인으로 지목된다. 최근 연구에 따르면 독일에서는 특히 젊은 무슬림 사이에서 이런 모습이 확인된다.[74] 이런 상황을 지켜보고 있노라면 종교적 교양이 아니라 '교양을 통한

---

74 물론 이러한 진단은 부분적으로 논란이 있다. Heitmeyer u.a., *Verlockender Fundamentalismus*[근본주의의 유혹]; Brettfeld/Weltzels, *Muslime in Deutschland*[독일의 무슬림]를 보라.

계몽'이 필요하다는 생각이 들 수 있다. 그러나 여러 면에서 그것만으로는 불충분함이 드러나고 있다.

일단, 이슬람이든 기독교든 그 자체로 근본주의 경향이 있다고 봐서는 안 된다. 누구든 그런 상황에 빠진다면 조금씩 근본주의적 성향을 가질 수밖에 없는 특정 상황이 있음을 알아야 한다. 특히 이민 과정이 순조롭게 진행되지 않았거나 이민 자체가 거부되는 바람에 궁지에 몰린 사람들, 그래서 주류 사회에서 제대로 인정받지 못하며 힘겨운 삶을 사는 사람들에게서 그런 문제가 많이 나타난다. 그들은 결국 주류 문화와는 완전히 다른 종교적 신념으로 똘똘 뭉친 모임에 가입하게 되고 거기서 기존의 소외감과 절망감을 보상해 주는 소속감과 자부심을 찾는다.

앞서 살펴보았듯,[75] 근본주의는 단순히 근대적 교양에 못 미치는, 학문적 계몽의 능력을 갖추지 못한 미개한 시대의 잔재물이 아니라, 위협적으로 강하게 닥쳐오는 근대화에 대한 저항의 움직임이다. 근본주의도 명백하게 근대의 산물인 것이다. 그러므로 우리는 근본주의를 단순히 '계몽이 너무나 부족한' 상태로만 치부할 게 아니라, 과도한 부담으로 인간을 압박하는 바람에 결국 실패하고 만 계몽의 결과로도 봐야 할 것이다. 근대 서구 문명이 기존의 신앙적 확신을 위협한다고 느껴지는 곳에서 이런 움직임이 거세게 일어났다.

서구 민주화라는 옷을 입고 나타난 계몽, 어쩔 수 없이 받아들여야 하는 계몽은 근본주의를 극복하는 길이 아니라 오히려 근본주의

---

[75] 앞의 150 이하를 보라.

를 더욱 강화시킬 수 있는 길이다.[76] 전통적 신앙의 확신을 고수할 것인가, 아니면 현대적 교양의 길을 갈 것인가? 이렇게 둘 중 하나만 선택해야 하는 상황이라면 적지 않은 수의 사람이 전통적 신앙을 선택하게 된다.

강요된 계몽은 정말로 원했던 목표로 이끌어 주지 못한다는 사실이 확실해진 상황에서 우리가 시도할 수 있는 다른 가능성은 기존의 종교 전통 안에서 종교적 토대가 확실한 관용의 토대를 찾아내는 길이다.[77] 이러한 시도가 매우 전망이 좋은 것은, 여기서 관용은 신앙의 반대말로 간주되는 게 아니라 오히려 고유한 신앙의 표현이자 결실로서 중요하게 받아들여질 수 있기 때문이다. 예컨대 기독교에서는 인간의 죄와 잘못에도 불구하고 오래 참으시는 하나님의 관용에 주목할 수 있다. 하나님의 이런 모습을 모범 삼아 인간과 인간의 관계 속에서도 "신앙에서 우러나오는 관용"을 실천해야 한다고 요구할 수 있다.[78] 개신교에서 견지하는 기독교 신앙관도 여기서 중요한 역할을 한다. 그에 따르면, 인간은 결코 자신의 신앙을 마음대로 통제할 수 없다. 신앙은 오직 성령으로부터 나오는 확실성의 체험에 의

---

[76] 관용의 의미에 대한 철저한 연구, 그 종교적 토대에 대한 논증과 관련하여 내가 여러 면에서 참조하는 논문은 Schwöbel, "Toleranz aus Glauben"[신앙에서 나온 관용]이다. 또한 Schweitzer/Schwöbel (Hg.), *Religion - Toleranz - Bildung*[종교-관용-교양]; Krimmer, *Evangelischer Religionsunterricht und reflektierte Toleranz*[개신교 종교 수업과 성찰적 관용]를 보라.

[77] Schwöbel/von Tippelskirch (Hg.), *Die religiösen Wurzeln der Toleranz*[관용의 종교적 뿌리]를 보라.

[78] 마르틴 루터의 사상에 기대는 Ebeling, "Die Toleranz Gottes und die Toleranz der Vernunft"[하나님의 관용과 이성의 관용]를 보라.

존한다. 만일 기독교가 이해하는 신앙이 이처럼 자신의 손에서 벗어난 것이라면, 이는 다른 형태의 신앙에도 해당되는 원칙이다. 그러므로 우리는 다른 사람의 신앙 형태를 인정하고 존중해야 한다. 비록 그것을 그대로 공유할 수는 없더라도 말이다.

우리는 이러한 고민을 교양-이론적으로 더욱 발전시키고자 한다. 교양과 계몽이 하나의 틀을 만들어 놓고 교양 과정을 통해 종교를 그 안에 끼어 넣으려고 해서는 안 된다. 오히려 종교는 처음부터 교양 과정의 한 부분이다. 다만 종교를 다루는 교양의 단계는 여러 단계로 구분될 필요가 있다. 디트리히 벤너는 이런 맥락에서 "근본적"fundamental 종교와 "근본주의적"fundamentalistisch 종교를 구분하자고 제안한다.[79] 근본적 종교는 어떤 경우에도 포기할 수 없는, 그래서 다른 모든 것의 기초가 되는 (그렇기 때문에 "근본적인") 확신을 가리킨다. 근본적인 종교적 확신은 교양에 의해 폐기되어서는 안 된다. 벤너가 보기에 정말 문제가 되는 것은 "근본주의적" 태도. 이것은 자기의 종교든 세계관이든 정치적 견해든 그것을 절대화하는 태도. 교양은 인간이 자신의 신념 혹은 신앙에서 근본적인 것과 근본주의적인 것을 구분하는 능력을 갖추는 데 기여해야 한다.

벤너가 제안하는 구분, 즉 근본적인 것과 근본주의적인 것의 구분은 다원성 능력을 형성하는 데도 적용할 수 있다.

---

[79] Benner, "Religiöse Bildung"[종교적 교양]을 보라.

다원성 능력은 교양의 목표

다원성 능력은 일차적으로 모든 형태의 다양성과 마주했을 때 성찰을 통해 신중하게 대응할 수 있는 능력으로 이해할 수 있다.[80] 여기서 말하는 다원성은 사회적·정치적·문화적 형태의 다원성, 그리고 종교와 세계관의 다원성이다. 그러므로 우리가 교양의 목표로 삼고 있는 다원성 능력은 종교와는 직접적 관계가 없는 영역에서도 요구되는 능력이다. 예컨대 정치 과목이나 언어 및 소통과 관련된 과목에서도 다원성 능력이 필요하다. 그러나 자세히 들여다보면, 이런 과목에서도－적어도 넓은 의미에서－종교와 관련한 다원성 능력이 중요한 역할을 하고 있다. 정치는 다원화된 사회와 문화 속에서 불거져 나오는 의사소통의 문제를 진지하게 고민하지 않을 수 없다. 그래서 종교 자유의 문제, 종교적 다원성의 문제도 그만큼 중요하게 다뤄야 한다. 지금부터 우리는 종교와 관련한 다원성 능력을 집중적으로 조명하려고 한다. 이것은 이 책에서 다루는 주제의 맥락을 따른 것일 뿐 아니라 오늘날 우리가 경험하는 종교적 갈등 때문에 다원성의 능력이 절실하게 요구되는 상황을 반영한 것이기도 하다. 종교적 다양성은 우리의 근본 신념과 관계된 것이며, 그래서 인생의 전체 방향에도 영향을 준다. 그래서 다시 한번 종교 수업과 종교적 교양의 중요성이 강조된다. 종교적 다양성과 마주하여 방어하는 태도를 보이거나 공격하는 태도를 보이는 것이 아니라 창의적으로 대할 수 있는

80　Schweitzer u.a., *Pluralitätsfähige Religionspädagogik*[다원성의 능력이 있는 종교교육학]; Nipkow, *Bildung*을 보라.

능력을 키워주기 때문이다.

종교교육학 논의에서는 **다원성**Pluralität과 **다원주의**Pluralismus를 구분하는 것이 큰 도움이 된다고 밝혀졌다. 다원성이란 (종교적) 다양성이 하나의 현실로서 이미 주어져 있음을 가리키는 말이다. 그에 비해 다원주의는 규범적 의미를 띠는 것으로서 규칙과 성찰에 기초하여 그 다원성을 대하는 것을 목표로 한다. 과거의 교회, 과거의 종교교육학은 종교적 다양성이 기독교 신앙의 절대적 진리를 흔들어 놓는다는 이유로 다원성과 다원주의를 배격하려고만 했다. 그러나 우리가 말하는 다원성 능력은 다원성과 다원주의의 극복을 의미하는 게 아니다. 오늘날 신학의 주도적 흐름은 종교적 다원주의야말로 기독교가 다원성을 받아들이는 적절한 방법이라고 여기며 이를 긍정적으로 받아들인다.[81] 이것은 다원주의가 진리와 상충 관계인 것처럼 오도되어서는 안 된다는 의미다. 종교적 진리에 대한 인식과 종교적 다양성의 경험은 서로 연결되어 있다는 사실을 알아야 한다.

종교적 다원성의 능력은 다원성에서 다원주의로의 전환과도 연결될 수 있다. 이것은 정치 체제 차원에서 시도되는 정치적 다원주의와는 다르다. 정치 체제는 다원주의를 민주적 규제 체제로 간주하고 의회를 통한 제도화나 권력 분할을 통해서 확고히 하려고 한다. 그러나 우리의 관심은 체제가 아니라 인간 한 사람 한 사람이다. 다원적 상황에서 모든 개인은 우리 시대의 다원성을 마주할 때 사회적으로, 교육학적으로, 종교교육학적으로 바람직한, 깊은 성찰에 기초해 대

---

[81] Herms, "Pluralismus aus Prinzip"[원칙에 근거한 다원주의]를 보라.

응하도록 도와주는 특정한 능력과 태도가 필요하다. 종교적 다원성 능력은 개개인이 우리 사회의 모든 영역에서 가시화되고 있는 다원성이라는 현실에 창의적으로 대처하는 데 기여한다.

종교적 다원성 능력이 종교 및 세계관의 다원성에 성찰적으로 대응하는 것을 의미한다면, 그 능력은 다원적 현실에서 언제든 일어날 수 있는 다양한 상황에서 성숙한 판단을 내릴 수 있는 능력을 포함해야 한다. 이런 관점에서 보면, 근본주의와 마찬가지로 상대주의 Relativismus도 큰 도움이 되지 않는다. 상대주의는 모든 종교적 신념이 똑같은 가치를 지닌다고 주장한다여기에는 비판적 판단력이 들어설 여지가 없다. 근본주의는 자신의 신념만을 관철하려 한다이 경우에도 한 개인의 판단은 불필요하다. 두 가지 태도는 종교적 다양성의 문제를 제대로 해결할 수 없다. 상대주의는 서로의 차이로 인해 갈등하고 대립하거나 충돌하는 상황을 진지하게 받아들이지 않는다. 근본주의는 처음부터 오직 하나의 입장을 완고하게 붙잡은 채 상대방의 관점이 무조건 오류 혹은 왜곡이라고 단정한다.

최근 들어, 상대주의와 근본주의를 거부해야 한다는 주장이 여기저기서 많이 터져 나오고 있는데, 이런 주장은 우리가 꼭 피해야 할 극단적 양상만 건드린다. 양극단 사이의 영역과 관련해서는 아직까지 이렇다 할 논의가 없는 실정이다. 교양의 목표를 확실하게 규정하는 데 아직 불충분한 상황이다. 만일 다원성 능력이 교양의 목표로 정해진다면, 종교적 다원성과 관련하여 몇 가지 중요한 기준 혹은 원칙에 입각한 다원주의로 나아가기 위해 더 자세한 규명이 필요하다. 다원성의 능력을 갖춘다는 것은 어린이, 청소년, 어른이 다원성의 경험을 이해하고 대응할 수 있는 특정한 능력과 태도를 습득하는 것이다. 어떤 능력과 태도를 말할 것인가?

이에 해당하는 능력으로, 먼저 다양한 종교 및 세계관에 대한 지식이 필요하다. 내가 알지 못하는 것에 대해서는 판단도 할 수 없다. 이런 의미에서 교양은 종교와 세계관의 맥락에 대해 가장 적절한 **지각** 능력과 **이해** 능력을 갖추는 것을 목표로 한다. 이때 신학은 그런 지식을 얻을 수 있는 출처 중 하나가 된다. 그러나 신학 외에도 종교학, 종교사회학, 종교심리학 등이 중요한 역할을 한다. 그다음으로 추구할 만한 능력은, 다른 종교 및 세계관이 주도하는 나라에서 온 사람이라서 다른 특징, 다른 확신을 가진 이들과 **비교**하고 **소통**하는 능력이다. 이를 위해서는 단순한 지식과 이해를 넘어서, 종교와 관련한 소통에 적합한 **언어**를 습득하는 일이 필수다. 한 걸음 더 나아가, 종교적 질문에 대해 **성찰**하고 **논증**하며 **판단**하는 능력을 추가할 수 있다.

종교와 관련하여 이런 언어 능력, 성찰 능력, 논증 능력, 판단 능력을 발전시키는 것은 의심의 여지 없이 교양의 과제라고 할 수 있다. 그 과제를 수행하기 위해서 참고 학문의 자격으로 신학과 종교학이 선의의 경쟁을 할 수 있다. 이것은 특히 독일의 학교 상황에서 종교 수업Religionsunterricht이냐 종교 개론Religionskunde이냐 하는 문제로 구체화되었다. 종교학이 여러 종교와 세계관을 두루 조망하며 객관적으로 언급하는 편이라면**외부 관점**인 종교 개론 신학은 각각의 종교 전통에서 나온 의사소통 능력을 촉진하는 편이다**내부 관점**인 종교 수업. 물론 이 두 접근 방식은 서로 보완할 수 있으며 그래야 한다. 이것은 교양 이론 관점에서도 종교적 교양이 추구해야 할 모습이기도 하다. 외부 관점과 내부 관점은 대립 관계가 아니다. 그러므로 두 관점이 두 학문으로 갈라지고 두 개의 다른 학과로 나뉠 필요가 전혀 없다. 신학은 내부 관점에 국한되는 것이 아니라 그 관점을 다른 관점들과 연결해야 한다. 이미 오래전부터 신학은 철학, 사회학, 심리학 등 다른 학문과 이런 방식으로 연결되어 있다. 종교학도 한 종교를 제대로 이해하기 위해서는 외부 관점에만 머물러서는 안 된다.

내부 관점과 외부 관점을 연결해야 한다는 목소리는 다양한 학문적 접근에만 해당되는 말이 아니라 교양 이론적으로도 타당성이 입증된 주장이다. 그러므로 종교적 교양은 종교와 관련된 다양한 관점을 받아들이고 그 관점들의 관계를 성찰하며 어떤 결정을 내릴 수 있는 능력을 포함한다.[82] 독일의 인문계 고등학교김나지움의 종교 수업에서는 이런 방식으로 수업하는 사례를 많이 찾아볼 수 있다. 예컨대 철학에서 제기하는 종교 비판, 종교심리학에서 바라본 신앙을 두고 활발한 토론이 이루어지고 있다.

너무나 당연한 일이지만, 종교적 다양성 능력에는 반드시 어떤 특정 **태도**가 포함된다. 이 태도는 앞서 언급한 긴장 관계, 즉 편견과 관용의 줄다리기와 연관되기 때문에 인정, 존중, 공감, 연대 같은 자세를 지지하는 태도가 되어야 한다. 이런 태도가 전제되어야 앞서 언급한 다른 능력도 원래 의도했던 역할을 감당할 수 있다. 예컨대 다른 종교에 대한 지식을 가지고 있는 것만으로는 다원성 능력을 갖

---

82   이 관계에 관해서는 Dressler, *Unterscheidungen*[구별]을 보라.

쳤다고 할 수 없다. 오히려 그 지식이 상대방을 폄하하는 데 사용될 수도 있다. 그러므로 이런 능력은 그에 상응하는 태도를 통해 비로소 한 사람 안에 완전하게 뿌리내려 상호 인정과 관용을 촉진하는 데 쓰일 수 있다.

상호성의 능력을 교양의 목표로 두고 협동하는 모습을 통해서 알 수 있듯, 교양과 종교의 관계는 단순히 과거의 연결 고리에 한정되지 않는다. 오히려 그 반대다. 이 둘의 관계는 우리의 미래와 밀접한 연관이 있다. '국제적인 이민, 세계화 과정이 오늘 우리에게 던지는 도전을 어떻게 받아들일 것인가?' 여기에 따라 우리의 미래가 달라진다. 그러므로 미래를 대비하는 교양 사상은 이 문제를 결코 그냥 지나칠 수 없다.

4장

교양 실천의 측면

교양을 신학의 주제로 이해하는 것은 이론만의 문제가 아니다. 교양과 종교의 관계를 주의 깊게 살펴보았다면 교양을 실천하기 위한 결론들이 도출되어야 한다. 이제 바로 이 부분을 조명하려고 한다. 물론 이 작업은 몇 가지 대표 사례에 집중하는 형쾌가 될 것이다. 이론적인 분석과 고찰은 실천 적합성을 통해 그 진가를 인정받아야 한다. 그러나 너무 세세한 부분까지 신경 쓸 수는 없다. 앞 장에서 우리가 살펴본 이론적 측면이 모두 그에 상응하는 실천으로 나타날 수 있는 것은 아니다.

신학적으로 충분한 성찰을 거친 교양 이론의 실천 적합성은 우선 그 이론이 교양의 모든 실천 및 이론을 위해 근본 방향을 제시해 주는 것일 때 주어진다. 예컨대 교양과 초월의 관련성을 말한다면, 그것이 어떻게 교양의 주제로 받아들여지고 구현되는지를 살펴야 한다. 구체적인 교양 실천에서 드러나는 사회적 관계도 이와 유사하다. 그 관계 속에는 매우 다양한 인간상이 투영된다. 인간과 세상에 대한 다양한 관점이 그때그때 다른 관심의 지평을 열어 놓는다. 인간이 경제적이고 기술적인 의미의 과제를 달성할 수 있는지 그렇지 않은지의 측면에서만 파악되는 지평이 있다. 이와는 달리 인간이 의미 있는 삶을 추구한다는 사실을 주목하는 지평이 있다. 동일하게 인간이지만 완전히 다른 방식으로 인간을 이해할 수밖에 없다.

지금부터 우리는 두 방향으로 묻고 논증하려 한다. 하나는 일반적인 교양 실천과 관련된 것으로 특히 학교가 주요 무대가 된다. 두 번째는 종교 및 신앙과 직접 관계하는 교회의 교양 실천과 관련된 것이다. 두 가지 모두 교양과 종교의 관계를 다루겠지만 강조점이 다르다. 학교의 경우에는 종교 수업 외에는 종교적 지평이 잊힐 때가 많고, 교회의 경우에는 일반 교양 영역에서 많이 이야기하는 기준과 자질이 당연하게 여겨지지 않을 때가 많기 때문이다.

그러나 학교의 교양과 교회의 교양을 포괄하는 의미에서 다음의 공식 문구를 제시한다. "종교 없는 교양 없다-교양 없는 종교 없다."

1. 종교 없는 교양 없다 – 교양 없는 종교 없다

이 문구는 너무나 당연하게 들릴 수도 있다. 그러나 오늘날 학교와 교회의 일반적 분위기를 생각하면 오히려 긴장감이 느껴지는 말이다. 공공 영역과 학문 영역에서 교양, 특히 학교와 관련한 교양 담론은 종교와 거의 무관한 상태에서 논의되고 있다. 종교와 관련한 교양의 과제는 ― 가령 종교 교육을 둘러싼 논쟁의 경우처럼 ― 예외적인 경우에만 다루어지는 특수 주제다. 교회도 교회 고유의 교육 활동, 예컨대 견신례 교육을 적극적으로 교양 개념과 연결하고 그 교육의 결과를 경험적 연구를 도구로 파악하는 일은 아직까지 낯선 일에 속한다. 그래서 교양은 ― 적어도 암묵적으로는 ― 학교와 동일시되고, 교회의 교육 활동은 교양과는 전혀 다른 목표로 구성되고 그 성과도 교양의 잣대가 아닌 다른 것으로 평가된다.

교양과 종교의 연관성은 기독교 전통의 입장에서, 교양 개념의 역사와 관련해서, 그리고 오늘날 교양과 종교의 관계가 지닌 중요성을 감안할 때 필수적인 연결 고리이지만, 그 결합은 해체되어 서로가 서로에게서 점점 멀어지고 있는 형국이다. 그래서 "종교 없는 교양 없다―교양 없는 종교 없다"라는 문구가 오히려 도전적으로 들린다.

교양과 종교의 연관성이 여전히 중요한 이유를 여기서 다시 한번 언급할 필요는 없다. 그 대신 교양 실천의 관점에서 보편적 맥락을 더 자세하게 규정하려 한다.

종교 없는 교양 없다

이 말이 추상적인 말로 끝나지 않으려면 어떤 모습으로 실천에 옮길 수 있는지를 보여 주어야 한다. 그래서 다섯 가지 지점을 더 자세히 조명하려고 한다.

종교는 교양의 내용이다. 종교가 교양의 내용에서 빠져서는 안 된다는 점에 대해서는 광범위한 합의가 있다. 프랑스처럼 오래전부터 교회혹은 종교와 국가혹은 학교의 엄격한 분리방임주의Laizismus를 추구하는 나라조차 종교 관련 내용이 교양의 필수 조건이라는 사실을 새롭게 인식하고 있다.[1] 종교에 대한 기본 지식 없이는 예술도 문학도 음악도 건축도 제대로 이해할 수 없다. 여러 나라에서 일어나는 정치적인 갈등과 분쟁 중 상당수가 종교 차원을 내포한다. 독일에서는 이런 현실 상황이 종교라는 과목을 유지하는 중요한 논거가 된다. 그런 과목이 존재하지 않는 국가에서는―프랑스 외에도 미국이 그런 경우인데―영어, 역사, 지리, 정치 등 다른 과독에서 그에 상응하는 지식을 받아들이려 한다.

종교 수업 존립 여부에 관한 토론, 그리고 국가와 종교의 분리가

---

1   Willaime, "Teaching Religious Issues in French Public Schools"를 보라.

전제되어 있는 상황에서 종교와 관련한 내용을 학교에서 다룰 가능성에 관한 토론은 중요한 깨달음으로 이어졌다. 하나는 **종교 개론** Religionskunde이라는 이름으로 학생들에게 종교에 대한 일반적 정보를 제공하는 것이 교양의 과제라는 사실이다. 예컨대 인권 입장에서 종교를 비판적으로 진단하는 것도 가능하다. 이렇게 종교를 개론 차원에서 설명하는 과제는 다른 과목에서도 받아들일 필요가 있다. 종교 관련 문제는 그 본질상 다른 과목에서도 언급될 수 있기 때문이다. 예컨대 문학, 역사, 정치를 가르치고 배울 때 종교 관련 이슈가 자주 불거져 나오기 마련이다.

이와 구분되는 다른 하나가 **종교 수업** Religionsunterricht이다. 이것은 어린이와 청소년에게 종교적 물음과 실존적으로 씨름할 수 있는 가능성도 제공해 주자는 입장이다. 이런 수업의 논거는 다음과 같이 제시할 수 있다. 종교 관련 물음은 그 본성상 한 사람의 고유한 인격과 관계하는 중대한 질문이다. 그 질문이 아득한 과거를 건드리는 데서 그치지 않고 지금 어린이와 청소년의 삶과 연결된다면 더더욱 이런 수업이 필요하다.

종교를 교양의 내용으로 받아들이는 수업의 두 가지 형태는 상호 보완적 관계를 이룬다. 때때로 그 둘을 상호 대립적 관계로 생각하는 사람들도 있다. 예컨대 학과의 명칭을 놓고 윤리+종교 개론 vs. 종교 수업 논쟁을 벌일 때가 그렇다. 그러나 더 자세히 들여다보면, 종교 수업에는 필연적으로 종교 개론 부분이 있으며 종교 개론 성격의 수행 과제가 필요하다. 또한 종교적 주제를 개론적으로 다룬다지만 교양을 실천하는 장에서는 어쩔 수 없이 실존적 물음이 튀어나와 그런 물음과 씨름해야 할 때가 있다. 그런데 종교가 단순히 교양의 내용이 아니라 교양의 차원Dimension이라면 다양한 요소의 결합은 더욱 분명하게 드러난다.

종교는 교양의 차원이다. 종교를 교양의 내용이라고 말하면 종교와 연관된 학교 과목을 생각하겠지만, 종교를 고양의 차원이라고 말하는 순간 새로운 깨달음이 깨어난다. 그것은 종교가 교양에서 차지하는 의미가 단순히 종교 수업에 한정되지 않는다는 깨달음이다. 종교적 요소는 이미 여러 학과목에서 주제로 다뤄지고 있다는 사실만 생각해 봐도 분명한 사실이다. 종교는 인격 발전이라는 총체적 과정의 일부라고 말할 수 있다. 종교는 인생의 의미에 관한 물음을 내포하기 때문에 여러 영역을 포괄하는 역할을 한다. 이것은 윤리적 질문이 경제 교양 및 기술 교양과 연결되는 맥락과 유사하다.

교육학 내부의 교양 논의에서는 다시 한번 디트리히 벤너가 주장한 실천 형식을 떠올릴 필요가 있다.[2] 인간적 실천의 다양한 형태정치, 예술, 종교, 노동, 윤리, 교육는 명목상으로 서로 분리되어 있지만 실질적으로는 하나의 총체적 실천의 여러 측면이라고 볼 수 있다. 어떤 특정 상황에서 하나가 전면에 부각되고 다른 측면은 배경으로 물러나 있을 뿐 여전히 함께 작용한다. 그러므로 이것은 하나의 총체적 실천이며 그중 하나도 지나쳐 버릴 수 없다는 사실을 인지해야 한다. 그렇지 않으면 인간의 삶은 서로 단절된 영역으로 분열될 뿐이며, 우리가 살아가는 현대 사회에서는 과도한 전문화로 말미암아 실제로 이것이

---

2   앞의 157를 보라.

심각한 위험이 되고 있다. 그래서 벤너는 앞서 언급한 연결성이라는 의미에서 이렇게 말한다. 인간은—슐라이어마허의 말처럼—"모든 일을 종교와 함께" 해야 한다.³

위르겐 바우메르트의 교양 사상의 근간, 즉 인간의 세계 접근 방식의 분류도 여러 차원에 대한 서술로 이해할 수 있다.⁴ 그가 제안하는 다양한 양태의 구분은 그 하나하나가 서로 연관되어 있을 때만 의미가 있다.

종교가 인간의 인격 발달 차원으로서 중요한 의미를 지닌다는 사실을 가장 분명하게 밝혀낸 분야는 종교심리학이다. 이 분야에서도 특히 독일계 미국 정신분석학자로서 인간의 생애 주기 연구의 선구자로 손꼽히는 에릭 에릭슨Erik H. Erikson의 연구는 그야말로 획기적이었다.⁵ 인간의 생애 주기에 대한 에릭슨의 연구는 탄생에서 죽음까지 모든 영역을 포괄한다. 그는 인간의 생애를 여덟 개의 발달 단계로 구분하면서 각 단계를 "위기"로 묘사했다. 그런데 이 각 단계는 모두 종교적 차원을 드러낸다. 정신분석학의 창시자 지크문트 프로이트와 달리, 에릭슨은 종교를 인간의 발전을 저해하는 방해물이나 어떤 병적인 것으로 이해하지 않았다. 오히려 인격의 건강한 발전을 위해 꼭 필요한 주요 자원으로 이해했다. 에릭슨에 의하면 종교는 근본적 신뢰의 원천이며, 이로써 한 인간이 끝까지 희망을 붙잡고 살아가

---

3   Benner, "Bildung und Religion"을 보라.
4   앞의 112 이하를 보라.
5   에릭슨의 연구에 대한 자세한 설명은 Schweitzer, *Lebensgeschichte und Religion*을 보라. 『삶의 이야기와 종교』(한국신학연구소).

는 힘이 된다. 특히 청소년기에는 종교가 '무엇이 참된 의미인지' 찾아가는 경험의 가능성을 제공하며, 정체성을 형성해 나가는 작업을 지원한다. 다른 발달심리학자, 특히 미국의 신학자이자 심리학자인 제임스 파울러James Fowler, 1940-2015는 에릭슨의 연구에 기초해 의미 발견 형식을 더 자세히 연구했다.[6] 파울러 역시 인간 발달의 모든 과정에서 종교적 발달이 중요한 역할을 한다는 사실을 지적했다. 그는 "신앙의 발달"이라는 용어를 제시했지만, 이것이 꼭 기독교 신앙만을 가리키지는 않는다. 파울러도 종교와 신앙이 의미와 가치를 추구하는 인간의 기본 성향과 관계한 것임을 말하고 있으며, 여기서 의미와 가치는 제도 종교의 범위를 한참 넘어선다.

교양의 목표. 종교가 교양의 내용이자 차원이라면, 그와 연관된 교양의 목표도 제시되어야 한다. 만일 그 목표가 학교에서 관철되어야 한다면, 종교적으로 탄탄한 근거가 있을 뿐 아니라 일반 교양 맥락에서도 인정받을 수 있는 목표여야 한다. 이것이 '교양 있는 종교'gebildete Religion라고 말할 수 있을 것이다. 물론 이것이 '교양 있는 사람들의 종교'라는 의미의 '교양 종교'는 아니다.

독일의 저명한 교육학자 하르트무트 폰 헨티히Hartmut von Hentig는 교양의 목표를 "궁극적 물음에 대해 깨어 있음"Wachheit für letzte Fragen이라고 말했다.[7] 하지만 이 표현은 너무 모호하다. 오히려 일반교육학이 종교, 특히 확고한 제도로서 종교에 대해 갖는 의구심이 드러나

---

6   이와 관련해서도 Schweitzer, *Lebensgeschichte und Religion*을 보라.
7   von Hentig, *Bildung*, 94를 보라.

는 것 같다. 더욱이 폰 헨티히는 종교를 근본주의와 계몽이라는 양극단 속에 놓음으로써 교양 있는 종교는 언제나 계몽된 종교라는 도식을 만들어 버린다.

이것은 앞에서 이미 언급한 구분, 즉 디트리히 벤너가 제안한 "근본적인 것"과 "근본주의적인 것"의 구분과 비슷해 보인다. 그러나 벤너는 한 걸음 더 나아가 교양의 다른 목표도 언급하는데, 이 목표들은 "종교적 역량"religiöse Kompetenz이라는 의미에서 종교와 관련된 지식과 이해력의 습득, 그리고 그에 상응하는 구체적 참여와 관계한다.[8]

교양 기관. 나는 여기서 학교라는 말이 아니라 의도적으로 '교양 기관'이라는 일반적인 용어를 쓴다. 그것은 "종교 없이 교양 없다"라는 선언이 교양을 추진하는 모든 기관에 적용되어야 하기 때문이다. 그렇다면 학교만이 아니라 유치원, 그리고 학교 이외의 청소년 교육 기관, 성인 교육 기관까지 생각해야 한다. 이런 세부 활동 영역에 대해서는 뒤에서 더 자세히 언급할 것이다.

교양 연구. 오늘날에는 경험적 연구가 많은 주목을 받고 있다. 단순히 교양의 내용을 제공하고 교양의 목표를 공표하는 것만으로는 충분하지 않기 때문이다. 그 내용이 학생들에게 확실하게 스며들고 그 목표가 실제로 달성되는 모습이 가시적으로도 드러나야 한다. 그래서 다소 추상적인 느낌이 들 수 있는 교양 개념보다는 구체적 역량을 제시하려는 시도가 이루어진다. 그렇게 되면 그에 상응하는 역

---

8 Benner u.a., *Religiöse Kompetenz als Teil öffentlicher Bildung*[공적 교양의 일부로서 종교적 역량]을 보라.

량이 습득되고 있는지 아닌지 경험적으로 연구할 수 있다. 물론 언어적 역량이나 수학적·자연과학적 역량이 경험적으로 파악하기에는 훨씬 용이하다. 그러나 종교 관련 역량을 경험적으로 연구하는 것도 원칙적으로 얼마든지 가능하다.[9]

국제 학생 학업 성취도 평가PISA 연구로 활발하게 논의되고 있는 역량 모델은 종교 관련 역량에 대한 질문을 아직 적극적으로 파고들지는 않는다. 종교 관련 질문이라고 해서—몇몇 주 정부에서 발표한 교육 계획서에 나오는 것처럼—반드시 종교적 역량만 생각할 필요는 없다.그런 종교적 역량은 어떻게 정할 것인지에 대해서는 뒤에서 별도로 다룰 것이다. 오히려 일상에서 경험할 수 있는 상황, 예컨대 종교적 사회화의 배경과 학업 성취도의 상관관계를 생각해 볼 수 있다. 최근의 경험적 교양 연구에 의하면, 독일의 교양 체계에서는 이른바 '이주 배경'Migrationshintergrund이 성공적 교육교양에 걸림돌이 된다. 그런데 바로 그 '이주 배경'이 여러 면에서 비기독교적 특성과 연결되어 있다는 사실은 간과된다.

교양 없는 종교 없다

이제 집중적으로 생각해 볼 질문은 다음과 같다. '종교와 교회의 영역에서 왜 교양을 포기해서는 안 되는가?' '우리가 포기할 수 없는 교양은 어떤 의미의 교양인가?' 여기서도 몇 가지 측면을 나누어서 고민해 보려고 한다.

---

9   그 사례로 Benner u.a., *Religiöse Kompetenz als Teil öffentlicher Bildung*을 보라.

종교적 교양. 종교적 교양의 중요성은 언뜻 보면 너무나 당연해 보인다. 어린이와 청소년에게 기독교의 전승, 또한 거기서 나오는 신앙을 일찍부터 잘 가르치는 것은 교회의 주된 관심사다. 그러나 더 엄밀한 의미의 교양이 이런 노력과 항상 일치하는 것은 아니다. 여기서 중요하게 생각하는 것은 사실상 종교적 사회화religiöse Sozialisation이고, 그런 사회화를 통해 결국 교회와 긴밀하게 연결되는 것이다. 이와는 달리, 교양과 종교의 연결이 추구하는 것은 단순히 그런 사회화가 아니다. 종교적 교양은 종교와 만나고 비판적으로 씨름하는 방식과 관련된 것이며, 그와 연관된 나름의 목표를 추구한다.

교양 개념은 종교적 교양의 경우에도 반드시 실현되어야 할 어느 정도의 자질을 요구한다. 이 책에서 이미 여러 번 분명하게 밝혔듯, 그것은 '자기 스스로를 빚어 나가는형성하는 주체'das sich bildende Subjekt에 집중하는 것이며, 모든 교수 학습 과정과 교육 과정은 반드시 이 점을 고려해야 한다. 그러므로 무조건 종교적인 지식과 정보를 전달해 준다고 해서 종교적 교양이 되는 게 아니다. 학생이 그런 내용을 자기 것으로 소화할 수 있는 여러 방식을 제공하고 그 모든 과정이 학생 스스로 주체가 되는 것을 지지할 때 비로소 종교적 '교양'이라고 할 수 있다.

특히 인격적 성숙Mündigkeit은 모든 교양의 본질적 목표에 속한다. 우리의 맥락에서는 당연히 종교적 성숙이다. 그렇다면 종교적 교양의 모든 과정은 자기 스스로를 빚어 나가는 주체를 특정 방향으로 조정하려는 것이어서는 안 된다. 주체와 신앙의 관계에서도 마찬가지다. 오히려 교양 과정은 나름의 판단 능력과 결정 능력을 키워

갈 수 있도록 돕는 것이어야 한다. 이 능력은 적어도 청소년기 혹은 성인기에 이르러서는 어떤 종교적 확신을, 또한 신앙 자체를 반대하는 입장을 분명히 할 수 있는 능력까지 포괄한다. 자기 스스로를 빚어 나가는 주체를 일방적으로 조정하려는 모든 시도에 철저하고 확실하게 반대하는 것이 교양 이론의 기조라면, 신학에도 이에 상응하는 결정적 통찰이 존재함을 알 수 있다. 특히 개신교 신학 전통에서는, 신앙이란 결코 가르칠 수 없으며 따라서 신앙이 학습의 목표 혹은 교양의 목표가 될 수 없다는 깨달음을 견지한다.[10]

"교양 없이 종교 없다"라는 요청을 좀 더 면밀하게 들여다보면, 이것이야말로 교회의 여러 교육 행위, 그리고 신학적으로 근거가 확실한 교육학이 지향해야 할 핵심적인 기준이자 규범이라는 사실을 알게 된다. 교양 개념에 담긴 이 규범적 특성을 제대로 받아들일 때 명실상부한 종교적 교양이 된다.

종교는 일반 교양의 모티프다. 우리가 살고 있는 사회와 교육 체계의 다양한 영역은 특정 과제를 수행할 때 고도로 전문화된 모습을 보여 주는데, 교회와 신학에서는 유독 종교적 교양만 생각하고 있다. 지나온 역사만 되짚어 봐도 이것이 대단히 협소한 생각임을 알 수 있다. 모든 종교는 보편적 인간상에 영향을 끼치기 때문에 좁은 의미의 종교 영역을 넘어서는 교양의 모티프로 작용한다.

기독교적 인간관에 비추어 볼 때, 오늘날 교회와 신학이 참된 교양의 가능성을 확장하고 보증하는 일에 나서는 것은 마땅한 의무다.

---

10   앞의 188 이하를 보라.

그리고 이것은 몇 가지 구체적 방향으로 전개되어야 한다.

하나님이 모든 인간에게 부여한 하나님 형상은 인간 존엄의 토대다. 이 근본 사상은 모든 인간을 위한—모든 어린이, 청소년, 성인을 위한—교양의 가능성으로 표현되어야 한다. 일반 교양의 실현'모든 사람을 위한 교양'을 위한 노력은 모든 사람이 한 사회의 일원으로 그 사회에 참여할 수 있는 전제 조건이며, 그래서 교회의 교육 활동과 신학적 노력도 근본적으로 일반 교양의 실현을 지향한다.

오늘날의 현실을 감안할 때 반드시 여기 포함해야 하는 것이 '교양 체계 안에서 정의공정의 실현'이다. 최근에는 교육학에서, 그리고 교육 정책을 추진하는 데서 이에 대한 목소리가 커지고 있다. 하지만 예나 지금이나 논란의 중심에는 '도대체 정의Gerechtigkeit란 무엇인가?'라는 물음이 있다. 흔히 생각하는 '기회 균등'만으로는 온전한 '정의'를 구현할 수 없다는 사실이 밝혀지고 있다.[11] 왜 그런가? 어린이, 청소년에게 공평한 교양의 기회가 주어진다고 해도 그들이 가지고 있는 전제 조건에 따라 그 기회가 불공평하게 사용될 수 있기 때문이다. 그러므로 교양의 정의공정한 교양는 실질적인 교양 가능성을 제대로 파악하는 교양 체계를 요구한다.

'교양의 정의' 문제는 이른바 '역량의 정의'Befähigungsgerechtigkeit에 관한 논의 덕분에 첨예한 이슈로 부각되고 있다. 이것은 미국에서 개

---

11 최근 발표된 국제 학생 학업 성취도 평가(PISA) 연구 결과가 이를 잘 보여 준다. 1960-1970년대 들어 많은 나라에서 '기회 균등'을 내걸고 교육 개혁을 추진한 이후 시행된 연구(Jencks, *Inequality*)에 의하면, 실제로 그런 개혁으로 이뤄 낸 성과는 극히 미미했다.

발된 '역량 접근법'Capability approach에 기인한 아이디어다.[12] 여기서 가장 중요한 것은, 정의란 것이 개개인의 삶의 처지가 어떤지 묻고 또 그런 처지에서 생겨나는 특수한 필요를 물을 때 비로소 실현될 수 있다는 깨달음이다. 예컨대 특정 장애가 있는 사람이 교양의 기회를 제대로 누리기 위해서는, 다른 사람에게는 필요하지 않은 지원이 필요하다. 그러므로 정의의 기준은 단순히 모든 사람에게 동일한 분량을 주는 게 아니라, 모든 사람을 위해 주어진 몫을 모두가 누릴 수 있도록 역량을 키우는 것이다. 이렇게 실질적 역량을 키우는 일이 단기간에 혹은 어느 정도의 기간이 지나면 이루어지리라는 주장을 하는 것이 결코 아니다. 그러나 효과적인 역량 창출은 종교적 동기에서 추진되는 교양 행위의 지향과 잘 부합한다.

교양은 교회의 근본 과제다. 개신교 교회에서는 일반적으로 말씀의 선포와 예배를 기본 과제로 삼는다. 그 외에는 영혼을 돌보는 일목회 상담과 기독교적 이웃 사랑의 표현인 봉사디아코니아하는 일이 언급된다. 교회를 그저 그런 일로만 파악할 때 '교양'은 전혀 언급되지 않는다. 그러나 신약성경에서 이미 분명히 묘사하듯 초창기 기독교 공동체에서는 수업과 교양의 과제를 끌어안고 그것을 위한 별도의 직책을 만들었다.[13] 이 책에서 교양이 교회의 기본 과제임을 강조하는 것은 자꾸 망각되는 그 역사적 사실을 다시금 기억하라고 요청하는 것이다. 교회는 명백하게 '교양 기관'이라 할 수 있다.[14]

---

12   Nussbaum, *Frontiers of Justice*를 보라.
13   앞의 68 이하를 보라.
14   Preul, *Kirchentheorie*[교회 이론], 140 이하를 보라.

신약성경의 가르침에 따라 종교적 교양의 과제를 성찰해 보면, 교양이 교회의 기본 과제가 되어야 하는 이유를 어렵지 않게 간파할 수 있다. 여기서 한 걸음 더 나아가—일반 교양과 관련해서—독일개신교교회협의회에서 2009년에 출간한 『교양과 교회』*Bildung und Kirche*에서는 교회에 교양이 필요한 근거를 다음과 같이 제시한다.

- 교양은 신앙의 동기 및 신앙의 결과가 된다.
- 교양 없이는 교회의 존립이 불가능하다.
- 인간은 교양을 받을 수 있는 존재, 동시에 교양이 필요한 존재다.
- 교양은 세대 간 관계에 대한 기독교적 이해에 기초한다.
- 교회는 교양 활동을 통해서 사회적 책임과 국제적 책임을 수행한다.
- 교회의 교양 활동은 민주적인 종교 자유의 원칙에 상응한다.
- 다원성의 세계 속에서 교회는 간종교적 교양에, 또한 비종교적 세계관과의 대화에 의존한다.[15]

이는 "교회의 교양 활동에 대한 개신교적 이해의 근본 원칙"이라 할 만하다. 여기서는 이 내용을 더 자세히 파고들 수는 없지만, 교회가 종교적 교양과 일반 교양을 모두 교회의 기본 과제로 이해하고 있다는 사실만큼은 분명하다. 교회 스스로 이것을 교회의 의무로 삼은

15　Evangelische Kirche in Deutschland, *Kirche und Bildung*, 32 이하. (이 문구들은 그 책의 소제목이다).

것이다. 그러므로 교회는 그 의무를 이행함으로써 교회다운 교회가 될 수 있다.

신학 영역에서 교양의 연구. 신학 영역에서 교양은 그저 종교교육학에서나 다루는 주제로 생각할 때가 많다. 좀 더 인심을 쓰면 실천신학의 주제가 되는 정도다. 예컨대 예배나 영혼 돌봄목회상담이 가지고 있는 교양적 차원의 중요성을 논할 때 정도다. 그러나 우리는 교양이 모든 신학 분과의 학문적 연구 주제라는 사실을 밝혀냈다. 교양은 구약성경과 신약성경 주석, 교회사, 조직신학, 나아가 종교학의 주제가 된다. 이 모든 분과에서 나오는 깨달음이 신학적으로 깊이 있고 균형 잡힌 교양 사상을 만들어 가는 데 도움을 준다.

그러나 이런 우리의 주장과 신학의 현실 사이에는 큰 격차가 있다. 교양에 관한 이슈는 신학 안에서 일종의 특별 안건 정도로 취급될 뿐 비중 있게 다뤄지지 않을 때가 많다. 이 책은 신학의 모든 분과에서 중요한 연구 자료를 찾아내서 참고할 수 있었지만, 전체적으로 봤을 때는 그런 자료가 아주 드문 편이다. 그 이유는 일단 역사적으로 교양 개념이 중세 후기에 처음 등장해 근대에 들어서야 어느 정도 알려지게 된 데 있다. 그러나 오늘날 교회사를 전공하는 학자 중에서도 교양 연구가―개념 연구와는 아무 상관이 없는 가정 교육, 학교 교육, 입문 교리 교육 등과 관련해서도―너무나 부수적인 취급을 받고 있음을 지적하는 목소리가 있다.[16]

내가 신학 영역에서 교양 연구라는 표현을 쓰는 것은 무게 중심

---

16 Gemeinhardt, *Das lateinische Christentum*[라틴 기독교].

이 이동해야 한다는 것을 말하기 위함이다. 교양이라는 주제가 더 이상 종교교육학의—물론 종교교육학의 전문적인 진단과 평가는 미래에도 충분히 활용되겠지만—특별 안건으로 취급되어서는 안 된다. 마지막으로 신학적 교양 연구는 신학적·간학문적 프로젝트가 되어야 하고 그럴 수밖에 없다. 신학의 모든 분과는 그 일을 위해 서로 협력하면서 다른 학문과도 공동 연구를 추진해야 한다.

2. 학교 안에서의 종교
: 교양의 내용, 교양의 차원, 대화적 공존

학교의 경우는 가장 포괄적인 교양의 의무를 지니고 있으며, 교양이 곧 학교의 근본 과제다. 그러므로 학교는 교양과 종교의 연관성, 종교적 교양 두 가지 모두를 내포하는 공간이어야 한다. 학교라는 상황에서는 자연스럽게 종교 수업이 전면에 부각된다. 그러나 '학교 안에서의 종교'가 그저 종교 수업에 한정되지 않음을 처음부터 분명히 해야 한다. 교양과 종교의 연관성은 원칙적으로 학교 내 모든 과목에 해당한다. 이것은 종교가 종교 수업만을 위한 교양의 내용에 그치지 않고 모든 학과목의 보편적 교양의 차원이 될 수 있음을 의미한다. 한 걸음 더 나아가, 다종교 사회에서 학교라는 공간은 다양한 종교와 세계관을 가진 가정에서 자라난 어린이, 청소년, 성인이 공존하면서 서로를 의식적으로 알아 나가는 공간이 되었다. 이제 이 세 측면을 하나하나 자세히 살펴보겠다.

종교는 교양의 내용이다: 종교 수업

학교는 종교적 교양을 가능하게 해야 하고 그에 상응하는 교육적 서비스를 제공해야 한다는 사실은 대부분의 나라에서 당연하게 여겨진다. 다만 과거 사회주의 국가에서 아예 공식적으로 무신론을 채택했던 경우, 혹은 일부 국가에서 엄격하게 국가와 종교교회의 분리를 추진했던 경우에는 종교를 교양의 내용으로 삼는 것이 의문시되었으며, 결국 공립 학교의 교육 과정에서 종교를 제외하게 되었다. 그러나 프랑스처럼 자유방임주의를 내세우며 엄격한 정교 분리를 추진하는 나라에서조차 최근에는 종교적 지식이 문화와 역사를 이해하기 위해 반드시 필요하므로 어떤 식으로든 종교적 내용을 가르칠 가능성을 확보해야 한다는 목소리가 점점 커지고 있다. 그래서 별도의 종교 과목을 신설해야 하는지 아니면 다른 과목 수업에 종교를 적절하게 포함해 다룰 것인지와 같은 질문이 있지만, 여기서 그 문제를 다룰 수는 없다. 그 대신 종교를 교양의 내용으로 삼았을 때 제기되는 몇 가지 중요한 과제에 집중하려 한다.

책 앞부분에서 이미 밝힌 것처럼, 유럽의 역사에서는 단순히 어떤 보편적 초월성만 존재했던 게 아니라 특정한 종교적 전통들이 왕성하게 활동해 왔다. 이 책에서는 주로 기독교를 다루지만, 기독교와 나란히 유대교와 이슬람교 전통도 중요한 위치를 차지한다. 그러므로 종교를 교양의 내용으로 삼는다고 할 때 이런 종교적 전통을 잘 알게 하는 것이 과제다. 하지만 그 수준을 넘어서서, 다양한 전통이 서로 어떤 관계를 맺고 있는지 살피는 것도 교양의 주요 내용이 되어야 한다.

종교를 가르친다는 것은 각 종교 전통이 지닌 고유한 특성이 제대로 드러나도록 가르치는 것이다. 그러므로 종교 수업은 객관적 정보 전달에 머무르지 않고 비판적 판단 능력을 포괄하는 독자적 이해를 추구한다. 게다가 각 종교 전통에서는 그 나름의 방식으로 '진리를 주장'한다. 그 진리 주장Wahrheitsanspruch은 물론 객관적 서술이 가능한 부분이기도 하지만 궁극적으로는 오직 실존적 씨름을 통해서만 포착할 수 있다. 여기서 '씨름'Auseinandersetzung이라는 개념은 어떤 신앙의 확신에 대한 인격적 동의만이 아니라 깊은 성찰을 거친 입장 표명과 결단을 의미한다. 이것은 예컨대 한스-게오르크 가다머Hans-Georg Gadamer의 철학적 해석학과도 상통한다. 가다머의 전제는 이것이다. "언제나 그렇듯 이해는 해석자가 자가 자신이 이해해야 할 텍스트를 자신의 현재 상황에 적용하는 것"을 포함한다.[17] 가다머의 해석학에 의하면, 전통이란—실험적으로—해석하는 이의 상황에 적용될 때, 동의되든 거부되든 그렇게 될 때 비로소 이해된다. 가다머는 이해와 적용Applikation의 관계를 이렇게 묘사한다. "논제는 이것이다. 역사적 해석학도 적용 업무를 수행해야 한다는 것이다. 역사적 해석학도 해석자와 텍스트를 갈라놓는 시간의 간격을 확실하게, 그리고 의식적으로 이어 주며 텍스트와 맞부딪힐 때 일어나는 생소함을 극복함으로써 의미가 살아나는 데 기여하기 때문이다."[18] 가다머가 "의미"Sinn라는 개념으로 표현한 삶의 해석, 현실 해석의 진리

---

17 Gadamer, *Wahrheit und Methode*, 313. 『진리와 방법』(문학동네).
18 같은 책, 316.

주장이 논의되는 만큼, 학습 과정에서 전통을 배움으로써 얻게 되는 이익도 분명하게 드러난다.

종교적 교양의 첫 번째 과제가 중요한 종교 전통의 본질을 정확하게 드러내는 것이라고 할 때, 자연스럽게 두 번째 과제가 따라붙는다. 우리가 지금까지 여러 차례 강조해 온 과제다. 그것은 단순히 종교 전통을 설명하는 데서 한 걸음 더 나아가 교양과 종교의 연관성을 깊이 통찰해야 한다는 것이다. 앞서 교양과 교양의 관계가 자기 성찰적인 것이 되어야 한다는 주장도 이런 의미였다. 여기서 구체적으로 생각할 수 있는 것이 예컨대 인간상을 성찰하는 것, 종교적 전통에 기초한 인간상과 그것이 후대에 끼친 영향과 의미를 살펴보는 것이다. 그러므로 인간과 세상에 대한 특정한 이미지가 반영된 정치적·경제적 맥락을 배우고 논의하는 것은 종교를 교양의 내용으로 삼은 수업의 좋은 사례가 된다. 막스 베버Max Weber가 근대의 역사에서 프로테스탄티즘과 자본주의가 긴밀하게 얽혀 있음을 밝혀낸 것처럼, 오늘날 우리가 경험하는 수많은 사회적 갈등, 심지어 전쟁으로까지 번지는—북아일랜드의 갈등, 러시아와 우크라이나의 갈등, 팔레스타인 지역의 갈등—정치적 충돌의 배경에는 다소간 분명하게 종교 이슈가 개입해 있음을 짚어 볼 수 있다.

종교적 교양의 다음 과제도 이와 맞물려 있다. 세 번째 근본 과제는 다양한 종교 전통의 관계, 다른 종교를 가진 사람과의 관계를 직접 다룬다. 한 사회가 이민 등의 요인으로 다종교 사회가 되고, 다양한 종교와 세계관이 뒤엉키며 접촉하는 일이 일상적인 것이 되면 될수록, 종교적 교양은 다원적 종교·세계관의 지평을 더욱 진지하게 고려해야 한다. 이런 상황은 언뜻 보기에 그저 외적 요구에 그치는 것처럼 이해될 수도 있다. 종교적 교양은 평화와 관용에 기여해야 한다는 우리 시대의 요구가 있기 때문이다. 그러나 간종교적 교양의 과제에 대한 자각은 종교적 자기 이해의 요구에서 나오기도 한다. 이것은 기독교도 그렇고 다른 종교의 경우에도 마찬가지다. 우리는 모든 종교가 무조건 평화롭게 지내야 한다는 너무나 단순한 생각을 내세우려고 하지 않는다. 비판적인 종교적 교양은 언제나 순풍을 거스르는 경향이 있다는 사실을 염두에 두어야 한다. 그런 역풍은 다른 종교만이 아니라 자기가 속한 종교 쪽에서도 불어올 수 있다.

종교는 모든 과목에서 교양의 차원이다

'종교 수업' 과목을 별도로 둘 경우, 종교와 관련한 모든 교양의 과제를 그 과목의 과제로 제한해 버리기 쉽다. 그런 제한이 그다지 유용하지 않음을 보여 주는 유사한 사례가 있다. 예컨대, 모국어 학습을 전담하는 과목은 어느 나라에서든 필수 과목으로 모든 공립 학교의 기본 구조를 이룬다. 하지만 그렇다고 해서 모국어 실력은 오로지 이 과목을 통해서만 키울 수 있다고 생각하고 주장하는 것은 적절하지 못하다. 바로 이와 비슷한 이치다.

종교를 학교의 모든 수업에서 고려해야 하는 중요한 차원으로 파악해야 하는 이유는 크게 두 가지다. 첫째, 종교는 보편적인 인격 발달의 한 부분이다. 그 인격 발달을 도와주는 일을 하나의 과목에 제한할 수는 없다. 둘째, 모든 과목의 내용은 직간접적으로 종교적 주제를 건드린다. 그런 주제는 그에 상응하는 맥락에서 다룰 필요가 있다. 문학, 역사, 정치 수업 시간에는 이것이 금세 분명하게 드러난다. 인간의 문학, 역사, 정치의 맥락에 종교가 깊이 관여하기 때문이다. 그러나 생물학 수업에서도 종교가 이슈로 떠오를 때가 있다. 예컨대 진화를 주제로 수업할 때는 진화론과 창조 신앙의 관계 문제를 건드리지 않을 수 없다. 비록 수업 시간에 그 관계를 직접 다루지 않더라도 학생들이 그와 관련한 질문을 던질 수 있다. 그래서 특히 미국에서는 진화론과 지적 설계론Intelligent Design을 똑같이 가르쳐야 한다는 주장이 나오기도 했다. 그러나 그런 견해는 교양 이론적으로 거부해야 마땅하다. 성경의 창조 이야기는 자연과학적 설명과 경쟁 관계가 아니다. 이런 것을 어린이와 청소년에게 명확하게 설명하는 것이 결코 종교 수업만의 과제일 수는 없다. 세계를 이해하는 과학적 형식을 가르치되, 충분한 자기 성찰의 과정을 포함하여 가르치는 생물학 수업의 과제이기도 하다.[19] 이 외에도 여러 과목이 서로 연합하는 수업의 가능성도 얼마든지 생각해 볼 수 있다.

학교는 종교적 다원성 속에서 대화적 공존의 공간이다

오늘날 많은 학교는 간문화적 만남의 장소가 되었다. 학교를 구성하는 학생이 점점 더 다문화적 배경에서 오기 때문이다. 그러나 학교에서 경험하는 다문화성은 많은 경우 다종교성을 의미한다는 사실, 그래서 학교는 간종교적 만남의 장소가 되어야 한다는 사실을 제대로

---

[19] Gemballa/Schweitzer, "Was können Biologieunterricht und Religionsunterricht voneinander erwarten?"[생물학 수업과 종교 수업은 서로 무엇을 기대할 수 있는가?]을 보라.

이해하고 있는 경우는 드문 편이다. 물론 앞서 지적했듯 종교와 문화의 관계를 규정하기란 결코 쉬운 일이 아니다.[20]

종교적으로 다원화된 세상에서 학교를 대화적 공존의 공간으로 구성하는 데는 여러 가지 가능성이 있다.

벌써 20년 전부터 독일에서는 기존의 종파 중심적 종교 수업개신교 수업과 가톨릭 수업으로 나누어서 진행하는 종교 수업-옮긴이을 넘어 협동적 종교 수업kooperativer Religionsunterricht을 시도하고 있다. 이 수업에서는 개신교 배경의 학생들과 가톨릭 배경의 학생들이 함께 수업에 참여해서 배운다.[21] 바야흐로 이슬람 종교 수업, 유대교 종교 수업 등이 신설됨으로써 그런 협동 수업의 가능성을 간종교적 지평으로 확대할 수 있는 가능성이 생겨났다. 다른 나라, 다른 전제 조건에서-예컨대 영국에서, 부분적으로 함부르크에서-이와 비슷한 시도가 등장하고 있다.[22]

간종교적 성향의 연구 모임, 프로젝트, 세미나도 대단히 중요한 역할을 한다. 그런 모임에서 발굴된 가능성이 아직 학교에서 많이 활용되지는 못하고 있다.

우리가 학교 현장에서 직접 경험하는 종교적 다원성이라는 현실에서 공존하기 위해서는 명확한 성찰이 꼭 필요하다. 바로 이것이 종교 수업의 새로운 과제라 할 수 있다. 종교 수업은 학교에서 경험하는 다원성을 깊이 생각하는 공간이 될 수 있다. 그리고 이런 성찰은

20　194 이하를 보라.
21　Schweitzer/Biesinger u.a., *Gemeinsamkeiten stärken*[공통분모 강화하기]을 보라.
22　Doedens/Weiße (Hg.), *Religionsunterricht für alle*[모든 사람을 위한 종교 수업]를 보라.

교사 회의나 학부모 회의 시간에도 이루어져야 한다.

3. 교양은 교회의 활동 영역에서도 필요하다

지금까지 계속해서 강조한 것처럼, 교양과 종교의 연관성은 두 가지 방면으로 고려해야 한다. 하나는 교양의 종교적인 전제와 의미를 계속해서 견지하는 것이다. 특히 교육학이 스스로를 세속 학문으로 규정하고 철저하게 비종교적 영역에만 집중하려는 경향을 보일 때 이런 부분을 강조할 필요가 있다. 다른 하나는 신학과 교회가 교양의 중요성을 제대로 인지하는 것이다. 교양이 신학과 교회에 꼭 필요한 주요 주제라는 사실을 깨달아야 한다. 이 두 번째 목표가 구체적으로 이행되고 있는지 살펴보기 위해, 이제 우리는 교회의 활동 영역에서 교양의 의미를 묻고자 한다. 여기서 우리는 그저 일반적 의미에서 교회가 늘 해 오던 교양 행위를 점검하려는 게 아니다. 그 대신, 교회의 교양 실천이 반드시 어떤 특별한 수준의 교양을 전제해야 한다는 입장을 강조하려고 한다. 먼저는 일반적 차원에서 이루어지는 교양을 다루고, 이어서 세 개의 구체적 현장유치원, 견신례 수업, 성인 교육을 살펴볼 것이다.

왜 교회의 교양 프로그램은 교양 자체의 요구에 부합해야 하는가?
교회의 영역에서는 교양이라는 주제가 나오면 이를 고스란히 학교와 연결시키곤 한다. 교회에서 이루어지는 교양 프로그램은 주로 학교와 무관한, 학교 바깥의 영역에서 이루어지므로 학교와는 다른 목표와 규칙을 따르는 모습을 보인다. 대표적으로 교회의 청소년 사역을 들 수 있다. 이 사역은 학교 활동과는 완전히 정반대되는 프로그램이라고 생각하는 사람들이 있었고 지금도 그런 눈으로 보는 경우가 많다. 이런 전제 조건을 감안하면, 교회의 교양 프로그램을 명시적인 교양의 요구와 연결하기가 어려울 수밖에 없다. 학교 바깥에서 이루어지는 자유로운 프로그램마저 학교 같은 교육으로 만들어 버리려는 시도라는 의심을 사기 때문이다.

그러나 교양을 학교와 동일시하는 것은 전혀 적절하지 못하다. 교양과 종교의 연관성이 확연하게 드러나는 지점에서는 교양의 의미가 더욱 드넓게 이해되어야 한다. 신학 지평에서 교양이란 인간의 전 생애를 관통하는 '자기 발견'Selbstwerdung, 참된 자기가 되는 것과 관련된다. 궁극적으로는 온 인류의 역사와 관련된다. 교양은 아동기 초기부터 시작해 노년에 이르기까지 인간의 모든 연령대를 포괄한다.

최근의 교육학 논의도 이런 포괄적 교양 이해로 되돌아가는 중이다. 이로써 19세기 이래로 교양을 학교와 동일시했던 흐름과 확실하게 결별한다. 여기서도 평생 지속되는 교양 과정을 강조한다. 결과적으로 교양은 어린 시절부터 시작된 '세계 이해'와 결부된 '자기 발견' 전체를 가리키는 말이 된다. 최근 들어 많이 알려진 구분, 즉 교양을 비형식적informell 교양, 비공식적non-formal 교양, 공식적 교양formal으로 구분하는 것도 같은 맥락이다. 비형식적 교양은 조직화되지 않은 영역이고, 비공식적 교양은 조직화되기는 했지만 의무적이지 않은 영역이며, 조직화되고 의무적인 교양은 공식적 교양의 영역과 관련된다. 학교는 의무 교육의 기초 위에 서 있는 공식적 교양에 속한다. 매우 효과적인 교양 과정 중 많은 것이 비형식적 영역에서 진행된다. 예컨대 오늘날 교양과 관련하여 크게 관심받는 대상인 영유아기는 비형식적 교양 과정에 의해 주도된다. 대중 매체도―부분적으로 회의적인 기능까지 포함하여―비형식적 영역에 속한다. 이러한 개념 구분에서 교회의 교양 프로그램은 비공식적 영역으로 분류된다. 의무적으로 참여해야 하는 프로그램이 아니기 때문에 학교와는 다르다. 그러나 이 프로그램에서는 짜임새 있게 시간을 운영하고 신중하고 꼼꼼하게 조직된 과정이 제공된다. 성실하게 과정을 이수해야 교회가 인정하는 지위를―예컨대 누군가의 대부代父가 될 수 있는 권한을―얻을 수 있는 경우도 있다. 그러므로 이런 비공식적 교양 프로그램에도 교양으로서 마땅한 지켜야 할 요구 사항을 제시하는 것은 적절하다고 할 수 있다. 예컨대 교회에서 제공하는 청소년 프로그램이나 견신례 수업에 참여하는 것은 어린이와 청소년의 '자기 발견'에 큰 의미가 있는 교양 활동이기 때문이다.

교회 입장에서 여러 프로그램을 통해 이런 교양의 요구를 실현하는 게 중요한 또 다른 이유는 그것들을 통해 사회적 인정을 얻을 수 있다는 것이다. 교회의 교양 활동이 사회 전체의 인정을 받음으로써 교회가 교양을 견인해 나가는 주체라는 자격을 획득하게 되는 것이다. 그런데 이런 보편적 의미의 인정 외에도 재정적 기회도 얻는다. 성인 교육 프로그램은 그 프로그램이 교양의 요건을 충족하는 경우 국가에서 재정적 지원을 받을 수 있다는 사실이 이미 널리 알려져 있다. 이와 달리 견신례 수업은 지금까지 국가에서 지원을 받지 못했는데, 이는 그 수업이 일반적으로 교회의 관심 영역에만 머물러 있었기 때문이다. 다시 한번 살펴보겠지만, 이런 일반적 생각은 그 프로그램이 지닌 실제적인 교양적 의미와 부합하지 않는다.

사회적 인정과 재정적 지원이라는 동기는 결코 작지 않지만, 교회의 교육 프로그램이 지닌 교양적 의미를 그런 동기만으로 설명하는 것은 너무나 불충분하다. 그러므로 이 자리에서 다시 한번, 교양 개념의 종교적 뿌리와 교양 사상의 신학적 근거를 상기해 보는 것도 중요하다. 교양의 사상 속에 이미 종교적·신학적 내용이 들어와 있다면, 교회와 신학은 교양을 자신의 고유한 과제로 인식할 필요가 있다.

독일개신교교회협의회는 이러한 입장을 두 번에 걸쳐 확실하게 표명한 바 있다. 교육 백서『인간적인 것의 척도』Maße des Menschlichen는 교회가 인간성의 척도를 지향하는 교양을 위해 나서야 한다고 촉구했다.[23] 『교회와 교양』Kirche und Bildung에서는 그런 교양 이해에서 출발하여 교회가 책임적으로 이행해야 할 의무가 있음을 명시해 놓았다.[24] 이런 지향을 염두에 둘 때, 교회가 단순히 교양 프로그램을 마련해 놓는 것만으로는 충분하지 않다. 실제로 그 프로그램을 통해 교양의 요구가 실현될 수 있도록 노력해야 한다.

사례 1: 기독교 계통 유치원

유치원이나 어린이 보육 시설에서 교양을 말한다는 것은 여러 가지 면에서 아직 낯설게 느껴진다. 교양은 예나 지금이나 학교의 영역으

---

23 Evangelische Kirche in Deutschland, *Maße des Menschlichen*을 보라.
24 Evangelische Kirche in Deutschland, *Kirche und Bildung*을 보라.

로 이해되는 반면, 학교 이전의 시간은 돌보고 교육하는 시간으로 간주되기 때문이다.

실제로 19세기에 시작된 유치원Kindergarten은 어린이를 위한 **돌봄**Betreuung 시설로 도입되었다. 그래서 어린이를 감독하고 관리하는 것 이상의 프로그램은 없었다. 프리드리히 프뢰벨Friedrich Fröbel, 1782-1852 같은 선구적인 교육학자가 유치원을 세웠을 때는 훨씬 더 많은 기대를 가지고 있었지만, 그 당시 보육 시설의 암울한 현실에 실질적으로 큰 변화를 가져올 수는 없었다.

시간이 더 흐른 후 유치원은 **교육**Erziehung이라는 한층 더 중요한 과제를 부여받게 되었고 그때부터 이 기관이 지닌 교육학적 자질이 더욱 선명하게 드러났다. 오늘날에는 **돌봄, 교육, 교양**이라는 삼중 과제가 법적으로도 명시됨으로써아동, 청소년 지원법 § 22 교양 개념과의 결합도 공식적으로 인정받은 상태다. 교양은 학교에서 비로소 시작되는 게 아니다. 학교 이전의 교육 프로그램도 교양의 책무를 인식해야 한다.

어린이를 위한 보육 시설의 교양 의무를 법률적으로 인정하는 것도 별개의 문제로 봐서는 안 된다. 이것은 교양을 훨씬 넓은 의미에서 이해하는 전반적 추세와 보조를 같이하는 것이다. 교양이란 세계를 이해하는 과정에서 자기를 발견해 나가는 것이며, 그렇다면 교양은 인생의 초반부터 시작되는 셈이다. 그러므로 교양은 학교 과목으로 제시되는 것, 거기서 학습되는 것 이상을 의미한다.

그러므로 유치원이 감당하는 교양의 의무가 공식적으로 인정받는 것은 교육학적으로나 심리학적으로나 환영할 만한 일이다. 또한 이것은 인간을 전인으로 이해하는 신학적 교양 사상과도 통한다. 이 책에서 시종일관 강조하는, 교양과 종교의 연관성과 관련한 여러 내용은 고스란히 유치원에도 적용할 수 있다. 이를 압축해서 표현하면 이렇게 말할 수 있다. '교양 사상의 설득력은 그것이 학령기 이전의 아동에게도 의미 있는지 그렇지 않은지 여부에 달려 있다.' 만일 학교 교육 이전의 아이들에게는 적용되지 않는 내용이라면 그것은 학교와 관련된 특수한 규정일 뿐 보편적 교양에 속하는 것은 아니기 때문이다.

우리의 이런 입장은 인간의 본질 규정에 대해 질문함으로써 더욱 분명하게 이해할 수 있다. 개신교 계통의 유치원에서는 기독교의 인간관을 특별히 강조하며 그 인간관에 따라 유치원을 운영한다. 그래서 기독교적 가치와 구체적 에토스가 중요한 역할을 한다. 물론 아동기 교양의 간종교적 차원에 대해서는 여전히 논란이 있다. 특히 아동기 때부터 다원성이 교양의 목표가 될 수 있는지에 대해서는 회의적 입장이 많은 것 같다. 과거에는 이 문제를 고민할 필요도 없었다. 다른 종교와 대면하는 상황, 비종교적 세계관과 마주하는 일이 어린이에게는 거의 없었기 때문이다. 어린이는 먼저 자신의 고유한 종교적 정체성을 형성하고 한참 나중에서야 다른 신앙과 맞닥뜨린다고 생각했다. 그러나 최근 들어 상황이 많이 변했다. 오히려 유치원이야말로 다른 종교의 배경을 가진 친구, 다른 세계관의 영향을 받은 친구를 처음으로 만나는 자리, 종교적 다양성과 최초로 만나는 자리가 되었다. 그래서 이미 이 시기의 어린이에게도 신뢰할 만한 종교교육적 동반이 필요해졌다. 청소년기가 될 때까지 마냥 기다릴 수만은 없는 상황이 된 것이다.

튀빙겐 대학교의 종교교육학 프로젝트 팀은 어린이들과 직접 만나서 아이들이 다른 종교를 어떻게 이해하고 있는지 인터뷰하여 그 내용을 『하늘에는 얼마나 많은 하나님이 있나요?』*Wie viele Götter sind im Himmel?*라는 제목으로 출간했다.[25] 놀랍게도 대여섯 살밖에 안 된 아이들이 저 하늘에 하나님이 있는지 없는지, 하나님이 몇 명이나 있는지 이야기를 나누며 티격태격하기도 했다. 때로는 여러 아이가 함께 나눈 이야기가 아주 평화롭고 조화롭게 마무리됐다 하나님에게 이런 이름, 저런 이름이 있나 봐 하는 식으로. 때로는 생각이 다른 친구들과 말다툼을 하는 데까지 번지기도 했다. 물론 마땅한 언어나 논리가 부족한 경우가 많았다.

어린이들과 이런 대화를 하면서 분명하게 알 수 있듯, 종교 교육은 어떤 특정 신앙을 받아들이기 위한 일종의 입문 학습이라는 기존 견해는 더 이상 적절한 이해가 아니다. 어린이들과의 대화는 왜 우리가 종교적 '교양'을 추구해야 하는지 잘 보여 준다. 아직 어린아이일지라도 예컨대 그리스도인과 무슬림이 왜, 어떻게 다른지 물음을 갖게 되고 뭔가 답을 해야 하는 상황에 놓인다. 그렇게 직접적인 질문이 나오지 않더라도 종교적 다양성을 마주하고 당황하지 않도록 도움을 주어야 한다. 어린이가 집에서 부모로부터 물려받은 종교뿐만 아니라, 예컨대 자기가 다니는 유치원에서 직접 경험하는 종교적 다양성도 어린이가 세상을 알아 가는 과정에 속한다. 우리의 연

---

25 Edelbrock u.a. (Hg.), *Wie viele Götter sind im Himmel?*을 보라.

구 결과에 따르면, 독일에서는 유치원에 다니는 어린이 일곱 명 중 한 명이 무슬림 가정의 어린이다. 어떤 종교도 믿지 않는 가정의 어린이는 그보다 훨씬 비율이 높다.

교양의 요구를 충실히 반영한 종교적 교양이 물론 간종교적 차원에만 집중하는 것은 아니다. 어린이가 자기를 찾아가는 과정에서 마주칠 수 있는 종교적 차원을 진지하게 받아들여야 함을 말하고자 할 뿐이다. 그러므로 유치원에서 이루어지는 종교교육학적 과제는 처음부터 어린이의 발전을 전체적으로 지원해 주는 것이어야 한다. 이 목표가 오늘 우리의 상황에서 얼마나 이루어지고 있는지 경험적 연구를 통해 더욱 자세히 검토해야 하겠다.

어린이를 위한 보육 시설은 학교와는 달리 따로 특별 과목이 없기 때문에, 그 안에서 종교적 교양의 과제가 어떻게 이행되고 있는지 살피는 것은 아주 흥미로운 작업이다. 거기서는 모든 교양의 과제가 포괄적이고 광범위한 교양 영역, 교양의 차원이 된다. 최근 새롭게 발표된, 기초 영역을 위한 지도 및 교양 계획에서 이런 면모를 확인할 수 있다. 독일의 어떤 주에서는 종교와 관련한 교양의 과제를 "의미, 가치, 종교"라는 제목으로 널리 알리고 있다.[26] 이로써 유치원에서 이루어지는 교육 사업이 실제로 어린이 발달의 모든 영역을 포괄하게 되고, 지금까지 지방 자치 단체의 교육 시설에서는 전혀 관심 갖지 않았던 종교적 교양 영역도 합당하게 주목받게 되었다.

---

26 독일 바덴뷔르템베르크주의 대표 사례는 Ministerium für Kultus, Jugend und Sport Baden-Württemberg (Hg.), *Orientierungsplan für Bildung und Erziehung*[교양과 교육을 위한 방향 제시 계획]을 보라.

사례 2: 견신례 수업

견신례 수업Konfirmandenunterricht―최근에는 견신례 사역Konfirmandenarbeit이라는 표현을 많이 쓴다―도 지금까지는 교양 프로그램으로 인식되지 않았다. 교회에서는 이것을 교양 영역으로 간주한다. 그러나 '국가에서 견신례 사역을 지원할 수 있는가?'라는 질문을 던져 보면 금방 알 수 있듯, 국가에서는 견신례 사역을 교양으로 인정하지 않는다. 교회에서 견신례 사역을 담당하는 목사들도 이 일을 교양과 관련지어 생각하지 않는다. 때로는 이 일을 교양 영역으로 분류하기를 단호하게 거부한다. 그것은 견신례 사역이라는 '교회'의 프로그램이 학교 수업과 혼동되는 것을 원하지 않기 때문이다.

학교 입학을 교양으로 진입하는 문턱으로 생각했던 시절, 유치원이 교양의 과제와 동떨어진 곳으로 남아 있던 이유는 아이들의 어린 '나이'였지만, 견신례 사역을 교양으로 인정하지 않으려는 이유는 청소년의 나이가 아니다. 오히려 학교와 완전히 구별되는 특별한 교육 프로그램의 모습이 그 이유다. 견신례 사역이라는 개념이 '청소년 사역'Jugendarbeit이라는 개념과 유사하게 들리는 것도 우연은 아니다. 견신례 사역에서나 청소년 사역에서나 학교 교육과 차별화된 프로그램임을 의도적으로 드러내려 한다. 견신례 사역에서는 의식적으로 학교와는 전혀 다른 프로그램을 가지고, 성적을 중요시하는 비인격적 학교 방식이 아니라 사람에 집중하는 방식을 추구한다고 말한다.

그런데 역사적으로 거슬러 올라가 보면, 오늘의 이런 현실은 상당히 의외라고 할 수 있다. 개신교 교회의 역사에서 견신례 수업은 젊은 사람들이 기독교 신앙에 입문할 수 있도록 돕는 수업으로 시작했다. 18세기 들어 견신례Konfirmation가 보편적 예식으로 자리 잡으면서, 학교의 종교 수업이 끝나면 곧이어 견신례 수업이 이어졌다. 그 당시 종교 수업은 전문적인 신학 지식이 없는 교사가 진행했는데, 졸업반 학생들은―대개 14세에 학교를 졸업했다―목사가 맡아서 진행하는 견신례 수업을 들었다. 이런 면에서 볼 때, 그 당시 견신례 수업은 더 나은 수업을 의미했다. 교회에서 제공하는 수업은 학교와 대립 관계를 이루지 않았고, 학교 및 학교의 교양이 원래 지향하는 바를 실현하는 일이었다.

종교 수업과 견신례 수업이 대비되는 관계가 된 것은 20세기 초반의 일이다. 교회에서 제공하는 수업이 학교에서 요구하는 교양의 수준에 비해 뚜렷하게 뒤처지고 있다는 평가가 그 원인이었다. 그 당시의 많은 사람이, 교회에서 진행하는 수업은 종교적 교양Bildung이 아니라 속박Bindung으로 가는 길이며, 종교적 성숙이 아니라 전통적 교리의 수용을 지향한다고 생각했다. 또한 교회에서 제공하는 교육 프로그램은 교육학에서 점점 더 심각하게 비판할 대상이 되었다. 학교에서 진행되는 종교 수업은 교육학적으로 신뢰할 만한 교양의 수준을 따라가면서 존재 이유를 입증해야 했다. 그래서 교회의 수업과는 점점 더 확실하게 선을 그었고, 그와는 다른 모습을 돋보이게 하려고 노력했다.

지난 50년 동안 이 영역에서 중요한 변화가 일어났다. 전통적인 견신례 수업에서 견신례 사역으로 전환한 일이다. 이로써 이른바 '견신례 사역'과 종교 수업학교의 구분은 새로운 의미를 갖게 되었다.[27] 원래 견신례 수업에서는 학교가 제공하는 모델을 채택했지만, 이제 교회의 수업에서 기준 삼은 모델은 학교 바깥에서 이루어지는 청소년 사역이 되었다. 이런 변화의 확실한 증거는 견신례 사역에서 활용하는 다양한 학습 형태, 창조적이고 흥미진진한 교육 방법, 귀납법적 참여 학습, 체험 학습 등의 요소다. 관계적 차원도 뚜렷하게 부각된다. 청소년 집단 내부에서 자기들끼리의 관계뿐만 아니라 모임을 이끄는 목사들과 청소년들의 관계도 중요한 의미를 갖는다. 야외 수련회는 견신례 사역의 주요 일부가 되었다. 지금은 그 수련회를 준비하고 진행하는 일도 담당 목사들만 하지 않고 비슷한 나이 또래의 자원봉사자들도 함께한다. 적어도 당분간 이런 분위기가 지속될 것 같다. 견신례 사역은 학교에서 하는 것과는 완전히 대비되는 교육 프로그램인 것이다. 그러므로 어쩔 수 없이 학교를 연상시키는 교양 개념을 내세워 견신례 사역을 개혁하려 한다면 반발이 일어날 수밖에 없다.

만일 견신례 사역이―학교와 같은 방식으로 정의된―교양의 일환으로 환원되지 않고 긍정적 의미에서 학교로부터 분리되기를 정말로 원한다면, 지금의 상황을 전혀 다른 각도에서 바라보는 사람들의 목소리가 있음을 알아야 한다. 그들은 지금의 견신례 사역이 부정적 의미에서 학교 교양의 목표에서 분리되어 사실상 그 수준에 못 미친다고 생각하며 우려한다. 그래서 견신례 사역은 교회의 이해관계를

---

27 Comenius-Institut (Hg.), *Handbuch für die Arbeit mit Konfirmandinnen und Konfirmanden*[견신례 후보생들과 함께하는 사역을 위한 핸드북]을 보라.

따를 뿐, 교양의 목표에서는 벗어난 것처럼 보인다는 것이다. 이런 관점에서 보면 기독교 신앙의 기초를 가르치는 입문 수업은 애초부터 교양이라고 부를 수도 없다. 교양은 수긍과 동의가 아니라 비판 능력을 지향하기 때문이다. 교양의 진의를 제대로 파악하는 교육 프로그램이라면 교회가 전면에 나서서는 안 된다는 것이다. 교회가 아니라, 자기 자신을 빚어 나가는 주체가 중심에 있어야 하며 그 주체가 정확한 앎에 기초해 결단을 내릴 수 있는 능력이 강화되어야 한다. 만일 종교가 철저하게 사적인 관심사라고 한다면, 견신례 사역도 철저하게 사적인 영역으로 생각해서 용인할 수는 있다. 그러나—교양으로서—한 사회에서 공식적으로 인정받기는 불가능하다.

이런 식의 주장에 대해, 즉 견신례 사역과 교양을 대립 관계로 보는 주장에 맞서 여러 반론을 제기할 수 있다. 여기서는 세 가지 측면을 강조하려 한다.

종교와 종교적 교양과 견신례 사역을 단순히 사적 영역으로 치부하려는 시도에서 간과하는 게 있다. 그것은 어린이와 청소년이 어떤 종교적 교육 서비스를 받느냐는 것이 우리 사회를 위한 보편적 관심사라는, 또한 그래야 한다는 사실이다. 현재 기독교 영역에서는 이와 관련한 비판적 논의가 훨씬 덜하다. 그러나 이슬람교 모스크에서 이루어지는 종교적 훈육에 관해서는 많은 비판이 쏟아지고 있다. 공적 통제에서 완전히 벗어난 공간에서 근본주의 신앙이 시작되고 점점 커지며 강해진다는 우려는 어느 정도 타당성이 있다. 종교를 사적 영역으로 간주하는 것이 지닌 문제가 여기서 아주 뚜렷하게 드러난다. 근본주의 신앙은 사적 영역을 넘어서서 사회 전체에 영향을 끼친다. 그러므로 균형 잡힌 교양이라는 목표를 지향하면서 종교 전통을 연구하는 태도는 철저하게 공적인 관심사에 속한다. 그러므로 사회 전체적 관점에서 볼 때, 특정 종교 공동체 안에서 진행하는 교육 프로그램과 교양을 원칙적으로 구분하는 일은 전혀 바람직하지 않다.

학교와는 다른 모습을 보여 준다는 의도를 가지고서, 한쪽에는 교양을 지향하는 종교 수업을 놓고 다른 한쪽에는 견신례 사역을 놓고서 대비하는 시도는 교회의 관점에서 볼 때도 심각한 문제가 있다. 견신례 사역이 종교적 교양의 요구 앞에서 떳떳하지 못하다면 그 사역의 교회적 목표인들 온전히 실현할 수 있겠느냐는 질문이 제기된다. 어린이와 청소년이 자기를 발견하는 것이 오늘날 교양의 핵심이며 이는 신학적 교양 사상과도 통한다. 개신교 신앙의 관점에서 볼 때, 종교적 성숙을 지향하지 않는 기독교 입문 교육은 불가능하다. 신앙과 관련해서도 충분한 성찰을 거쳐 스스로 결단에 이를 수 있는 능력을 도모하지 않는 교육은 불가능하다. 최근의 경험적 연구에 의하면, 견신례 사역에 참여한 청소년이더라도 그가 곧바로 확고한 기독교 신앙을 갖게 되거나 교회에 대한 그의 관심이 이전보다 급격히 커지는 것은 아니다.[28] 오히려 그 청소년들은 충분히 질문하고 자신의 의혹을 표현할 기회를 얻게 된다. 몇 년 전 독일 전역에서 시행된 설문조사에 의하면, 견신례 사역에 참여한 청소년 중 49퍼센트만

---

28 또한 뒤에 나오는 내용에 관해서는 Ilg u.a., *Konfirmandenarbeit in Deutschland*[독일의 견신례 사역], 124 이하를 보라.

이 하나님이 세상을 창조하셨다는 진술에 동의한다고 밝혔다. 견신례 사역이 얼마든지 그런 질문을 받아들일 때 진정한 의미에서 종교적 교양이 될 수 있다. 그런 개방성을 포기한다면 청소년들이 정말 원하는 데서 비껴 나가고 말 것이다.

견신례 사역이 교회적으로나 사회적으로나 긍정적 의미를 띠게 되었음을 알려 주는 변화가 나타나고 있다. 최근 이와 관련한 경험적 연구를 보면, 그 사역에 참여한 청소년들의 사회적 태도가 개선됐으며 이전보다 적극적으로 다양한 자원봉사 활동에 나선다는 사실이 드러났다.[29] 독일에서는 매년 6만 명가량의 청소년들이 자원봉사로 견신례 사역을 돕고 있다. 이것은 견신례 후보자 4명에 한 명 꼴로 또래 자원봉사자가 있다는 뜻이다. 그리고 여기서 이런 봉사 활동의 뚜렷한 특징이 드러난다. 견신례를 준비하며 이 과정에 들어온 청소년들은 여기서 자원봉사를 하는 다른 청소년들과 만난다. 그들은 이런 일에 모범이 되어 준다. 견신례 과정을 거치면서 그들은 이와 비슷한 사회적 참여의 구체적 가능성에 대해 잘 알게 된다. 또한 견신례 사역 자체가 친사회적 성향을 키울 수 있는 기회다. 그 안에서 배우는 과정이 이와 비슷한 사회적 봉사 활동에 나서는 중요한 동기가 된다. 그러므로 견신례 사역은 마땅히 시민 사회를 위한 교양으로 간주되어야 한다. 오늘날 건강한 민주주의의 중요한 전제 조건으로 간주되는 시민 사회는 사회 이슈에 적극적으로 관여하고 모임을 꾸리며 사회적 차원의 자발적 봉사 활동에도 나설 수 있는 사람들을 필

---

29 같은 책, 특히 88 이하를 보라.

요로 한다.

이런 이유를 헤아려 볼 때, 견신례 사역과 교양을 둘로 나누어 생각하는 기존의 방식은 극복되는 것이 옳다. 독일에서 견신례 사역은 비공식적 교양 프로그램 중 가장 규모가 큰 프로그램이다. 그 자체로 사회적 인정을 받을 만하다. 그래서 다시 한번, 교양의 요구가 반드시 관철될 필요가 있음을 강조해야 한다. 견신례 사역의 교양 수준은 보장되어야 하고 더욱 높아져야 한다.

사례 3: 교회의 성인 교양 프로그램

교회에서 추진하는 성인 교양 사역은 오랜 역사를 자랑한다. 이 사역은 일반 사회에서 시행되는 성인 교육의 역사적 뿌리 가운데 하나다. 초대 교회의 교리 문답 교육 전통을 이어받은 성인 세례 교육 외에 설교도 이 범주에 속한다고 할 수 있다. 특히 종교개혁 이후에는 설교가 성인 교육의 역할을 감당했다. 16세기 개신교 회에서 보편적으로 도입된 독일어_{모국어} 설교는 종교적 가르침의 기능과 더불어 지속적인 교양 기능을 결합했다. 가령 18, 19세기의 설교는 사람들에게 실용적 깨달음, 심지어 직업과 관련된 깨달음과 지식을 주는 데 활용되었다_{물론 그런 경향이 계속되다 보니 설교의 본래 목적에서 멀어지는 결과가 나오곤 했다}. 16세기에 이미 교리 문답을 위한 설교가 도입되었다. 20세기 들어서는 젊은 성인 남녀가 참여하는 소그룹 성경 공부 모임과 주일학교가 생겨났다.

교회의 교육 사업 중 상당히 광범위한 영역을 차지하는 성인 교육은 오늘날 크게 두 방향으로 전개된다. 하나는 의식적으로 교양의 요구를 실현하려고 노력하는 교회 내 성인 교육 프로그램이다.[30] 이 일을 위해서 특별 조직이 결성되고 신학·교육학 자문단도 소집된다. 다른 하나는 평범한 교회에서 추진하는 다양한 성인 교육 프로그램이다. 여러 계기로 모이는 예배, 특별 주제로 모이는 행사, 정기적으로 모이는 소모임에서 함께 성경을 읽고 나눈다. 이 두 번째 형태의 교육 사업의 경우는 어떤 의미에서 교양과 연결해야 하는지 솔직히 불확실한 상태다. 어떤 때는 이런 교회 행사에서 교양의 의미를 묻는다는 것 자체가 낯설게 다가온다. 그런 모임에 참석하는 사람들은 교양을 학창 시절과 연결하기 때문이다. 그 가운데 다수는 그 시절을 떠올리는 걸 그다지 좋아하지도 않을 것이다.

개신교의 설교도 교양과 결부되는 경우는 거의 없다. 신학에서도 설교에 내포된 교양의 의미라든지 설교가 교양과 관련하여 일으키는 영향력에 대한 논의는 아주 드물다. 이따금 신기하게도 '교양 설교'라는 표현을 쓰는 사람들이 있다. 그러나 그런 형태의 설교는 설교자의 특별한 학문적 소양이 전면에 부각되는 터라 비판 대상이 된다.

교회에서 많이 시행하는 성경 공부의 경우는 개인 경건에 대한 관심이 뚜렷하게 드러난다. 여기서는 각 사람의 개인 경건과 일상 속에서 성경 텍스트가 가지는 의미가 강조된다. 그래서 교양과는 큰 연관성이 없어 보인다.

---

30 Seiverth/Deutsche Evangelische Arbeitsgemeinschaft für Erwachsenenbildung(DEAE) (Hg.), *Re-Visionen Evangelischer Erwachsenenbildung*[개신교 성인 교양의 새로운 비전들]을 보라.

이 책에서는 교회 공동체의 교육 사업이 교양의 요구를 충족해야 한다고 주장하는데, 이것이 오늘날 우리에게 익숙한 형태의 기독교 성인 교육이 앞으로 모든 영역에 적용될 만한 유일한 모범이 되어야 한다는 의미로 오해되어서는 안 된다. 교양의 요구는 그렇게 특별한 성인 교육 영역에 한정될 수 없다. 다양한 사업의 형태는 모두 그 나름의 의미를 지니고 있다. 그러므로 우리의 의도는 교양을 교회 교육의 보편적 차원으로 받아들여―조직적인 성인 교육의 장이든 평범한 교회 공동체 안에서 이루어지는 다양한 교육 프로그램이든―구체적으로 실현하는 것이다. 우리가 그런 방향으로 나아가야 하는 이유는 이미 여러 차례 강조한 것처럼, 교양의 요구가 그저 외부에서 교회에 강요되는 게 아니라는 것이다. 교회와 신학의 전통 안에서도 그런 요구가 자연스럽게 솟아나고 있다. 또한 오늘 우리 시대의 사람 대다수가 던지는 많은 질문은 교회가 교양이라는 통로로 받아 안을 수 있다.

교회의 성인 교육 프로그램이 교양의 과제를 지향한다는 것은, 어느 정도의 수준을 맞추기 위해서 노력한다는 뜻이다. 단순히 교육 사업의 질을 개선한다는 게 아니라 확실한 지향을 도모한다는 뜻이다. 거기 기초해 각 프로그램도 수준 높은 교육 서비스를 제공할 수 있다. 이 교육 프로그램이 인간의 자기 발견에, 인간의 판단 능력 함양 및 종교적 성숙에 어떤 의미가 있는지를 꾸준히 물을 때 그만큼 높은 질적 수준을 달성할 것이다.

교회의 영역에서 교양의 과제를 철저하게 인정한다는 것은, 교양이 다른 모든 과제를 주도하는 유일무이한 과제가 되어야 한다는 뜻이 아니다. 설교를 예로 들어 보자. 오늘날 설교의 가장 중요한 첫 번째 의미는 예배의 맥락 속에 있다. 설교는 이 콘텍스트와 연결되어야 한다. 그런데 설교가 예배라는 틀에서 떨어져 나와 스스로를 고립시킨다면 설교는 자기의 과제를 망각하게 된다. 이것은 중요한 깨달음이다. 그러나 그 예배의 맥락에서 나온 설교를 교양의 관점에서 인식하고 바로 그 관점에서 비판적으로 성찰하는 것은 결코 그 깨달음과 배치되지 않는다.

마지막으로 또 하나의 질문을 생각해 보려고 한다. 한 개인으로서 그리스도인의 교양에 관한 질문이다. 개신교 전통에서는 그리스도인으로 살아가는 데 교양이 꼭 필요하다는 입장을 취하는데, 이것도 다각적으로 살펴볼 수 있다.

기독교 신앙을 가만히 살펴보고, 또한 그 신앙이 역사와 현재 속에서 다양하게 표현된 방식을 살펴보면, 기독교 전통과의 만남이 새로운 교양의 가능성을 열어 준다는 사실을 알게 된다.

이런 기독교 신앙으로부터 개인 교양의 필연성에 대한 의식이 자라난다. 개신교 신앙에 의하면 모든 개인은 교회 운영에 참여하여 공동 책임을 진다. 그러기 위해서는 그에 상응하는 지식과 경험이 필요하다. 한 걸음 더 나아가, 그리스도인이 된다는 것은 개인의 삶과 사회적 삶에서 책임을 자각한다는 것, 지구적 도전 앞에서도 그런 책임감을 안고 살아간다는 것을 의미한다. 그런데 교양이 없다면 이런 요구는 공허할 뿐이다.

이번 장 마지막에 와서 다시 한번 강조하고 싶은 내용이 있다. "교회의 활동 영역에서도 교양이 필요하다"라는 요구는 교회에 또 다른 부담을 안겨 주려는 게 결코 아니다. 오히려 교회 전체와 그리스도인 개개인의 삶이 더욱 풍요로워지는 것이 목표다.

'종교적 교양이 어떤 풍요로움을 선사할 수 있는가?' 개인의 삶과 관련하여 우리는 다음과 같은 소중한 깨달음을 얻게 된다. '교양은 모든 실용적인 것이익이 되는 것 이상이어야 한다.' '인간의 본질에 대해 깊이 생각하는 것은—인생의 위기를 맞았을 때, 자신의 유한함을 직면했을 때에도—인간됨의 근본 요소다.' 이런 깨달음은 모두 교양과 종교의 연관성에서 나온다. 궁극적으로 이것은 교양과 초월의 관계로 귀결된다. 이것은 교양에 관한 이해를 결정적으로 확장하면서 동시에 그 경계를 정확하게 인식할 수 있는 가능성이다. 인간의 삶은 그 경계선 없이 결코 성공적일 수 없다.

5장

교양과 초월
교양의 경계 지우기, 경계 세우기

이 책은 처음부터 교양 이해의 **경계 지우기**Entgrenzung를 추구했다. 그것이 우리가 풍요로워지는 길이라는 사실을 분명하게 이해할 수 있게 하고 싶었다. 그래서 2장에서는 교양과 종교의 역사적 연관성, 그러나 우리가 여러 가지 면에서 잊어버리고 지나쳐 왔던 그 연관성을 묘사하는 데 주력했다. 3장에서는 역사 속 사실을 넘어 오늘날까지 지속되는 의미, 즉 교양을 올바르게 이해하기 위해 종교가 본질적으로 내포하는 의미를 드러내려고 했다. 이런 우리의 주장은 결과적으로 교양의 경계한계를 지우는 것이 되었다. 교양을 인간의 본질 규정과 연결하고 내적 인간과 연결하며 신앙과 연결함으로써 교양의 경계를 넘어서는 것이었다.

이런 의미에서 교양을 신학의 주제로 파악한다는 것은 익숙해진 규정과 정체된 관념을 벗어나서 더 넓은 사유의 지평으로 들어섬을 의미한다. '초월'을 언급하는 곳에서는 일상적·세상적인 사유와 행동의 지평이 명확한 한계경계를 가지고 있음을 의식하게 된다. 세상적 경계를 넘어선다는 의미가 이미 초월이라는 단어에 들어 있다라틴어 *transcendere* = 넘어가다. 우리가 초월 개념을 붙잡는 것은 교양이 지속적으로 개방성을 지니도록 하기 위해서다. 일반조으로 교양 개념이 너무 모호하다는 비판을 받지만, 이 개념은 초월과 연결될 가능성을 유산으로 물려받았기 때문에 그런 개방성이 지속적으로 가능하다. 교양 개념 자체만으로도 인간은 그저 생존을 위한 존재가 아니라는 사실, 이 세상의 성공과 경력으로 설명되는 존재가 아니라는 사실을 상기할 수 있다.

지금까지 이런 방향으로 논의를 이끌어 왔는데, 책 마지막에서 다시 그 관점을 뒤집어 **경계 세우기**Begrenzung의 필요성을 말하는 게 의아하게 느껴질 수도 있다. 그러나 우리가 살아가는 세상에서 교양 개념이 천박해지는 경향에 맞서기 위해서는 두 가지, 즉 교양의 경계를 지우는 것과 세우는 것이 모두 필요하다. 게다가 지금 우리는 끝없이 밀려오는 다양한 정보와 이슈의 홍수 속에서 길을 잃어버릴 것 같은 위험스러운 상황 속에 있다. 이것은 오늘날 학교의 문제, 교양 전반의 문제가 되고 있다. 경계가 없으면 의미 있는 중심도 없고 뚜렷한 구조도 없다. 이런 상황에서 초월을 붙잡는 것은 중요한 역할을 할 수 있다. 초월과 연결됨으로써 인간에게는 모든 일상적인 과제와 활동과 질문과 문제 너머에 있는 하나의 지평이 펼쳐질 뿐 아니라 원칙적 경계가 시야에 들어온다. 지금부터 우리는 그 경계에 대해 알아보기로 한다.

초월 관련성Transzendenzbezug이 하나의 새로운 지평을 열어 준다는 사실은 자명하다. 이것은 종교적 교양이 꼭 필요함을 말하는 중요한 근거 가운데 하나다. 그에 비해, 인간 실존의 경계와 초월의 연관성은 언뜻 설득력 있게 다가오지 않는다. 그래서 이 부분을 더 자세하게 설명하려고 한다.

내재와 초월의 구분, 즉 세상적인 온갖 일과 그 모든 것을 넘어서는 영역 사이에는 하나의 경계선을 그을 수 있다. 그러나 그것은 단지 형식적 성격의 경계선일 뿐이다. 그런 형식적 구분만으로는 인간의 자기의식을 실질적으로 움직일 수 있는 경계 의식이 생겨날 수 없다. 그런데 성경의 신관과 인간관이 뚜렷하게 강조하고 있는 창조자와 창조물의 구분은 처음부터 전혀 성격이 다르다. 창조 신앙은 인간이 궁극적 의미에서는 자신의 실존을 책임질 수 없다는 사실, 인간의 실존은 결코 인간의 업적이나 성공에 의존하지 않는다는 사실을 알고 있다. 창조된 인간의 존재는 자신의 통제 밖에 있는 유래와 미래로부터 기인한다.

물론 이런 진술, 혹은 이와 비슷한 진술을 예컨대 진화론의 지평에서 만들어 보는 것도 얼마든지 가능하다. 거기서는 자연과 인류의 진화적 발달을 전제하고 인간은 그 유구한 과정에서 어떤 특정 시기에 발생한 것이라고 설명할 수 있다. 그러나 이런 진화론적 관점에서는 실질적인 경계 의식이 생겨나지 않는다. 진화론에서 인류 발전의 동력으로 제시하는 이론, 즉 '생존 투쟁' 속에서 일어나는 '변이와 선택'의 원리는 결국 인간의 존재는 '적자생존'의 원리, 즉 강한 자가 살아남는다는 원리를 따른 결과라는 주장을 뒷받침하고 있다. 인간은 주변 환경에 가장 잘 적응했기 때문에 살아남을 수 있었다는 것이다. 이런 설명은 인간의 행동과 인생 전체를 한 방향으로만 몰고 가기 쉽다. 오로지 '생존을 위한 투쟁'만 생각하는, 최대한 환경에 적응하며 자기를 관철시키는, 더 우월해지려고 노력하는 삶으로 유도한다. 물론 진화론에 기초한 윤리도 여러 형태로 나타날 수 있을 것이다. 인간을 전체 자연 생태계 안에서 볼 수 있도록 가르치고 그 나름의 경계 의식을 갖게 하는 시도도 가능하다. 그러나 진화론은 과학적 설명 도구로서 근본적으로는 윤리적 지향이 없으며 인간의 자기이해에도 전혀 관심이 없다. 과학 이론은 과학적 설명이라는 의무만 지닐 뿐이다. '인간이 자신을 어떻게 이해하는가?'라는 문제는 그 의무에 속할 필요도 없고 그럴 수도 없다.

그에 비해 창조주와 창조물의 구분은 전혀 다른 모습이다. 창조주 하나님은 인간에게 강압적으로 경계를 제시하는 초월적 힘과 초월적 권위의 대상이 아니다. 성경의 창조주 하나님은 인간을 자신의 형상으로 만든다창 1:27. 이로써 인간은 어떤 상황에서도 잃어버릴 수 없는 존엄성을 얻게 된다. 이로써 자신을 창조물로 이해하는 것, 그와 동시에 하나님의 자유로운 대화 상대자로서 적극적이고 책임 있게 행동하는 주체가 누리는 새로운 자유는 상호 모순이 아니라 조화를 이루게 된다. 경계 의식과 자유는 서로의 전제 조건이 된다. 자기 자신을 드러내려고 애쓰지 않아도 되는 인간은 다른 사람을 위해, 다른 모든 것을 위해 자유로운 존재가 된다. 성경의 창조 이야기에서는 인간이 하나님의 형상으로서 다른 생명체를 위한 공동 책임을 부여받았음을 말한다. 오늘 우리에게 상당히 낯설게 다가오는 "정복하라", "다스리라"창 1:28라는 표현은 현대의 독자를 위해 잘 해석할 필요가 있다. 창조의 이야기를 책임 있게 받아들일 수 있는 유일한 길, 그것은 창조물은 결코 창조주가 아니라는 의식, 그러므로 인간은 다른 인간의 생명을 함부로 대해서는 안 된다는 의식을 끝까지 붙잡는 것이다.

초월 관련성을 통해 가능해지는 경계 의식Grenzbewusstsein은 교양에 대한 최근의 논의에서 특히 중요해지고 있다. 방향성을 제공하고 자유롭게 하며 비판적 의미를 지닌 것으로 인정받고 있다. 현대 사회에는 여러 가지 면에서 '경계 지우기'탈경계 경향이 있는데 사실 이것 때문에 사회가 위태로워지고 있다. 또한 현대 사회는 더 많은 것을 쌓아 올리려는 성과주의로 인해 더욱더 비인간화되는 처지에 처해 있다. 더 빨라지기만 하는 시류 속에서 더 많은 사람이 고통을 받고 있으며 수많은 사람이 심신질환을 앓고 있다. 경제적 경계가 지워지면서 경쟁 범위는 전 세계로 확대되고 특정 지역의 특수한 상황에 대한 배려는 점점 사라지고 있다. 만일 교양이 이런 시대의 여러 가지 문제, 너무나 자주 '어쩔 수 없는 일'Sachzwarg, 외부 상황에 의한 강제로 치부되는 온갖 문제에 개입하다 보면, 자칫 교양은 부정적 의미에서 무한정한 것이 된다. 이런 교양으로 자기를 빚어 가는 인간은 경계가 지워진 세상에서 자기 발견의 길을 잃어버릴 위기에 빠진다. 바로 이것이 인간적 완전함perfectibilité이라는 관념을 내세워 '경계 지우기'를 추구하는 계몽 교육학의 가장 위험한 부작용인 것은 결코 우연이 아닙니다.

경계가 지워진 세상에서 자기를 잃어버리는 모습은 빌헬름 폰 훔볼트가 말했던 소외의 다른 버전으로 이해될 수 있다. 인간이 교양으로 자기를 빚어 나가기 위해서는 세상 속으로 들어가야 한다. 그러나 그렇게 밖으로 나아가는 과정에서 적절한 경계가 없다면 필연적으로 자기를 상실하게 된다. 세상에서 자기를 찾지 못하고, 아무런 의미 없이 지나가는 수많은 경험과 행위 속에서 인간 자아가 해체된다. 그래서 훔볼트는 인간이 자기 자신을 찾기 위해 먼저 하나의 전체성Ganzheit과 연결되어야 한다고 말한다. 그러나 이 전체성이 어떤 것인지, 어떻게 발견할 수 있는지는 말하지 않는다. 성경적 기독교 전통에서는 창조주 하나님을 마주함으로써 이 전체성을 찾을 수 있다고 본다. 그 하나님은 인간을 자신의 형상으로 만드셨다. 이로써 새로운 – 분명한 경계가 있고 그런 경계를 만드는 – 전체성을 제시하며 인간적 교양의 가능성을 발현하는 건강한 경계선을 그어 주신다.

인간을 창조하신 하나님과 관계를 맺는 길은 오로지 믿음이다. 그래서 교양의 초월 관련성은 언제나 믿음의 문제이기도 하다. 그러나 교양과 초월의 관련성이 갖는 의미는 그 믿음을 완벽하게 공유하지 않은 상태에서도 어느 정도 배우고 이해하고 느낄 수 있다. 많은 사람이 갑작스럽게 질병이나 죽음과 같은 현실에 직면해 전혀 예기치 못했던 실존적 물음과 맞닥뜨리게 되면 자연스럽게 그 부분을 의식하게 된다. 거기서는 인간 실존의 경계가 직접적으로 의식되고 그 경계 너머에 있는 것에 대한 질문이 떠오른다.

인생의 경계요 한계인 초월의 의미는 결코 개인적 실존과만 관련한 문제가 아니다. 교양의 이해와 관련한 논의에서는 어쩌면 사회적 의미가 더욱 가깝게 다가올 수 있다. 사회적 관점에서도 이런 초월 관련성의 의미가 선명하게 다가올 수 있으며, 심지어 스스로를 종교적 사람이라고 여기지 않는 사람들도 충분히 이해할 수 있다. 예컨대 독일의 헌법에서도—특히 헌법 전문前文에서—명백하게 하나님을 언급한다. 이런 표현이 있다고 해서 한 국가의 모든 시민이 의무적으로 하나님을 믿어야 하는 것은 결코 아니다. 그러나 이런 표현에서 견지하는 입장은, 창조주와 창조물의 구분이 인간으로 하여금 자신의 경계를 의식할 수 있게 한다는 것이다. 이런 경계가 허물어지면 인간의 공적 체제, 특히 국가는 순식간에 타락할 수 있다. (1946년부터 시행된) 바이에른 공화국 헌법 전문에서는 국가사회주의를 회고하면서, 그것은 "하나님이 없고, 양심이 없으며, 인간 존엄성에 대한 존중이 없는 나라와 사회 질서"가 도달한 "폐허"였다고 말한다.

이런 입장은 교양에도 어느 정도 비슷하게 적용할 수 있다. '하나님 없는' 교양 사상은 '양심도 없고 인간 존엄성에 대한 존중도 없이' 작동되는 교양 규칙으로 귀결되기 쉽다. 인간을 완벽한 존재로 만들려는 교양을 추구하는 동안, 그 교양의 규칙은 아무런 경계도 없고 기준도 없는 것이 될 수 있다. 이런 일은 인간이 인간다움을 포기할 때만 가능하다.

그러나 기독교 신앙을 통해 자신의 경계를 세울 수 있게 된 교양 사상은 조화로운 삶의 전제 조건이 될 수 있다. 일단 이것은 개인의 삶에 적용된다. 한 개인은 하나님이 일으키신 화해를 믿음으로써 자신의 오류 가능성을 인정할 수 있다. 다른 한편, 이는 사회적 삶에 적용되어 상호 존중과 관용, 평화를 위한 새로운 가능성이 된다.

결론적으로, 교양의 경계 지우기와 경계 세우기 이 둘은 떼려야 뗄 수 없는 긴밀한 관계를 맺고 있다. 교양과 종교의 연관성을 늘 염두에 둔다면 둘 다 힘을 얻을 것이다. 교양과 종교의 긴밀한 관계는 우리가 늘 새롭게 기억해야 할 역사적 사실, 오늘날도 지속해서 잘 가꾸어 나가야 할 성찰 지평, 국가와 교회의 교양 체계 속에서 부지런히 구현해 나가야 할 구체적 실천 과제다.

참고 문헌

Auernheimer, Georg, *Einführung in die interkulturelle Erziehung*, Darmstadt 1990.

Augustinus, Aurelius, *Vom ersten katechetischen Unterricht*, übers. u. bearb. v. Werner Steinmann/Otto Wermelinger, München 1985. 『신앙요리교육론』(부크크).

Barth, Karl, *Evangelium und Bildung*, Zollikon-Zürich ²1947.

Baumert, Jürgen, "Deutschland im internationalen Bildungsvergleich," in: Nelson Killius/Jürgen Kluge/Linda Reisch (Hg.), *Die Zukunft der Bildung*, Frankfurt/M. 2002, 100-150.

Behr, Harry Harun, *Islamische Bildungslehre*, Garching 1998.

_____/Krochmalnik, Daniel/Schröder, Bernd (Hg.), *Der andere Abraham. Theologische und didaktische Reflektionen eines Klassikers*, Berlin 2011.

Benner, Dietrich, *Allgemeine Pädagogik. Eine systematisch-problemgeschichtliche Einführung in die Grundstruktur pädagogischen Denkens und Handelns*, Weinheim/München 1987.

_____, "Thesen zur Bedeutung der Religion für die Bildung," in: ders., *Studien zur Theorie der Erziehung und Bildung. Pädagogik als Wissenschaft, Handlungstheorie und Reformpraxis*. Bd. 2, Weinheim/München 1995, 179-190.

_____, "Bildung und Religion. Überlegungen zu ihrem problematischen Verhältnis und zu den Aufgaben eines öffentlichen Religionsunterrichts heute," in: Achim Battke u.a. (Hg.), *Schulentwicklung—Religion—Religionsunterricht. Profil und Chance von Religion in der Schule der Zukunft*, Freiburg u.a. 2002, 51-70.

_____, "Religiöse Bildung. Überlegungen zur Unterscheidung zwischen "fundamentalen" und "fundamentalistischen" Konzepten," in: Friedrich Schweitzer/Volker Elsenbast/Christoph T. Scheilke (Hg.), *Religionspädagogik und Zeitgeschichte im Spiegel der Rezeption von Karl Ernst Nipkow*, Gütersloh 2008, 151-164.

_____/Schieder, Rolf/Schluß, Henning/Willems, Joachim (Hg.), *Religiöse Kompetenz als Teil öffentlicher Bildung. Versuch einer empirisch, bildungstheoretisch und religionspädagogisch ausgewiesenen Konstruktion religiöser Dimensionen und Anspruchsniveaus*, Paderborn u.a. 2011.

Böckenförde, Ernst-Wolfgang, *Recht, Staat, Freiheit. Studien zur Rechtsphilosophie, Staatstheorie und Verfassungsgeschichte*, Frankfurt/M. ²1992.

Bollenbeck, Georg, *Bildung und Kultur. Glanz und Elend eines deutschen Deutungsmusters*, Frankfurt/M. 1994.

Bollnow, Otto Friedrich, *Wesen und Wandel der Tugenden*, Frankfurt/M. 1964.

Brettfeld, Katrin/Wetzels, Peter, *Muslime in Deutschland. Integration, Integrationsbarrieren, Religion sowie Einstellungen zu Demokratie, Rechtsstaat und politisch-religiös motivierter Gewalt.* Ergebnisse von Befragungen im Rahmen einer multizentrischen Studie in städtischen Lebensräumen, Hamburg 2007.

Bunge, Martha J. (Hg.), *The Child in Christian Thought*, Grand Rapids/Cambridge 2001.

Clines, David J.A./Lichtenberger, Hermann/Müller, Hans-Peter (Hg.), *Weisheit in Israel*, Münster u.a. 2003.

Comenius, Johann Amos, *Pampaedia*, hg. v. Dimitrij Tschižewskij, Heidelberg ²1965.

Comenius-Institut (Hg.), *Handbuch für die Arbeit mit Konfirmandinnen und Konfirmanden*, Gütersloh 1998.

Crenshaw, James L., *Education in Ancient Israel: Across the Deadening Silence*, New York 1998.

Dawkins, Richard, *Der Gotteswahn*, Berlin ²2007. 『만들어진 신』(김영사).

Die deutschen Bischöfe, *Die bildende Kraft des Religionsunterrichts. Zur Konfessionalität des katholischen Religionsunterrichts*, Bonn 1996.

Doedens, Folkert/Weiße, Wolfram (Hg.), *Religionsunterricht für alle. Hamburger Perspektiven zur Religionsdidaktik*, Hamburg 1997.

Dohmen, Günther, *Bildung und Schule. Die Entstehung des deutschen Bildungsbegriffs und die Entwicklung seines Verhältnisses zur Schule.* Bd. 1: *Der religiöse und der organologische Bildungsbegriff*, Weinheim 1964.

Dörpfeld, Friedrich Wilhelm, *Ausgewählte pädagogische Schriften*, hg. v. Albert Reble, Paderborn 1963.

Dressler, Bernhard, *Unterscheidungen. Religion und Bildung*, Leipzig 2006.

Ebeling, Gerhard, "Die Toleranz Gottes und die Toleranz der Vernunft," in: ders., *Umgang mit Luther*, Tübingen 1983, 101-130.

Edelbrock, Anke/Schweitzer, Friedrich/Biesinger, Albert (Hg.), *Wie viele Götter sind im Himmel? Religiöse Differenzwahrnehmung im Kindesalter*, Münster 2010.

Evangelische Kirche in Deutschland, *Maße des Menschlichen. Evangelische Perspektiven zur Bildung in der Wissens- und Lerngesellschaft. Eine Denkschrift*, Gütersloh 2003.

_____, *Religionsunterricht. 10 Thesen des Rates der Evangelischen Kirche in Deutschland*, Hannover 2006.

_____, *Kirche und Bildung. Herausforderungen, Grund sätze und Perspektiven evangelischer Bildungsverantwortung und kirchlichen Bildungshandelns*, Gütersloh 2009.

Fetz, Reto Luzius/Reich, Karl Helmut/Valentin, Peter, *Weltbildentwicklung und Schöpfungsverständnis. Eine strukturgenetische Untersuchung bei Kindern und Jugendlichen*, Stuttgart u.a. 2001.

Flitner, Wilhelm, *Die Geschichte der abendländischen Lebensformen*, München 1967.

_____, *Hochschulreife und Gymnasium. Vom Sinn wissenschaftlicher Studien und von der Aufgabe der gymnasialen Oberstufe*, Heidelberg ³1967.

_____, "Allgemeine Pädagogik," in: ders., *Ges. Schriften*, Bd. 2: *Pädagogik. Systematische Pädagogik. Allgemeine Pädagogik*, Paderborn u.a. 1983, 123-283.

Foucault, Michel, *Überwachen und Strafen. Die Geburt des Gefängnisses*, Frankfurt/M. 2005. 『감시와 처벌』(나남).

_____, *Wahnsinn und Gesellschaft. Eine Geschichte des Wahns im Zeitalter der Vernunft*, Frankfurt/M. 2007.

Gadamer, Hans-Georg, *Wahrheit und Methode. Grundzüge einer philosophischen Hermeneutik*, Tübingen ⁶1990. 『진리와 방법』(문학동네).

Gärtner, Michael, *Die Familienerziehung in der Alten Kirche. Eine Untersuchung über die ersten vier Jahrhunderte des Christentums mit einer Übersetzung und einem Kommentar zu der Schrift des Johannes Chrysostomus über Geltungssucht und Kindererziehung*, Köln/Wien 1985.

Gemballa, Sven/Schweitzer, Friedrich, "Was können Biologieunterricht und Religionsunterricht voneinander erwarten?," in: Bernd Janowski/Friedrich Schweitzer/Christoph Schwöbel (Hg.), *Schöpfungsglaube vor der Herausforderung des Kreationismus*, Neukirchen-Vluyn 2010, 172-191.

Gemeinhardt, Peter, *Das lateinische Christentum und die antike pagane Bildung*, Tübingen 2007.

Gerner, Berthold, *Einführung in die Pädagogische Anthropologie*, Darmstadt ²1986.

Habermas, Jürgen, *Theorie des kommunikativen Handelns*. 2 Bde., Frankfurt/M. 1981. 『의사소통행위이론』(나남).

_____, *Glauben und Wissen*. Friedenspreis des Deutschen Buchhandels 2001, Frankfurt/M. 2001.

Hammelsbeck, Oskar, *Glaube und Bildung*, München 1940.

Härle, Wilfried/Preul, Reiner (Hg.), *Menschenwürde*, Marburg 2005.

Harth-Peter, Waltraud, "Religion und Bildung im Lichte des modernen Personalismus," in: Marian Heitger/Angelika Wenger (Hg.), *Kanzel und Katheder. Zum Verhältnis von Religion und Pädagogik seit der Aufklärung*, Paderborn u.a. 1994, 513-551.

Hegel, Georg Wilhelm Friedrich, *Phänomenologie des Geistes*, hg. v. Gerhard Göhler,

Frankfurt/M. ²1973. 『정신현상학』(아카넷).
Heitmeyer, Wilhelm/Müller, Joachim/Schröder, Helmut, *Verlockender Fundamentalismus. Türkische Jugendliche in Deutschland*, Frankfurt/M. 1997.
Hentig, Hartmut von, *Bildung. Ein Essay*, München/Wien 1996.
Herder, Johann Gottfried, "Journal meiner Reise im Jahr 1769," in: Clemens Menze (Hg.), *Johann Gottfried Herder. Humanität und Erziehung*, Paderborn ²1968, 5-94. 『1769년 여행일지』(인터북스).
_____, *Ideen zur Philosophie der Geschichte der Menschheit*, Wiesbaden 1985.
Herms, Eilert, "Pluralismus aus Prinzip," in: ders., *Kirche für die Welt. Lage und Aufgabe der evangelischen Kirchen im vereinigten Deutschland*, Tübingen 1995, 467-485.
_____, *Art. Ethos*, RGG 2 (1999), 1640f.
Heydorn, Heinz-Joachim, *Ungleichheit für alle. Zur Neufassung des Bildungsbegriffs. Bildungstheoretische Schriften*, Bd. 3, Frankfurt/M. 1980.
_____, "Überleben durch Bildung. Umriß einer Aussicht," in: ders., *Ungleichheit für alle. Zur Neufassung des Bildungsbegriffs. Bildungstheoretische Schriften* Bd. 3, Frankfurt/M. 1980, 282-301.
Hoheisel, Karl, *Art. Religionstypologie*, RGG 7 (2004), 386-388.
Humboldt, Wilhelm von, "Theorie der Bildung des Menschen," in: ders., *Schriften zur Anthropologie und Geschichte* (Werke in 5 Bdn., Bd. 1), hg. v. Andreas Flitner/Klaus Giel, Darmstadt ³1980, 234-240. 『인간 교육론 외』(책세상).
_____, "Ideen zu einem Versuch, die Gränzen der Wirksamkeit des Staats zu bestimmen (1792)," in: ders., *Schriften zur Anthropologie und Geschichte* (Werke in 5 Bdn., Bd. 1), hg. v. Andreas Flitner/Klaus Giel, Darmstadt ³1980, 56-233.
Huntington, Samuel P., *Der Kampf der Kulturen. Die Neugestaltung der Weltpolitik im 21. Jahrhundert*, München u.a. 1996. 『문명의 충돌』(김영사).
Ilg, Wolfgang/Schweitzer, Friedrich/Elsenbast, Volker, *Konfirmandenarbeit in Deutschland. Empirische Einblicke, Herausforderungen, Perspektiven*. Mit Beiträgen aus den Landeskirchen, Gütersloh 2009.
Janowski, Bernd, *Die Welt als Schöpfung*, Neukirchen-Vluyn 2008.
_____, "Auf dem Weg zur Buchreligion. Transformationen des Kultischen im Psalter," in: Johannes Bremer/Frank-Lothar Hossfeld/Till Magnus Steiner (Hg.), *Trägerkreise in den Psalmen*, Göttingen 2014 (im Druck).
Jencks, Christopher, *Inequality: a reassessment of the effect of family and schooling in America*, New York u.a. 1972.
Joas, Hans, *Braucht der Mensch Religion? Über Erfahrungen der Selbsttranszendenz*, Freiburg u.a. 2004.
_____, (Hg.), *Braucht Werterziehung Religion?* Göttingen 2007.
_____, *Sakralität der Person. Eine neue Genealogie der Menschenrechte*, Frankfurt/M. 2011.

_____/Wiegandt, Klaus (Hg.), *Die kulturellen Werte Europas*, Frankfurt/M. 2005.

Johann, Horst-Theodor (Hg.), *Erziehung und Bildung in der heidnischen und christlichen Antike*, Darmstadt 1976.

Jüngel, Eberhard, "Wertlose Wahrheit. Christliche Wahrheitserfahrung im Streit gegen die "Tyrannei der Werte"," in: Carl Schmitt/Eberhard Jüngel/Sepp Schelz, *Die Tyrannei der Werte*, Hamburg 1979, 45-76.

Kant, Immanuel, "Beantwortung der Frage: Was ist Aufklärung?," in: ders., Werke in 6 Bdn., hg. v. Wilhelm Weischedel, Frankfurt/M. 1964, 51-61. 『계몽이란 무엇인가』 (길).

Kittsteiner, Heinz D., *Die Entstehung des modernen Gewissens*, Frankfurt/M. 1995.

Koch, Klaus, *Imago Dei—Die Würde des Menschen im biblischen Text* (Berichte aus den Sitzungen der Joachim Jungius-Gesellschaft der Wissenschaften 18, H. 4), Hamburg 2000.

Korsch, Dietrich, "Bildung und Glaube. Ist das Christentum eine Bildungsreligion?," in: *NZSTh* 36 (1994), 190-214.

_____, "Religion—Identität—Differenz. Ein Beitrag zur Bildungskompetenz des Religionsunterrichts," in: *Evangelische Theologie* 63 (2003), 271-279.

Koselleck, Reinhart, "Einleitung—Zur anthropologischen und semantischen Struktur der Bildung," in: ders. (Hg.), *Bildungsbürgertum im 19. Jahrhundert. Teil II: Bildungsgüter und Bildungswissen*, Stuttgart 1990, 11-46.

Krimmer, Evelyn, *Evangelischer Religionsunterricht und reflektierte Toleranz. Aufgaben und Möglichkeiten religiöser Bildung im Pluralismus*, Göttingen 2013.

Lange, Armin, *Art. Weisheitsliteratur*, RGG 8 (2005), 1366-1369.

Leppin, Volker, *Martin Luther*, Darmstadt 2006.

Lichtenstein, Ernst, *Zur Entwicklung des Bildungsbegriffs von Meister Eckhart bis Hegel*, Heidelberg 1966.

Luther, Martin, "An den christlichen Adel deutscher Nation: Von des christlichen Standes Besserung." 1520, in: *Martin Luther. Ausgewählte Schriften*, hg. v. Karin Bornkamm/Gerhard Ebeling, Bd. 1: *Aufbruch zur Reformation*, Frankfurt/M. ²1983, 150-237.

_____, "Von der Freiheit eines Christenmenschen." 1520, in: *Martin Luther. Ausgewählte Schriften*, hg. v. Karin Bornkamm/Gerhard Ebeling, Bd. 1: *Aufbruch zur Reformation*, Frankfurt/M. ²1983, 238-263.

_____, "Vorrede zu: Deutsche Messe und Ordnung Gottesdiensts." 1526, in: *Martin Luther. Ausgewählte Schriften*, hg. v. Karin Bornkamm/Gerhard Ebeling, Bd. 5: *Kirche, Gottesdienst, Schule*, Frankfurt/M. ²1983, 73-82.

_____, "Vorrede zum Großen Katechismus," in: *Die Bekenntnisschriften der evangelisch-lutherischen Kirche*, Göttingen ⁷1976, 545-554. 『마르틴 루터 대교리문답』 (복있는사람).

Marrou, Henri-Irénée, *Geschichte der Erziehung im klassischen Altertum*, Freiburg/München 1957.

Meister Eckhart, "Das Buch der göttlichen Tröstung," in: *Meister Eckharts Traktate* (Meister Eckhart, Die deutschen und lateinischen Werke, Bd. 5), hg. v. Josef Quint, Stuttgart 1963, 471-497. 『신적 위로의 책』(누멘).

Ministerium für Kultus, Jugend und Sport Baden-Württemberg (Hg.), *Orientierungsplan für Bildung und Erziehung für die baden-württembergischen Kindergärten, Pilotphase*, Weinheim 2006.

Mokrosch, Reinhold, *Das religiöse Gewissen. Historische und sozialempirische Untersuchungen zum Problem einer (nach)reformatorischen, religiösen Gewissensbildung bei 15- bis 19-Jährigen*, Stuttgart u.a. 1979.

Müller, Peter, *In der Mitte der Gemeinde. Kinder im Neuen Testament*, Neukirchen-Vluyn 1992.

Niethammer, Friedrich Immanuel, *Der Streit des Philanthropinismus und Humanismus in der Theorie des Erziehungs-Unterrichts unsrer Zeit*, Jena 1808.

Nipkow, Karl Ernst, *Bildung in einer pluralen Welt*, 2 Bde., Gütersloh 1998.

Numbers, Ronald L., *The Creationists. From Scientific Creationism to Intelligent Design*, Cambridge, Mass./London 2006. 『창조론자들』(새물결플러스).

Nussbaum, Martha C., *Frontiers of Justice. Disability, Nationality, Species Membership*, Cambridge/London 2006.

Oelkers, Jürgen/Osterwalder, Fritz/Tenorth, Heinz-Elmar (Hg.), *Das verdrängte Erbe. Pädagogik im Kontext von Religion und Theologie*, Weinheim/Basel 2003.

Pannenberg, Wolfhart, "Gottebenbildlichkeit und Bildung des Menschen," in: *Theologia Practica* 12 (1977), 259-273.

Paul, Eugen, *Geschichte der christlichen Erziehung*, Bd. 1: *Antike und Mittelalter*, Freiburg u.a. 1993.

Pestalozzi, Johann Heinrich, "Brief an einen Freund über seinen Aufenthalt in Stans," in: ders., *Ausgewählte Schriften*, hg. v. Wilhelm Flitner, Düsseldorf/München ³1961, 223-246.

Petersen, Peter, *Der Kleine Jena-Plan*, Weinheim/Basel 54/55 1974.

Peukert, Helmut, "Praxis universaler Solidarität. Grenzprobleme im Verhältnis von Erziehungswissenschaft und Theologie," in: Edward Schillebeeckx (Hg.): *Mystik und Politik. Theologie im Ringen um Geschichte und Gesellschaft*, Mainz 1988, 172-185.

Preul, Reiner, *Kirchentheorie. Wesen, Gestalt und Funktionen der Evangelischen Kirche*, Berlin/New York 1997.

_____, *Evangelische Bildungstheorie*, Leipzig 2013.

Rad, Gerhard von, *Weisheit in Israel, Neukirchen-Vluyn 1970* (4. durchgesehene und erweiterte Auflage 2013).

Radtke, Frank-Olaf, *Kulturen sprechen nicht. Die Politik grenzüberschreitender Dialoge*, Hamburg 2011.

Rat der Evangelischen Kirche in Deutschland, *Weltentstehung, Evolutionstheorie und Schöpfungslaube in der Schule. Eine Orientierungshilfe*, Hannover 2008.

Reformationsgeschichtliche Sozietät der Martin-Luther-Universität Halle-Wittenberg (Hg.), *Spurenlese. Wirkungen der Reformation auf Wissenschaft und Bildung, Universität und Schule*, Leipzig 2014.

Ricken, Norbert, *Die Ordnung der Bildung. Beiträge zu einer Genealogie der Bildung*, Wiesbaden 2006.

Rittelmeyer, Christian, *Bildung. Ein pädagogischer Grundbegriff*, Stuttgart 2012.

Rousseau, Jean-Jacques, *Emil oder über die Erziehung*, hg. v. Ludwig Schmidts, Paderborn 1971. 『에밀』(세창출판사).

_____, *Vom Gesellschaftsvertrag oder Grundsätze des Staatsrechts*, hg. v. Hans Brockard, Stuttgart 1977. 『사회계약론』(후마니타스).

_____, *Die Bekenntnisse*. Übers. v. Alfred Semerau, München 1981. 『고백록』(나남).

Rutter, Michael u.a., *Fifteen Thousand Hours. Secondary Schools and their Effects on Children*, Cambridge 1980.

Schaarschmidt, Ilse, "Der Bedeutungswandel der Begriffe 'Bildung' und 'bilden' in der Literaturepoche von Gottsched bis Herder," in: Franz Rauhut/Ilse Schaarschmidt, *Beiträge zur Geschichte des Bildungsbegriffs*, eingel. v. Wolfgang Klafki, Weinheim 1965, 25-88.

Schäfer, Gerd E., *Bildungsprozesse im Kindesalter. Selbstbildung, Erfahrung und Lernen in der frühen Kindheit*, Weinheim 1995.

Schilling, Hans, *Bildung als Gottesbildlichkeit. Exegetische und motivgeschichtliche Studie zum Bildungsbegriff*, Diss. München 1957.

Schleiermacher, Friedrich, *Christliche Sitte*, hg. v. Ludwig Jonas, Berlin 1843.

_____, *Die praktische Theologie nach den Grundsätzen der evangelischen Kirche im Zusammenhange dargestellt*, hg. v. Jacob Frerichs, Berlin 1850.

_____, *Die Vorlesungen aus dem Jahre 1826*, in: ders., *Pädagogische Schriften*. Hg. v. Theodor Schulze/Erich Weniger, Bd. 1., Düsseldorf/München ²1966.

_____, *Über die Religion. Reden an die Gebildeten unter ihren Verächtern* (1799). Hg. v. Rudolf Otto, Göttingen ⁶1967. 『종교론』(대한기독교서회).

_____, *Monologen* (1800) nebst den Vorarbeiten, hg. v. Friedrich Michael Schiele/Hermann Mulert, Hamburg ³1978.

_____, *Ethik* (1812/13) mit späteren Fassungen der Einleitung, Güterlehre und Pflichtenlehre, hg. v. Hans-Joachim Birkner, Hamburg 1981.

Schmid, Konrad (Hg.), *Schöpfung*, Tübingen 2012.

Schweitzer, Friedrich (Hg.), *Der Bildungsauftrag des Protestantismus*, Gütersloh 2002.

_____, *Pädagogik und Religion. Eine Einführung*, Stuttgart 2003.

_____, *Religionspädagogik*, Gütersloh 2006.

_____, *Lebensgeschichte und Religion. Religiöse Entwicklung und Erziehung im Kindes- und Jugendalter*, Gütersloh ⁷2010. 『삶의 이야기와 종교』(한국신학연구소).

_____, *Menschenwürde und Bildung. Religiöse Voraussetzungen der Pädagogik in evangelischer Perspektive*, Zürich 2011.

_____, *Schöpfungsglaube - nur für Kinder? Zum Streit zwischen Schöpfungsglaube, Evolutionstheorie und Kreationismus*, Neukirchen-Vluyn 2012. 『창조 신앙』(대장간).

_____, *Interreligiöse Bildung. Religiöse Vielfalt als religionspädagogische Herausforderung und Chance*, Gütersloh 2014.

_____/Biesinger, Albert u.a., *Gemeinsamkeiten stärken - Unterschieden gerecht werden. Erfahrungen und Perspektiven zum konfessionell-kooperativen Religionsunterricht*, Freiburg/Gütersloh 2002.

_____/Englert, Rudolf/Schwab, Ulrich/Ziebertz, Hans-Georg, *Entwurf einer pluralitätsfähigen Religionspädagogik*, Gütersloh 2002.

_____/Schwöbel, Christoph (Hg.), *Religion - Toleranz - Bildung*, Neukirchen-Vluyn 2007.

Schwenk, Bernhard, "Hellenistische Paideia und christliche Erziehung," in: Carsten Colpe/Ludger Honnefelder/Matthias Lutz-Bachmann (Hg.), *Spätantike und Christentum. Beiträge zur Religions- und Geistesgeschichte der griechisch-römischen Kultur und Zivilisation der Kaiserzeit*, Berlin 1992, 141-158.

Schwöbel, Christoph, "Toleranz aus Glauben. Identität und Toleranz im Horizont religiöser Wahrheitsgewissheiten," in: ders., *Christlicher Glaube im Pluralismus. Studien zu einer Theologie der Kultur*, Tübingen 2003, 217-244.

_____, "Art. Bildung," *Taschenlexikon Religion und Theologie* 1 (2008), 172-175.

_____/von Tippelskirch, Dorothee (Hg.), *Die religiösen Wurzeln der Toleranz*, Freiburg u.a. 2002.

Seiverth, Andreas/Deutsche Evangelische Arbeitsgemeinschaft für Erwachsenenbildung (DEAE) (Hg.), *Re-Visionen Evangelischer Erwachsenenbildung. Am Menschen orientiert*, Bielefeld 2002.

Spranger, Eduard, *Lebensformen. Geisteswissenschaftliche Psychologie und Ethik der Persönlichkeit*, Halle ³1922.

_____, *Psychologie des Jugendalters*, Leipzig 1925.

Steinkamp, Hermann, *Die sanfte Macht der Hirten. Die Bedeutung Michel Foucaults für die praktische Theologie*, Mainz 1999.

Stock, Konrad, "Art. Tugenden," *RGG* 8 (2005), 650-654.

Taylor, Charles, *Quellen des Selbst. Die Entstehung der neuzeitlichen Identität*. Frankfurt/M. 1994. 『자아의 원천들』(새물결).

Tenorth, Heinz-Elmar, *"Alle alles zu lehren." Möglichkeiten und Perspektiven allgemeiner Bildung*, Darmstadt 1994.

Tulasiewicz, Witold/To, Cho-Yee (Hg.) *World Religions and Educational Practice*, London/New York 1993.

Vierhaus, Rudolf, "Art. Bildung," in: Otto Brunner/Werner Conze/Reinhart Koselleck (Hg.), *Geschichtliche Grundbegriffe. Historisches Lexikon zur politisch-sozialen Sprache in Deutschland*, Bd. 1, Stuttgart 1974, 508-551.

Walzer, Michael, *Lokale Kritik - globale Standards. Zwei Formen moralischer Auseinandersetzung*, Hamburg 1996.

Weber, Hans Ruedi, *Jesus und die Kinder*, Hamburg 1980.

Willaime, Jean-Paul, "Teaching Religious Issues in French Public Schools. From Abstentionist *Laïcité* to a Return of Religion to Public Education," in: Robert Jackson/Siebren Miedema/Wolfram Weisse/Jean-Paul Willaime (Hg.), *Religion and Education in Europe. Developments, Contexts and Debates*, Münster u.a. 2007, 87-102.

옮긴이의 말

어떤 만남, 어떤 대화는 한 장의 폴라로이드 사진처럼 약간 흐릿하게, 그래서 더 은은하게 기억의 갈피 속에 남아 있다. 독일 유학을 시작하며 처음으로 프리드리히 슈바이처 교수와 만난 자리였다. 일상 대화를 주고받다가 문득 그가 질문을 던졌다. "한국에도 독일어의 '빌둥'Bildung에 상응하는 개념이 있나요?" 잠시 머뭇거렸지만, 오성보다는 오기로 충만하던 시절의 나답게 "있다!" 하고 선언해 버렸다. 선언하면서 머릿속에 준비해 놓은 개념은 '도야'陶冶였는데, 다행히 슈바이처 교수는 더 이상 질문해 오지 않았다. 그는 조용히 고개를 끄덕이더니 다시 일상 질문을 이어 갔다. 그날 대화는 그럭저럭 잘 마무리되었다. 이후 튀빙겐 대학교 신학부에서 그의 지도로 박사 논문을 쓰면서 본격적으로 그에게 배우고 그와 자주 대화하게 되었다. 그의 관심이 온통 '빌둥'에 있다는 사실을 가까이서 보고 배운 행복한 시간이었다.

프리드리히 슈바이처는 독일의 기독교 교육학을 대표하는 이름이다. 미국 하버드 대학교에서 신학 석사, 독일 튀빙겐 대학교에서 신학 박사, 교육학 박사 학위를 받고 1992년부터 2022년까지 30년 동안 가르쳤다. 그가 쓴 수많은 저서가 독일어권 대학교에서 교재로 사용되고 있으며 영어, 네덜란드어, 덴마크어, 헝가리어, 일본어, 한국어로[1] 번역, 소개되었다. 그의 학문은 상아탑 안에 머물러 있지 않고 구체적인 실천이 일어나는 영역과 긴밀하게 연계되어 있었다. 그는 독일개신교교회협의회EKD 교육위원회 회장으로 활동하면서 교회 현장과 이론을 잇는 일에 늘 적극적이었다. 그의 글과 강의는 대체로 건조했지만, 어린이들과 직접 만난 경험에서 길어 올린 재미있는 이야기는 공감과 웃음을 자아내기도 했다. 그는 한국에 1997년과 2013년에 방문한 적이 있는데, 연세대학교, 장로회신학대학교, 영남신학교 등에서 강연하며 한국의 청중 및 독자와 대화하는 시간을 가졌다. 그의 제자들은 유럽 곳곳에서 교육학, 신학 교수가 되어 스승의 학문적 성취를 잇고 있다.

슈바이처 교수의 영향을 받아 공부하는 동안, '빌둥' 개념과 완벽하게 상응하는 한국어는 "없다!" 쪽으로 생각이 기울었다. 그러니 그 말을 한국어로 표현할 때마다 고민을 많이 했다. 상황에 따라 다른 단어를 사용할 수밖에 없었다. (1) 한 사람이 참된 자기의 모습을 갈고 닦는 주체적이고 역동적인 과정을 가리킬 때는 '도야陶冶'라는 말이 적절해 보였다. (2) 하지만 그 과정이 이루어 낸 지적·문화적 결

---

[1] 한국어로 번역된 단독 저서는 『삶의 이야기와 종교』(한국신학연구소, 2002), 『어린이의 다섯 가지 중대한 질문』(샨티, 2008), 『어린이와 함께 배우는 신앙의 세계』(대한기독교서회, 2013), 『창조신앙, 어린이만을 위한 것인가』(대장간, 2014)가 있다.

과의 총체를 의미할 때는 '교양'教養이라는 말이 잘 어울리는 것 같았다. (3) 제도적·행정적 차원에서 사람을 키우는 일과 관련한 뜻으로 쓰일 때는 그냥 '교육'教育이라고 하는 게 좋을 때도 있었다. (4) 일상 표현에서는 어떤 사물이나 조직의 형태를 갖춘다는 의미에서 '형성'形成이라고 옮기기도 했다.

이 책에서는 이 네 가지 표현 중 '교양'을 선택했다. 서양 학문의 수입 및 수용 초기부터 이 번역어가 널리 쓰이고 있는 정황도 무시할 수 없었다. 물론 '교양'이라는 말이 상당히 왜곡된 맥락, 즉 경제적으로 어느 정도 여유를 가진 사람들이 여유 있는 시간을 누리면서 지적·문화적으로 세련된 모습을 과시하는 맥락에서 사용되고 있는 현실은 안타까웠다. 그렇다고 오늘날 보통 사람들이 거의 쓰지 않는 고풍스러운 개념도야으로 옮길 수도 없었고, 학교와 그 밖의 기관에서 구체적 목적을 실현하기 위해 일방적으로 진행되는 행위를 가리키는 일반 개념교육을 택할 수도 없었다. 그렇다면 적어도 대학 교육 영역에서 이미 널리 쓰이고 있는 '교양'이라는 용어를 붙잡되, 그와 결부된 상투적인 이해와 용례"교양 없이 그런 걸 먹어?" "교양 없게 그런 유치한 행동을 하다니!"를 경계하면서 이 번역어를 더 깊이 있고 풍부하게 사용하는 편은 어떨까? 비록 '교양'이라는 표현으로 '빌둥' 개념이 지닌 모든 함의를 담아낼 수는 없지만, '교양'을 추구하는 이 땅의 학문적 실천을 '빌둥'의 본래 지평과 지향에 최대한 가깝게 가져가려는 것이다. 중요한 것은 바로 이 '빌둥'Bildung에 백 퍼센트 상응하는 한국어 개념이 "있다!" 혹은 "없다!"가 아니라, 그 개념의 진면목을 지향하면서 그것이 구현될 수 있는 토대를 만들기 위한 노력에 헌신하는 사람들이 있는지, 있다면 그들은 어떻게 싸우고 있는지가 될 것이다. 그렇다. 우리는 과감하게 '교양'이라는 말을 사용할 것이다. 이 말은 사람이 스스로를 자유로운 존재로 빚어 나가는 역동적 과정을, 그 과정에서 모든 사람이 반드시 함께 배우고 가르쳐야 할 필수 지식을 의미한다.

이러한 교양을 추구하는 사람 가운데서도 특별한 주장을 하는 사람이 있다. 만일 교양이 앞서 말한 바와 같은 것이라면, 그것은 기독교종교와 긴밀한 상관관계를 이룬다는 주장이다. 교양의 목표를 제대로 구현하려면 종교를 건강하게 이해하는 일이 필요하다. 종교가 그 사회의 빛이 되려면 교양을 잘 이해하고 개방성을 지니는 태도를 함양해야 한다. 프리드리히 슈바이처 교수의 이 책은 기독교와 교양이라는 두 물줄기의 합류 가능성 및 그 필연성을 조망한다. 혼돈 가운데 있는 세상에서 사람이 스스로를 진정한 자유인으로 빚어 나가고 다른 사람과 더불어 평화롭게 공존하는 데 필요한 통찰이 바로 그곳에서 헤엄치고 있다. 그 깊은 곳에 그물을 던져라!

『기독교교양』은 교양과 기독교가 만나는 지점을 찾아가는 지성인들을 위한 책이다. 혹은 이미 그 지점에서 온갖 오해와 곡해에 맞서 싸우며 그 지점의 윤곽을 뚜렷하게 만들고 있는 교양인들을 위한 책이다. 배타적 근본주의가 기독교의 유일한 '그림'Bild처럼 부각되는 풍조와 싸우는 사람들, 경쟁과 소유와 소비를 인간의 유일한 '그림'으로 규정하는 실용주의적 교육 행태와 맞서는 사람들을 위한 책이다. 우리는 다른 '그림'이 있음을 기어이 보여 줄 것이다.

기독교와 교양이 포개지는 지점에서 누가 알아주든 그렇지 않든 그 합류의 풍성함을 젊은 세대와 나누고 있는 "기독교교양학회" 회원들의 격려와 지지가 이 책의 출간에 큰 힘이 되었다. 특별히 "기독교 문해력"이라는 주제로 기독교와 교양을 잇는 야심찬 프로젝트를 함께 추진하는 김학철, 김인수, 신익상, 조재천 박사와의 지적 교류가 없었다면 어떻게 이 책이 나올 수 있었을까! 지난 겨울, 번역 초고를 하루 종일 함께 읽으면서 수시로 옮긴이를 궁지에 몰아세우던 네 분의 열정과 우정에 궁극의 감사를 드린다.

2023년 9월
신촌에서
손성현

옮긴이 **손성현**은 한국외국어대학교 독일어과와 감리교신학대학교 신학과를 졸업한 뒤 감리교신학대학교 대학원에서 신학석사 학위를, 독일 튀빙겐 대학교에서 신학박사 학위를 받았다. 현재 감리교신학대학교에서 기독교교육학을 강의하고, 창천감리교회에서 청년부를 담당하고 있다. 옮긴 책으로는 『마르틴 루터』(IVP), 『로마서』 『신과 악마 사이』 『칼 라너의 기도』 『칼 바르트』(이상 복있는사람) 『도스토옙스키, 지옥으로 추락하는 이들을 위한 신학』(포이에마), 『역사적 예수』(다산글방), 『한스 큉의 이슬람』(시와진실) 등이 있다.

기독교 교양

초판 발행_ 2023년 12월 8일

지은이_ 프리드리히 슈바이처
옮긴이_ 손성현
펴낸이_ 정모세

펴낸곳_ 한국기독학생회출판부
등록번호_ 제2001-000198호(1978.6.1)
주소_ 04031 서울시 마포구 동교로 156-10
대표 전화_ (02)337-2257 팩스_ (02)337-2258
영업 전화_ (02)338-2282 팩스_ 080-915-1515
홈페이지_ http://www.ivp.co.kr 이메일_ ivp@ivp.co.kr
ISBN 978-89-328-2211-2

ⓒ 한국기독학생회출판부 2023

책값은 뒤표지에 있습니다.
무단 전재와 복제를 금합니다.